CB024364

PENTATEUCO PARA TODOS

PENTATEUCO PARA TODOS

NÚMEROS E DEUTERONÔMIO

JOHN GOLDINGAY

Título original: *Numbers and Deuteronomy for everyone*
Copyright © 2010 por John Goldingay
Edição original por Westminster John Knox Press, Louisville, Kentucky.
Todos os direitos reservados.
Copyright da tradução © Vida Melhor Editora S.A., 2021.

As citações bíblicas são traduções da versão do próprio autor, a menos que seja especificada outra versão da Bíblia Sagrada.

Os pontos de vista desta obra são de responsabilidade de seus autores e colaboradores diretos, não refletindo necessariamente a posição da Thomas Nelson Brasil, da HarperCollins Christian Publishing ou de sua equipe editorial.

Publisher	*Samuel Coto*
Editor	*André Lodos Tangerino*
Tradutor	*Fernando Cristófalo*
Copidesque	*Josemar de Souza Pinto*
Revisão	*Carlos Augusto Pires Dias*
Diagramação	*Sonia Peticov*
Capa	*Rafael Brum*

DADOS INTERNACIONAIS DE CATALOGAÇÃO NA PUBLICAÇÃO (CIP)
(Benitez Catalogação Ass. Editorial, MS, Brasil))

G634p

Goldingay, John, 1942-

Pentateuco para todos: Números e Deuteronômio / John Gondingay; tradução de José Fernando Cristófalo. — 1.ed. — Rio de Janeiro: Thomas Nelson Brasil, 2021.
288 p.; 12 x 18 cm.
(Coleção O antigo testamento para todos, v. 4)

Tradução de *Numbers and Deuteronomy for everyone: the old testament for everyone.*
Bibliografia.
ISBN 978-65-56892-37-5

1. Antigo Testamento — Pentateuco. 2. Bíblia. A. T. Deuteronômio. 3. Bíblia. A. T. Números. 4. Bíblia. A.T. Pentateuco — comentários. 4. Bíblia. A. T. Pentetauco — Teologia. I. Cristófalo, José Fernando. II. Título.

06-2021/42 CDD: 221.95

Índice para catálogo sistemático:
1. Pentateuco: Antigo Testamento 221.95

Aline Graziele Benitez — Bibliotecária — CRB-1/3129

Thomas Nelson Brasil é uma marca licenciada à Vida Melhor Editora LTDA.
Todos os direitos reservados à Vida Melhor Editora LTDA.
Rua da Quitanda, 86, sala 218 — Centro
Rio de Janeiro — RJ — CEP 20091-005
Tel.: (21) 3175-1030
www.thomasnelson.com.br

SUMÁRIO

AGRADECIMENTOS

A tradução no início de cada capítulo (e em outras citações bíblicas) é de minha autoria. Tentei me manter o mais próximo do texto hebraico original do que, em geral, as traduções modernas, destinadas à leitura na igreja, para que você possa ver, com mais precisão, o que o texto diz. Embora prefira utilizar a linguagem inclusiva de gênero, deixei a tradução com o uso universal do gênero masculino caso esse uso inclusivo implicasse em dúvidas quanto ao texto estar no singular ou no plural. Em outras palavras, a tradução, com frequência, usa "ele" onde em meu próprio texto eu diria "eles" ou "ele ou ela". A restrição de espaço não me permite incluir todo o texto bíblico neste volume; assim, quando não há espaço suficiente para o texto completo, faço alguns comentários gerais sobre o material que fui obrigado a suprimir. Ao final do livro, há um glossário dos termos-chave recorrentes no texto (termos geográficos, históricos e teológicos, em sua maioria). Em cada capítulo (exceto na introdução), a ocorrência inicial desses termos é destacada em **negrito**.

As histórias que seguem a tradução, em geral, envolvem meus amigos, assim como minha família. Todas elas ocorreram, de fato, mas foram fortemente dissimuladas para preservar as pessoas envolvidas, quando necessário. Por vezes, o disfarce utilizado foi tão eficiente que, ao relê-las, levo um tempo para identificar as pessoas descritas. Nas histórias, Ann, a minha esposa, aparece com frequência. Ela faleceu enquanto eu escrevia este volume, após negociar com a esclerose múltipla durante 43 anos. Compartilhar os cuidados e o desenvolvimento de sua enfermidade e crescente limitação, ao longo desses anos, influencia tudo o que escrevo, de maneiras facilmente perceptíveis ao leitor, mas também de formas menos óbvias. Agradeço a Deus por Ann e estou feliz por ela, mas não por mim, pois ela pode, agora, descansar até o dia da ressurreição.

Sou grato a Matt Sousa por ler o manuscrito e me indicar o que precisava corrigir ou esclarecer no texto. Igualmente, sou grato a Tom Bennett por conferir a prova de impressão.

INTRODUÇÃO

No tocante a Jesus e aos autores do Novo Testamento, as Escrituras hebraicas, que os cristãos denominam de Antigo Testamento, *eram* as Escrituras. Ao fazer essa observação, lanço mão de alguns atalhos, já que o Novo Testamento jamais apresenta uma lista dessas Escrituras, mas o conjunto de textos aceito pelo povo judeu é o mais próximo que podemos ir na identificação da coletânea de livros que Jesus e os escritores neotestamentários tiveram à disposição. A igreja também veio a aceitar alguns livros adicionais, os denominados "apócrifos" ou "textos deuterocanônicos", mas, com o intuito de atender aos propósitos desta série, que busca expor "o Antigo Testamento para todos", restringimos a sua abrangência às Escrituras aceitas pela comunidade judaica.

Elas não são "antigas" no sentido de antiquadas ou ultrapassadas; às vezes, gosto de me referir a elas como o "Primeiro Testamento" em vez de "Antigo Testamento", para não deixar dúvidas. Quanto a Jesus e os autores do Novo Testamento, as antigas Escrituras foram um recurso vívido na compreensão de Deus e dos caminhos divinos no mundo e conosco. Elas foram úteis "para o ensino, para a repreensão, para a correção e para a instrução na justiça, para que o homem de Deus seja apto e plenamente preparado para toda boa obra" (2Timóteo 3:16-17). De fato, foram para todos, de modo que é estranho que os cristãos pouco se dediquem à sua leitura. Meu objetivo, com esses volumes, é auxiliar você a fazer isso.

Meu receio é que você leia a minha obra, não as Escrituras. Não faça isso. Aprecio o fato de esta série incluir grande parte do texto bíblico, mas não ignore a leitura da Palavra de Deus. No fim, essa é a parte que realmente importa.

UM ESBOÇO DO ANTIGO TESTAMENTO

A comunidade judaica, em geral, refere-se a essas Escrituras como a Torá, os Profetas e os Escritos. Embora o Antigo Testamento contenha os mesmos livros, eles são apresentados em uma ordem diferente:

- Gênesis a Reis: Uma história que abrange desde a criação do mundo até o exílio dos judeus para a Babilônia.
- Crônicas a Ester: Uma segunda versão dessa história, prosseguindo até os anos posteriores ao exílio.
- Jó, Salmos, Provérbios, Eclesiastes, Cântico dos Cânticos: Alguns livros poéticos.
- Isaías a Malaquias: O ensino de alguns profetas.

A seguir, há um esboço da história subjacente a esses livros (não forneço datas para os eventos em Gênesis, o que envolve muito esforço de adivinhação).

1200 a.C. Moisés, o êxodo, Josué
1100 a.C. Os "juízes"
1000 a.C. Saul, Davi
900 a.C. Salomão; a divisão da nação em dois reinos: Efraim e Judá
800 a.C. Elias, Eliseu
700 a.C. Amós, Oseias, Isaías, Miqueias; Assíria, a superpotência; a queda de Efraim
600 a.C. Jeremias, o rei Josias; Babilônia, a superpotência

500 a.C.	Ezequiel; a queda de Judá; Pérsia, a superpotência; judeus livres para retornar ao lar
400 a.C.	Esdras, Neemias
300 a.C.	Grécia, a superpotência
200 a.C.	Síria e Egito, os poderes regionais puxando Judá de uma forma ou de outra
100 a.C.	Judá rebela-se contra o poder da Síria e obtém a independência.
0 a.C.	Roma, a superpotência

A TORÁ

Humanamente falando, a figura dominante nos livros de Números e Deuteronômio é Moisés, e a KJV, em inglês, ou algumas versões de Almeida (ARC, ACF), em português, denominam essas obras de Quarto e Quinto Livros "de Moisés". Eles fazem menção a Moisés ter escrito algumas coisas, mas não que tenha sido o autor deles. Além disso, o fato de os livros falarem desse líder na terceira pessoa transmite a impressão de que foram escritos por outra pessoa. Como grande parte da Bíblia, os livros são anônimos, não mencionando quem os escreveu. Uma das características de Números e Deuteronômio é que esses livros fornecem aos leitores uma outra abordagem sobre tópicos já tratados em Êxodo e Levítico. Por exemplo, Deuteronômio apresenta outro grupo de instruções sobre o tratamento de servos que seguem os dois conjuntos já presentes em Êxodo e Levítico. Todos eles foram fornecidos no deserto, antes de o povo estar assentado na terra e, portanto, em uma posição na qual precisariam usar, pelo menos, um desses conjuntos. Eles apresentam um outro conjunto de instruções quanto aos festivais na primavera, verão e outono, que seguem os três presentes em Êxodo e Levítico.

O que parece ter ocorrido ao longo dos séculos, iniciando com Moisés, é que Deus continuamente guiou a comunidade sobre como viver em conexão com questões de adoração e vida diária, fazendo isso de formas distintas, segundo as demandas dos diferentes contextos sociais. Assim, Êxodo e Levítico, Números e Deuteronômio, juntos, trazem o fruto dessa orientação que se tornou parte da grande obra de ensino que constitui os cinco livros da Torá. O livro de Esdras relata que ele levou a Torá da Babilônia a Jerusalém, em 458 a.C., algum tempo após o exílio, e talvez isso indique que esse processo de levar a Torá (e, portanto, Números e Deuteronômio) tinha, agora, sido concluído. Desse modo, os livros incorporarão material acumulado ao longo da melhor parte de um milênio, pelo menos de Moisés a Esdras.

As traduções bíblicas, em geral, não inventaram a ideia de ligar os cinco primeiros livros da Bíblia a Moisés; essa noção já existia na época de Jesus, e o Novo Testamento pressupõe essa conexão. No entanto, há dúvidas quanto à implicação direta e simples da autoria de Moisés. Havia outros livros e tradições daquela época que eram associados a Moisés, apesar de as pessoas terem conhecimento de sua contemporaneidade. Denominar algo de "mosaico" era uma forma de expressar: "Isso é o tipo de coisa que Moisés aprovaria."

Nenhum desses cinco livros inaugurais é, na realidade, uma obra completa em si mesmo. Desse modo, Números e Deuteronômio não possuem princípio real próprio; ambos os livros pressupõem a história de Gênesis a Levítico. Lá, as promessas feitas por Deus a Abraão encontram um cumprimento parcial dentro do próprio texto de Gênesis, mas o livro termina com a família de Jacó em território errado por causa da onda de fome. Assim, Êxodo 1—18 retoma essa história ao relatar a saída dos descendentes de Jacó do Egito e a sua jornada rumo à sua própria terra. Então, por um longo tempo, a história faz uma pausa, com o povo, de Êxodo 19—40, bem como todo o livro de Levítico, detido no monte Sinai. O tempo envolvido é de apenas dois anos, mas o volume de espaço dedicado a esse período mostra a importância da permanência do povo naquele local e quão valioso foi o modo de Israel trabalhar as implicações dessa parada sobre os séculos subsequentes. Então, ao final de Levítico, o povo ainda está parado no caminho; Números e Deuteronômio seguem a partir do Sinai, levando os israelitas à entrada da Terra Prometida.

Os cinco livros da Torá são como as cinco temporadas de uma mesma série de televisão, cada qual culminando com um suspense, um gancho ou, pelo menos, com questões aguardando uma solução, para garantir a audiência na próxima temporada. Na realidade, esta série bíblica prossegue por outras seis temporadas (constituindo uma espécie de recorde), pois a história prossegue ao longo de seis outros livros, ou seja, Josué, Juízes, 1 e 2Samuel e 1 e 2Reis. Portanto, Números e Deuteronômio fazem parte de uma história colossal que percorre de Gênesis até os livros de Samuel e Reis. Sabemos que o relato chega a um fim porque, ao virarmos a página, deparamos com um tipo de rodopio, uma nova versão de toda a história, em 1 e 2 Crônicas. Dessa forma, Gênesis a Reis relatam uma história que nos conduz da Criação, passando pelas promessas aos ancestrais de Israel, pelo Êxodo, pelo encontro com Deus no Sinai, pela chegada do povo em Canaã, pelos dramas do livro de Juízes, pelas realizações de Saul, Davi e Salomão e, então, a divisão do reino e o declínio que culmina com a deportação de grande parte do povo de Judá para a Babilônia.

Como a temos, essa grandiosa história pertence ao período posterior aos últimos eventos que ela registra, isto é, o exílio do povo judeu na Babilônia, em 587 a.C. Não presumo, então, que tenha sido escrita do zero. Contudo, mesmo o árduo esforço para determinar os estágios pelos quais esse relato atingiu a forma em que o temos hoje não produziu qualquer consenso sobre esse processo. Então, o melhor a fazer é não nos desgastarmos com essa questão. Contudo, a forma de a história se estender do princípio do mundo até o término do Estado judeu nos convida a ler o início à luz do fim, como ocorre com qualquer outra história. Isso, às vezes, ajuda-nos a perceber pontos na narrativa que, de outra forma, seriam ignorados, além de evitar uma interpretação equivocada que tornaria tais pontos intrigantes.

Apresentar Números e Deuteronômio, em um único volume, nessa série *O Antigo Testamento para todos*, concede ao leitor a vantagem de considerar todo o relato da jornada de Israel, do Sinai à fronteira da Terra Prometida. Números principia-se com o povo ainda no Sinai e com Moisés prosseguindo na transmissão das instruções de Deus, como em Levítico, porém o escopo das instruções muda. Elas agora focam a jornada do povo que está prestes a ser retomada. O terço inicial de Números relata essas instruções, dadas ao longo das últimas três semanas de permanência no Sinai. O terço central registra a jornada, que resulta em quarenta anos. No terço final, os israelitas estão no vale de Moabe, a leste do Jordão e do mar Morto, e a narrativa prepara a entrada do povo em Canaã. Os dois últimos terços do livro é entremeado com instruções sobre diversos assuntos e relatos de eventos particulares.

Ao longo do livro de Deuteronômio, o povo permanece às portas de Canaã, quando o livro relata o derradeiro discurso de Moisés ao povo. Nele, o líder revê a jornada que fizeram até ali, desafia a nova geração no tocante às atitudes em relação a Deus que devem caracterizar a vida individual deles, bem como transmite instruções detalhadas sobre temas com os quais os israelitas terão de lidar lá. Moisés os exorta a permanecer no relacionamento da aliança com Deus, indica Josué como o seu sucessor na liderança do povo e sobe ao cume de um monte nas proximidades para olhar a terra na qual o povo está prestes a entrar, antes de ele morrer.

Os dois Testamentos consideram que as histórias e os ensinos são significantes para os seus próprios leitores. Salmos 95 apresenta história e ensino; Israel precisa prestar atenção às instruções de Deus e aprender as lições com as ocorrências precedentes, vividas pelo povo durante a tumultuada jornada até ali, para não incorrer no mesmo caminho confuso dos antepassados. Igualmente, sempre é útil imaginar a história sendo contada ou lida ao povo nos séculos posteriores. Primeira aos Coríntios 10 mostra como Paulo considera vital aos coríntios aprender com essas histórias, enquanto o relato sobre as tentações de Jesus no deserto mostra que ele também julga que o livro de Deuteronômio precisa determinar a forma de sua vida.

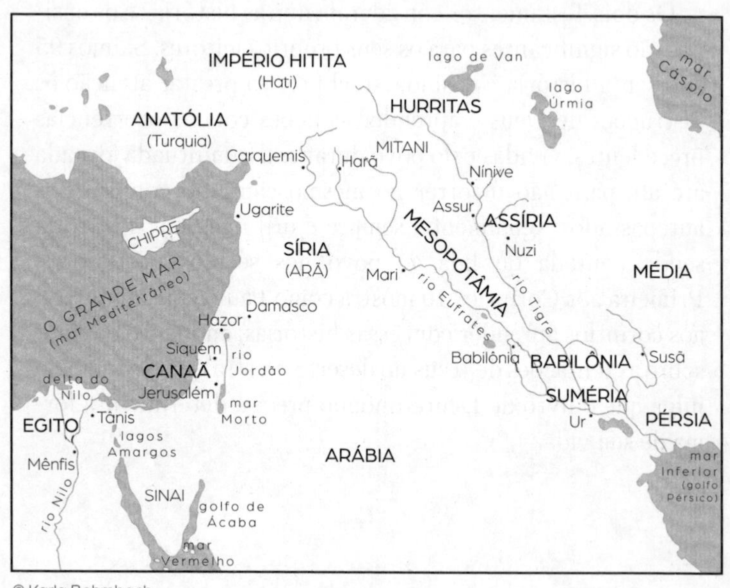

© Karla Bohmbach

© Karla Bohmbach

NÚMEROS

NÚMEROS 1:1—2:34

ENCONTRANDO-SE EM SUA HISTÓRIA FAMILIAR

[1]*Yahweh* falou a Moisés na tenda do encontro, no deserto do Sinai, no primeiro dia do segundo mês, no segundo ano após eles saírem do Egito: [2]"Façam uma contagem de toda a comunidade de Israel por grupos de parentesco, segundo a casa de seus pais, com uma lista dos nomes de cada homem, um a um, [3]da idade de vinte anos para cima, de todos em Israel que possam sair com o exército. Vocês devem registrá-los segundo as suas tropas, você e Arão. [4]Alguém de cada clã deve estar com vocês, cada cabeça da casa de seu pai. [5]Estes são os nomes que devem estar com vocês: por Rúben, Elizur, filho de Sedeur; [6]por Simeão, Selumiel, filho de Zurisadai; [7]por Judá, Naassom, filho de Aminadabe; [8]por Issacar, Natanael, filho de Zuar; [9]por Zebulom, Eliabe, filho de Helom; [10]pelos filhos de José: por Efraim, Elisama, filho de Amiúde; por Manassés, Gamaliel, filho de Pedazur; [11]por Benjamim, Abidã, filho de Gideoni; [12]por Dã, Aieser, filho de Amisadai; [13]por Aser, Pagiel, filho de Ocrã; [14]por Gade, Eliasafe, filho de Deuel; [15]por Naftali, Aira, filho de Enã. [16]Estas são as pessoas nomeadas da comunidade, os líderes dos clãs ancestrais, os cabeças das companhias de Israel.

[O restante do capítulo apresenta a contagem para cada clã, somando o total de 603.550 homens; esse número não considera os levitas, cuja tarefa era cuidar do santuário. O capítulo 2 estabelece as posições dos clãs durante a marcha.]

Mark, meu filho, deparou com uma foto de doze anos atrás. Ann, minha esposa, e minha mãe estão sentadas a uma mesa de piquenique, enquanto eu estou deitado na grama ("tipicamente", Mark comentou; não sei ao certo o sentido desse comentário). Nas proximidades, estão Steven, nosso outro filho, e Sue, a sua esposa, porque aquele era um evento de despedida da família, no último domingo, antes de Ann e eu embarcarmos na maior jornada de nossa vida. Três dias depois (há doze anos, como já escrevi), estávamos no avião para aquela estranha viagem que começa ao meio-dia e chega em Los Angeles ainda no meio da tarde, apesar das onze horas de duração do voo. Entre as pungências daquele momento, há o fato de Ann estar na cadeira de rodas, o que significava que a nossa viagem pelo Atlântico não seria como a da maioria das pessoas. Além disso, por minha mãe ter, na época, quase noventa anos e não mais ser capaz de fazer aquela cansativa viagem para nos ver, precisávamos encarar o fato de que outra reunião familiar como aquela seria quase improvável. Ao fundo da foto, aparece a nossa casa, na qual é possível ver os preparativos para a nossa mudança. Na ocasião, alertamos os nossos filhos de que aquele era o momento de eles escolherem os seus pertences deixados quando saíram de casa. O que eles não pegaram de volta acabou no brechó. Os objetos que pretendíamos levar conosco, na maioria, tinham sido enviados três semanas antes de nossa mudança, para que chegassem antes de nós (o que não ocorreu, mas essa é outra história). Assim, só nos restava fazer as malas.

No começo do livro de Números, os israelitas acampados no monte Sinai estão prestes a retomar a maior jornada da vida deles, que demandaria cerca de onze dias para completá-la, em vez das onze horas de nossa viagem. Bem, na realidade, a jornada foi surpreendentemente mais longa por motivos que virão à tona. Os dez capítulos iniciais do livro discorrem sobre a preparação para essa mudança.

A história, até aqui, tem mostrado que o movimento pode envolver algumas batalhas. Os israelitas não precisaram lutar contra os **egípcios**, e Deus nada disse sobre lutar contra os

cananeus; Deus assumiu a responsabilidade por remover os cananeus do caminho. Todavia, certa feita, Abraão foi obrigado a sair em batalha para resgatar Ló, quando seu sobrinho foi levado como prisioneiro de guerra, assim como Moisés e Josué tiveram que liderar Israel em sua defesa contra os amalequitas, no caminho do Egito ao Sinai. Deus, às vezes, capacita o seu povo a viver no mundo com base na extraordinária intervenção divina, mas, em outras, deixa o seu povo viver em uma condição não muito diferente das demais pessoas. Jesus tanto exortou os seus discípulos a serem pacificadores quanto, na última ceia, disse-lhes para comprar uma espada. Não seria surpresa caso os israelitas precisassem ir, de novo, ao campo de batalha. Desse modo, eles assumiram uma posição de força combatente durante a marcha.

Pode ainda parecer estranho que a primeira providência, tomada por Moisés e Arão na preparação para deixar o Sinai, tenha sido a contagem dos homens aptos a combater. Em 2Samuel 24, Davi enfrenta problemas ao fazer isso, uma diferença que reflete como o povo, às vezes, esperava apenas confiar em Deus (a contagem de soldados, portanto, sugere falta de confiança), mas, em outras ocasiões, os israelitas assumiam a responsabilidade por seu próprio destino, a exemplo dos outros povos. É significante que aqui Deus, não Moisés, ordena a contagem.

A narrativa possui outras implicações para as pessoas que a ouvem. Como a maior parte dos cidadãos dos Estados Unidos ou de qualquer outra nação, os ouvintes, em sua maioria, jamais estarão envolvidos em guerras. Os tipos de guerras que Números irá relatar pertencem a um passado muito distante. Igualmente, as batalhas necessárias à conquista da América do Norte e à obtenção da independência jazem no passado, porém elas fazem parte da história que define a nação norte-americana como um todo.

Embora a contagem de Moisés somente envolva a força de combate, ela é descrita como um recenseamento de toda a comunidade. As pessoas pertencentes aos doze clãs não são apenas os soldados, mas pessoas de todas as idades e de ambos os sexos. Toda a comunidade está prestes a reiniciar a jornada, e há outro sentido no qual os ouvintes da história identificam-se aqui, não apenas como combatentes, mas porque essa é a história da família deles. Todos os ouvintes pertencem a Rúben, Zebulom ou Dã, ou aos demais clãs. Ao ouvirem o nome do clã ao qual pertencem, isso os leva a cutucarem uns aos outros e exclamarem: “Somos nós!” Claro, é a história deles.

Talvez haja uma outra dica de esse relato ser sobre a família deles, numa característica intrigante da história. Essa força combatente soma o total de 603.550 homens. Com o acréscimo das mulheres, os mais jovens e os mais idosos, isso resultaria em uma comunidade de dois ou três milhões de pessoas. Esse contingente é comparável a toda a população do Egito daquela época, enquanto a população de Canaã seria talvez em torno de duzentas mil pessoas. Jamais, até o século XXI, a população da Palestina chegou a dois ou três milhões. Se os israelitas tivessem peregrinado em fila indiana, isso resultaria numa fila com cerca de quatro mil quilômetros de extensão. Mesmo se andassem em grupos de dez pessoas, ainda assim a fila somaria quatrocentos quilômetros.

O problema aqui não é Deus providenciar água e alimento para um grupo tão grande; Deus poderia ter feito isso. O impasse é que esses números são desproporcionais em relação aos números dos povos que viviam na região naquele tempo. Uma das razões pode ser a má interpretação desses números. A palavra para “milhar” também é a mesma para designar uma comunidade, como em Números 1:16. Faria mais sentido caso a comunidade fosse constituída por cerca de seiscentas *famílias*. Não obstante, seiscentos *mil* cobriria a quantidade de israelitas ao longo de algumas gerações, e os ouvintes da história poderiam se ver incluídos naquele total. É como se eles mesmos estivessem lá, participando do Êxodo, do estabelecimento da **aliança** e da jornada até Canaã.

Eles são descritos como clãs, grupos de parentesco e famílias. Os clãs são, em geral, referidos como *tribos*, porém esse termo é inapropriado, pois sugere povos separados (Israel é mais como uma tribo). Os doze clãs são os descendentes dos filhos de Jacó, o qual também era chamado de Israel — descendentes físicos ou pessoas adotadas por esses clãs. Cada clã divide-se em grupos de parentesco, em casas (procuro evitar a palavra "família", pois pode também ser enganosa). Exemplo de "casa do pai" seria a minha esposa e eu, ou nossos filhos, a esposa deles e seus filhos. Os israelitas podiam ter mais filhos, embora provavelmente perdessem alguns no nascimento ou na infância (as filhas teriam se casado em outras famílias). Não estaríamos vivendo distantes quase treze mil quilômetros, mas em casas vizinhas no mesmo vilarejo, cultivando o nosso pedaço de terra nas proximidades. Um "grupo de parentesco" incluiria as casas lideradas por meus irmãos (se eu tivesse algum). O vilarejo, como um todo, poderia incluir alguns outros grupos de parentesco do meu próprio clã, nos quais os meus irmãos teriam encontrado as esposas.

NÚMEROS 3:1–5:4

A REIVINDICAÇÃO DE DEUS SOBRE LEVI

[1]Esta é a linhagem de Arão e Moisés na época em que *Yahweh* falou com Moisés no monte Sinai. [2]Estes são os nomes dos filhos de Arão: Nadabe, o primogênito, Abiú, Eleazar e Itamar. [3]Estes são os nomes dos filhos de Arão, os sacerdotes ungidos a quem ele ordenou para servirem como sacerdotes.

[4]Mas Nadabe e Abiú morreram diante de *Yahweh* quando apresentaram fogo estranho perante *Yahweh* no deserto do Sinai. Eles não tinham filhos, de modo que Eleazar e Itamar serviram como sacerdotes durante a vida de Arão, seu pai.

[5]*Yahweh* falou a Moisés: [6]"Traga o clã de Levi à frente e o coloque diante de Arão, o sacerdote, para auxiliá-lo. [7]Eles devem cuidar das responsabilidades para com ele e para com toda a comunidade diante da tenda do encontro, fazendo o serviço para a habitação. [8]Eles devem cuidar de todos os utensílios da tenda do encontro, da responsabilidade dos israelitas, fazendo o serviço para a habitação. [9]Você deve dar os levitas a Arão e a seus filhos; eles são totalmente entregues a ele dentre os israelitas. [10]Deve indicar Arão e seus filhos para cuidar do trabalho sacerdotal; o estranho que se aproximar deve ser morto."

[11]*Yahweh* falou a Moisés: [12]"Ora, eu mesmo estou tomando Levi dentre os israelitas em lugar de todos os primogênitos, a primeira geração do ventre das israelitas. Os levitas devem ser meus. [13]Porque todo primogênito é meu. Quando feri todo primogênito do Egito, consagrei a mim mesmo todo primogênito de Israel, humano e animal. Eles devem ser meus. Eu sou *Yahweh*."

[Números 3:14—4:49 prossegue registrando os vários grupos de parentesco dentro do clã de Levi, com seus números e suas tarefas específicas no cuidado da tenda do encontro e o seu transporte durante a jornada. Números 5:1-4, então, lida com alguns tabus dos quais os levitas e os israelitas, em geral, deviam estar cientes.]

Ontem à noite, eu estava assistindo aos "extras" de um filme intitulado *O solista*, cujas cenas foram gravadas na região conhecida como Skid Row, em Los Angeles, situada a dez minutos de distância de onde estou sentado. O material abordava a contribuição feita por voluntários (do tipo que eu poderia ser) no atendimento às necessidades dos sem-teto que ali vivem. Agora mesmo estou lendo um *e-mail* de nosso pastor, avisando que no próximo sábado teremos outro "dia de trabalho", quando membros da congregação estarão limpando os arredores da nossa igreja, removendo ervas daninhas, mato, e assim por diante. Estou aqui pensando se devo participar desse esforço coletivo em vez de ficar em casa escrevendo *Números e Deuteronômio para todos* (você pode me enviar mensagens com a sua resposta). Devo, pelo menos, participar do jantar que a nossa igreja irá realizar em um dos abrigos locais para sem-teto, na próxima semana, e, assim, perderei o encontro episcopal no jogo dos Dodgers. No domingo, presidirei a eucaristia; será que essa é a minha contribuição alternativa para a obra da igreja? E quanto à inscrição para o café – deveria colocar meu nome na lista para um domingo? Outro *e-mail* congregacional, trocado esta semana, discutia o salário apropriado para o nosso organista; enquanto membros de algumas igrejas, às vezes, executam funções de zeladoria, secretaria e recepção, outras igrejas, não raro, empregam pessoas para realizar essas tarefas.

Há muito a ser feito, não somente para o indivíduo, mas para a igreja física e o resto da comunidade local. Assim, distribuímos tarefas a diferentes pessoas ou grupos. Isso é parte do cenário para a posição dos levitas. Conforme a história relatada pela **Torá**, a comunidade apenas construiu uma elaborada tenda do encontro ou santuário móvel, uma habitação ou lugar para Deus permanecer em meio a Israel. A narrativa chegou a Êxodo 35–40, muitos capítulos atrás, mas, cronologicamente, somente um mês atrás. A construção do santuário foi uma tarefa estranha, pois, agora, eles teriam que carregá-lo por mais de trezentos quilômetros, até **Canaã**. Felizmente, Deus tinha pensado nessa logística, e os levitas a transportariam. Muito obrigado, diriam os levitas!

Tratava-se apenas de um serviço temporário, embora tenha sido mais permanente do que eles imaginavam. Vinte e cinco quilômetros por dia, três semanas? Sem problemas. A jornada, na realidade, durou quarenta anos e muito mais quilômetros percorridos. Todavia, não nos devemos precipitar. A tarefa ainda será temporária, e a missão de transporte não é o tema pelo qual o livro de Números se inicia. Para os futuros ouvintes dessa história, o papel dos levitas é o cuidado subsequente, contínuo, não da tenda do encontro móvel, mas do santuário que se tornou um templo fixo em Jerusalém. A comunidade israelita poderia ter cumprido essa tarefa atribuindo-a a um clã por vez, durante um mês, aproveitando o conveniente fato de serem doze clãs. Ou, ainda, poderia confiá-la a voluntários ou a pessoas que se sentissem "chamadas". A construção da tenda do encontro, na verdade, foi realizada por voluntários e pela utilização de dons que o **espírito** de Deus havia concedido a pessoas selecionadas. No entanto, para o cuidado do santuário e a liderança no culto, Deus falou a Israel para separar apenas um clã.

Isso pressupõe um princípio subjacente na relação de Israel com Deus. Tudo pertence a Deus: lugares, pessoas, tempo e coisas. Israel reconhece isso ao entregar parte de tudo isso a Deus: eles dão a Deus (e, portanto, evitam) todo sétimo dia, todo sétimo ano, um décimo da colheita e o primogênito dos rebanhos. Assim, seria apropriado entregar também os primogênitos dentre os seus filhos, mas, em vez disso, Deus tomou um de seus clãs para executar a tarefa de cuidar do santuário. A contagem revelou haver 273 primogênitos israelitas a mais do que a quantidade de levitas, o que resultou no pagamento de 5 siclos para cada primogênito excedente (talvez o equivalente a seis meses do salário de um trabalhador), da parte de Israel, como uma forma de "redimi-los", de comprá-los de volta para a vida comum. Isso também propiciou ao sacerdócio alguns recursos apropriados para a execução de seu trabalho. O critério para a escolha de Levi, isto é, a determinação de seu compromisso com Deus, quando o povo fez um bezerro de ouro (veja Êxodo 32), poderá parecer estranha a nós, porém aquela história pode servir de alerta para que ninguém mexa com eles, como se mexesse com o próprio Deus. A menção, no início do capítulo 3, à história de Nadabe e Abiú (Levítico 10), expressaria a mesma mensagem, bem como alertaria os próprios levitas de que os líderes também são propensos ao pecado e que, quanto mais importantes eles são, maior a queda.

O próprio Levi teve três filhos, Gérson, Coate e Merari, que deram os seus nomes aos três maiores grupos familiares do clã. Os descendentes coatitas incluíam Anrão, Moisés e o pai de Arão. O ofício sacerdotal, no sentido restrito, é da responsabilidade de Arão e de seus descendentes (outras passagens do Antigo Testamento fornecem impressões distintas a esse respeito, refletindo como as coisas transparecem em diferentes pontos da história de Israel). Os demais descendentes de Levi são responsáveis por outros aspectos do cuidado do santuário e de seu culto.

Entrementes, Deus prescreve como os diferentes grupos levitas devem acampar em torno do santuário, impedindo, portanto, que outros israelitas se aproximem em demasia daquele local, após terem bebido em excesso. Deus, igualmente, estabelece como os grupos de parentesco devem cuidar do transporte do santuário, quando este estiver desmontado, novamente para protegê-lo deles, e eles, dele. As instruções resumidas no capítulo 5, sobre manter o acampamento livre de **tabus** trazidos por erupções e fluxos, bem como pelo contato com cadáveres, estão relacionadas com a necessidade maior de assegurar que a comunidade seja um lugar no qual Deus possa apropriadamente estar presente.

NÚMEROS 5:5-31
QUEBRANDO A FÉ

[5] *Yahweh* falou a Moisés: [6] "Diga aos israelitas: 'Se um homem ou uma mulher agir errado com alguém, quebrando, portanto, a fé com Deus, a pessoa é responsável. [7] Eles devem confessar o erro que cometeram, fazer reparação pela quantia envolvida, acrescentar um quinto a ela e dar à pessoa prejudicada. [8] Se a pessoa não tiver um restituidor para receber a reparação, a reparação feita pertence a *Yahweh*, ao sacerdote, bem como o carneiro de expiação com o qual ele faz expiação por si. [9] Toda oferta de todas as coisas sagradas que os israelitas apresentam ao sacerdote deve ser dele. [10] Embora, para cada pessoa, as suas coisas sagradas sejam dela, o que a pessoa der ao sacerdote deve ser dele.'"

[11] *Yahweh* falou a Moisés: [12] "Fale aos israelitas e lhes diga: 'Quando a esposa de um homem sair e quebrar a fé com ele, [13] e alguém tiver dormido com ela e isso for oculto a seu marido e ela mantiver segredo, então ela se contaminou. Mas, se não houver testemunha contra ela e ela não for pega, [14] ou um espírito de ciúmes vier sobre ele, e ele se tornar ciumento em relação à sua esposa quando ela não se contaminou, [15] o homem deve levar a sua esposa ao sacerdote e trazer como uma oferta para ela um décimo de medida de farinha de cevada. Ele não deve derramar óleo ou colocar olíbano sobre a farinha, porque é uma oferta de cereal de ciúmes, uma oferta de cereal de atenção, que produz consciência da desobediência.'"

[O capítulo prossegue, descrevendo os detalhes do ritual, que envolve a mulher beber uma mistura de água sagrada, um pouco de pó do piso do santuário e uma oração para que, se ela for inocente, nenhum mal venha sobre ela, mas, caso ela seja culpada, possa sofrer alguma enfermidade interna.]

Lembro-me de ter sentido um pouco de ciúme (isso ocorreu cerca de vinte anos atrás, mas ainda me recordo do sentimento!) quando minha esposa começou a conversar com o vizinho do lado. Ele também era clérigo, meu colega e amigo, mas isso não fez muita diferença. Aquele homem era sábio e espiritual, e Ann sentia liberdade de ir e conversar com ele sobre questões entre ela e Deus, o que, em parte, deixava-me realmente feliz, porém uma pequena parte de mim sentia ciúme. Não deveria ela ser capaz de falar comigo sobre tais assuntos? Supostamente, eu não deveria ser tudo para ela? A resposta, claro, é "não" e, em minha mente, eu sabia disso, mas, no íntimo, sentia-me culpado por ela sentir a necessidade de conversar com ele, bem como um pouco ressentido e — ciumento. Em outro contexto, um amigo descreveu o relacionamento de alguém com outra mulher que não a sua esposa como um "adultério espiritual". Não sei ao certo se devo acreditar nisso, mas reconheço a realidade do ciúme espiritual. Não consigo imaginar como é saber que o seu cônjuge cometeu adultério físico, ou mesmo apenas nutrir suspeitas disso.

Posso imaginar, contudo, quão horríveis seriam as consequências para uma esposa cujo marido tem suspeitas dessa natureza. Não seria surpresa caso ela fosse abusada fisicamente ou simplesmente desprezada. No contexto ocidental moderno, ela seria capaz de lidar com o fato de ser desprezada, como uma esposa é capaz de lidar com o sapato no pé errado, e, assim, abandonar o marido. Todavia, em uma sociedade tradicional, provavelmente isso significaria morte social e/ou prostituição e/ou morte física.

Desse modo, o teste de adultério cobre inúmeras situações possíveis: a esposa pode ter realmente cometido adultério, o marido pode ser irracionalmente ciumento ou, ainda, ele pode ter razão em suas suspeitas. Talvez haja um brilho diferente no olhar da esposa; isso pode ocorrer a pessoas que se apaixonam por alguém novo. É possível que a esposa engravide e o marido ache que o filho não é dele. Ou, simplesmente, ele quer apresentar uma desculpa para se livrar dela.

Um teste para determinar a real situação é do interesse dela, bem como do dele. Para os dois, isso envolve confiança em Deus. Não é como um teste de paternidade ou de gravidez. Se o livro de Números deixasse a oração fora do relato, isso poderia ser considerado como magia ou superstição. Em vez disso, constitui um apelo a Deus para tornar aquele ritual um meio efetivo de revelar a verdade. O teste trará consequências físicas desagradáveis para a mulher caso indique a sua culpa; a linguagem pode estar se referindo à perda do bebê ou não ser capaz de, no futuro, conceber um filho. Enfim, isso a desencorajaria de sustentar uma mentira se fosse, de fato, culpada.

E quanto ao teste de adultério para o marido? Isso seria justo. Talvez Deus esteja trabalhando o padrão duplo quanto ao adultério, tão comum nas comunidades: aos homens, é permitido saírem ilesos com coisas vetadas às mulheres. Pode ser que a comunidade e Deus reconheçam que é a mulher que, na realidade, engravida. É importante saber quem é responsável pela criança; o marido não deveria ficar livre se o filho fosse dele. É possível que Deus reconheça que a necessidade de proteger a mulher contra um marido ciumento é maior que a necessidade de proteger o marido dos ciúmes de sua esposa.

O teste de adultério segue a regra de fazer restituição, que em Levítico 5 e 6 é uma nota de rodapé quanto a regras anteriores. O pressuposto é que roubar ou danificar algo obriga o autor a acertar a situação com a vítima. As suas ofensas não são crimes cometidos contra o Estado; Israel não possui nenhum sistema de multas ou de prisão. Contudo, o que você faz de errado ao seu próximo o faz também a Deus.

Qualquer erro contra outra pessoa envolve ignorar as instruções divinas: isso pode, especificamente, envolver mentir sob juramento (a referência à confissão pode pressupor uma negação anterior). Assim, além de fazer restituição à pessoa ofendida (e pagar um pouco mais), o ofensor deve fazer restituição a Deus. O interesse particular dessa nota de rodapé é: "O que acontece se a vítima do erro tiver morrido e não possuir nenhum **restaurador** ou parente próximo a quem a restituição poderia ser feita?" A resposta é que a restituição deve ser feita ao sacerdote como uma forma de chegar a Deus. A regra, explicitamente, é válida tanto para homens quanto para mulheres. As regras na **Torá**, em geral, aplicam-se a todos, mas, de tempos em tempos, elas incorporam um lembrete de que mulheres e homens são, igualmente, responsáveis perante Deus e capazes de se relacionar com ele.

NÚMEROS 6:1-27
O SENHOR TE ABENÇOE E TE GUARDE

[1]*Yahweh* falou a Moisés: [2]"Fale aos israelitas como segue: 'Quando um homem ou uma mulher fizer um voto extraordinário, como uma pessoa dedicada, para se dedicar a *Yahweh*, [3]ele não deve beber vinho ou bebida forte, ou vinagre feito de vinho ou de bebida forte, ou beber qualquer suco de uva, ou comer uvas, frescas ou secas. [4]Por todo o período de sua dedicação, ele não deve comer nenhuma coisa feita da videira, mesmo sementes ou casca. [5]Por todo o período de sua dedicação, nenhuma lâmina deve passar por sua cabeça; até a conclusão do período de sua dedicação a *Yahweh*, ele deve ser santo, deixando crescer o cabelo de sua cabeça. [6]Por todo o período de sua dedicação a *Yahweh*, ele não deve chegar perto de uma pessoa morta. [7]Por seu pai, sua mãe e seu irmão ou sua irmã, ele não deve se contaminar quando eles morrerem, porque a sua dedicação a Deus está em sua cabeça. [8]Por todo o período de sua dedicação, ele é sagrado a *Yahweh*.'"

[Os versículos 9-21 prescrevem as ofertas que as pessoas dedicadas devem fazer, caso, acidentalmente, entrem em contato com um cadáver, bem como as ofertas que elas devem fazer ao final do período de sua dedicação.]

[22] *Yahweh* falou a Moisés: [23] "Fale a Arão e a seus filhos: 'Eis como vocês devem abençoar os israelitas, dizendo-lhes:

[24] "*Yahweh* te abençoe e te guarde!

[25] *Yahweh* brilhe o seu rosto sobre ti e seja gracioso contigo!

[26] *Yahweh* levante o seu rosto sobre ti e faça tudo ir bem contigo!"'

[27] Assim, eles devem colocar o meu nome sobre os israelitas, para que eu mesmo os abençoe."

Finalizamos nossos *e-mails* com "bênçãos". Quando íamos para a cama, meu pai costumava dizer: "Deus abençoe." "Que bênção!", alguém pode dizer, ao sair do trabalho no fim do expediente. "Abençoe a minha vida!", podemos exclamar. "Seja abençoado", dizemos, às vezes, ao fim de um telefonema. "Era uma bênção disfarçada", afirmamos, quando algo desagradável, a princípio, mostra-se, no fim, benéfico. Ao final de um culto na igreja, eu proclamo: "A bênção do Deus Todo-poderoso, o Pai, o Filho e o Espírito Santo, esteja com vocês para todo o sempre." O que queremos dizer com bênção?

A bênção de Arão conecta essa palavra importante com muitas outras de igual importância. A própria palavra "bênção" possui um lugar proeminente em Gênesis 1, bem como nas histórias posteriores; isso denota a concessão de fecundidade. A promessa de bênção inicial de Deus tem se cumprido poderosamente no mundo, mas a fecundidade da humanidade, bem como a de Israel, não devem ser consideradas como garantidas. Elas resultam apenas quando Deus age. Além disso, Israel precisa de proteção tanto quanto de bênção. Epidemias poderiam colocar o povo em grande risco, assim como os ataques de outros povos, além, claro, da própria estupidez.

Então, menos prosaicamente, a bênção fala da face de Deus brilhar sobre nós. Quando o sol brilha sobre nós, somos invadidos por uma sensação de bem-estar. Quando alguém que nos ama sorri para nós, nos sentimos bem. O sorriso é um sinal de amor e está ligado à graça, outro termo teológico relevante. Há algo imprevisível e misteriosamente gracioso sobre ser amado; você sabe que os seus atributos atraentes (contrabalançados por suas características menos atraentes) não podem explicar esse amor. Ele é imerecido e inexplicável, porém real.

Levantar o rosto sugere alguém, dotado de poder e autoridade, elevar os olhos para olhar com favor para um súplice. Essa pessoa possui poder para fazer tudo concorrer para o seu bem. De modo mais literal, Deus "estabelece o bem-estar para você". As traduções, em geral, traduzem a palavra *shalom* por **paz**, mas o termo original sugere uma realidade muito mais ampla do que essa: não paz de mente, mas uma vida que funciona bem.

A bênção dos sacerdotes é a bênção divina. Constitui uma das muitas maneiras de Deus agir (por motivos jamais explicados por ele) por meio de outros seres humanos que sejam relacionados a nós, que nos falam e que trabalham em nós. Os sacerdotes declaram o nome de Deus sobre o povo. O nome de uma pessoa representa a pessoa real, de modo que o nome de Deus sobre nós sugere o próprio Deus sobre nós. A declaração de bênção por parte dos sacerdotes significa que as pessoas se tornam conscientes da intenção de Deus em abençoá-las, porém faz mais do que isso. Os sacerdotes são os meios divinos de transmissão de bênção. Quando os pastores dizem: "Eu o batizo em nome do Pai, do Filho e do Espírito Santo", eles não estão fazendo um comentário corriqueiro sobre o evento, mas tornando-o realidade. As palavras dos sacerdotes são muito mais do que meramente informativas. Antes, elas são performativas, fazendo a bênção acontecer. No entanto, eles fazem isso apenas porque é da vontade de Deus que assim seja. "Eu mesmo" os abençoo, Deus afirma. Isso tanto qualifica as palavras precedentes (não pense que os sacerdotes possuem um estranho poder que podem usar para o mal) quanto as enfatiza (Deus, de fato, irá abençoá-lo).

A passagem anterior do capítulo diz respeito a uma dedicação especial e temporária das pessoas a Deus. Uma vez mais, o livro de Números deixa claro que isso é válido tanto para as mulheres quanto para os homens. Uma "pessoa dedicada" é um *nazir*, de modo que esse é um "voto nazireu". As marcas de dedicação são as de abnegação. O nazireu promete esquecer o álcool e qualquer outra bebida similar. Ele deve deixar o cabelo crescer, e não há nenhuma explicação da razão de esse ato ser uma expressão de consagração, mas qualquer um que tenha vivido nos anos 1960 ou que tenha lido 1Coríntios 11 sabe que o cabelo é muito importante para nós. Além do mais, o nazireu deve evitar o contato com cadáveres. A morte sempre tornou as pessoas **tabu**, porque uma das coisas essenciais sobre ***Yahweh*** é ele ser o Deus vivo. Quando é inevitável que a pessoa tenha contato com a morte (por exemplo, no enterro de um familiar), a pessoa soluciona isso com uma cerimônia de **purificação**, mas alguém que faz um voto de dedicação deve esquecer até mesmo isso. Proferir o voto significa tomar decisões difíceis. Portanto, Jesus diz às pessoas que elas não podem segui-lo a não ser que estejam preparadas para repudiar os próprios pais e escolher (caso necessário) entre segui-lo e enterrar os pais.

Números não revela o motivo de uma pessoa fazer um voto de dedicação desse tipo; o texto preocupa-se mais em estabelecer restrições sobre ele e impedir que esse voto seja feito de modo casual e inconsequente (o que, de novo, é parte da preocupação de Jesus com relação às pessoas que desejam se tornar discípulos). Era a única maneira de uma pessoa poder estabelecer um compromisso com Deus pela própria escolha. Embora não fosse possível escolher ser um sacerdote ou profeta, alguém dotado de propensões religiosas poderia escolher esse caminho para manifestar uma dedicação especial a Deus. Outro aspecto de sua importância é a pessoa poder proferir essas promessas solenes em conexão com as suas orações. Ana, usando parte de sua oração, promete dedicar o seu filho a Deus (1Samuel 1).

NÚMEROS 7:1–8:4
PROVISÃO PARA O SANTUÁRIO

[1]No dia em que Moisés terminou de arrumar a habitação, ele a ungiu e a consagrou, e ao altar e todos os seus utensílios. Após os ter ungido e consagrado, [2]os líderes israelitas, os cabeças das casas de seus pais (eles eram os líderes dos clãs, que estavam no comando das pessoas que foram listadas), apresentaram [3]e trouxeram as suas ofertas diante de *Yahweh*: seis carroças cobertas e doze bois, uma carroça para cada dois líderes e um boi para cada um. Quando eles tinham apresentado as ofertas diante da habitação, [4]*Yahweh* disse a Moisés: [5]"Receba-as deles para que possam fazer o serviço para a tenda do encontro. Entregue-as aos levitas, a cada um conforme requerido ao seu serviço." [6]Então, Moisés recebeu as carroças e os bois e os entregou aos levitas. [7]Duas carroças e quatro bois ele entregou aos gersonitas, conforme requerido ao serviço deles. [8]Quatro carroças e oito bois ele entregou aos meraritas, como requerido ao serviço deles, sob a direção de Itamar, filho de Arão, o sacerdote. [9]Aos coatitas, ele não entregou nada, porque o serviço do santuário repousava sobre eles;

eles o carregariam sobre os ombros. [10]Os líderes apresentaram ofertas para a dedicação do altar no dia em que ele foi ungido. Quando eles apresentaram as ofertas diante do altar, [11]*Yahweh* disse a Moisés: "Um líder a cada dia deve apresentar a sua oferta para a dedicação do altar."

[Os versículos 12-88 relatam como cada líder devidamente apresenta uma tigela e uma bacia de prata cheia de siclos, uma vasilha de ouro cheia de incenso, três bois, seis cordeiros, seis carneiros e seis bodes.]

[89]Quando Moisés entrou na tenda do encontro para falar com ele, ouviu a voz lhe falando de cima da tampa da expiação, sobre o baú da declaração, do meio dos dois querubins. Ele lhe falou.

CAPÍTULO 8

[1]*Yahweh* falou a Moisés: [2]"Fale a Arão como segue: 'Quando você colocar as lâmpadas, as sete lâmpadas são para dar luz em frente do candelabro.'" [3]Arão assim o fez. Ele colocou as lâmpadas em frente do candelabro, como *Yahweh* ordenou a Moisés. [4]Eis como o candelabro foi feito: ele era de ouro batido; o trabalho batido estendia-se à sua haste e às suas pétalas. Segundo a descrição que *Yahweh* tinha dado a Moisés, assim ele fez o candelabro.

É nosso desejo construir uma "capela adequada" em nosso seminário. Há décadas excedemos a capacidade da capela original, e para os cultos usamos um auditório ou uma igreja adjacente ao *campus*. Bem, uma das grandes forças da cultura dos Estados Unidos é a generosidade de seus filantropos, pessoas que fazem fortuna e que estão dispostas a abrir mão de sua riqueza com liberalidade. O seminário muito tem se beneficiado dessa generosidade, que nos capacitou a construir uma nova biblioteca. Para edificar um lugar de adoração, os membros da comunidade do seminário fazem as suas próprias contribuições, mas elas se assemelham mais às moedas de cobre que a pobre viúva colocou na caixa de ofertas do templo, que são muito estimadas por Deus, mas de pouco auxílio aos sacerdotes que administram o orçamento do templo.

Deus transmitiu a Israel instruções para a construção de um magnífico santuário móvel com base nas ofertas do povo, sob a supervisão de Moisés (veja Êxodo 25–40). Todavia, são necessárias provisões adicionais para o início de seu funcionamento regular, além do que o santuário necessita de meios para o seu transporte pelo deserto até a terra para a qual o povo caminha.

O livro de Êxodo não nos revela se alguns israelitas possuíam condições de contribuir com maior generosidade do que os demais para a construção daquele templo móvel. Isso não seria surpresa; a oferta dos outros representaria mais as moedas da viúva. Números 7 enfatiza que cada um dos clãs fez exatamente a mesma contribuição. Isso ignora o fato de que (digamos) **Judá** fosse duas vezes mais numeroso que o clã de Manassés. Deus não disse que todos os clãs deveriam fazer a mesma oferta. Eles assim o fizeram, implicando o reconhecimento mútuo de que todos os clãs tinham a mesma posição.

Para os leitores dessa história, isso não seria assim. Judá e **Efraim** se tornaram os clãs que contavam. Quem se importa com os clãs distantes como Aser e Naftali, bem como com o Reino do Norte, que foi removido da existência pela **Assíria**? Números 7 convida as pessoas a mudarem o seu olhar sobre as coisas. O capítulo detalha as contribuições de cada um dos doze clãs, apresentadas ao longo de doze dias, e o faz repetindo o mesmo parágrafo doze vezes, trocando apenas o nome e o líder do respectivo clã, no início do parágrafo.

Esse fato torna o capítulo o mais longo de toda a Bíblia, com exceção do Salmos 119. Se você pertence a um desses clãs distantes que, obviamente, não contam mais como "Israel", esse capítulo lembra que o seu clã conta. O seu líder fez parte dessa história, e você contribui tanto quanto (digamos) Judá. Se você pertence ao clã de Judá, isso serve de lembrete para não superestimar a sua importância, bem como para não subestimar a importância dos demais clãs que parecem estar perdidos.

Já observamos antes que seiscentas famílias, em vez de dois ou três milhões de pessoas, é uma estimativa mais próxima do número real de israelitas envolvidos. As quantidades citadas nas ofertas dos clãs também precisariam ser colocadas numa escala adequada a um relato histórico literal. Presumidamente, a própria tenda do encontro, à qual Moisés recorria com frequência quando necessitava receber a orientação de Deus no exercício de sua liderança (e para a qual Deus o convocava), era uma construção mais simples que aquela descrita em Êxodo; os textos de Êxodo e Levítico fornecem a informação de fundo sobre a tenda, o **altar**, o baú que continha a declaração de Deus (isto é, os Dez Mandamentos), a tampa da expiação sobre o baú e os querubins sobre a tampa. Embora a **Torá** tenha como preocupação primordial a história real, o mesmo não ocorre com a história literal. Ela aprecia glorificar a magnitude dos eventos como uma forma de expressar a sua verdadeira importância para Israel e para nós. Aqui estamos nós, três mil anos mais tarde, pensando nas aventuras e na generosidade de alguns clãs antigos que estão prestes a iniciar uma jornada por uma região isolada e desértica do Oriente Médio. Sim, esses eventos foram mais importantes do que quaisquer outros imaginados naquele tempo. Os números conferem expressão a esse fato.

NÚMEROS 8:5–9:14
A FLEXIBILIDADE DE DEUS

[5]*Yahweh* falou a Moisés: [6]"Tome os levitas dentre os israelitas e purifique-os. [7]Isso é o que você deve fazer para purificá-los. A água de purificação deve ser aspergida sobre eles. Eles devem passar a lâmina sobre todo o seu corpo e lavar as suas roupas. Então, estarão purificados. [8]Devem pegar um touro do rebanho com sua oferta de cereal, farinha escolhida misturada com óleo, e você deve pegar um segundo touro do rebanho para a oferta de purificação. [9]Você deve apresentar os levitas à frente da tenda do encontro, reunir toda a comunidade israelita [10]e apresentar os levitas perante *Yahweh*. Os israelitas devem colocar as mãos sobre os levitas, [11]e Arão deve colocá-los à frente, como uma oferta de apresentação diante de *Yahweh* da parte dos israelitas, para que possam estar ali a serviço de *Yahweh*."

[Os demais versículos de Números 8 elaboram mais essa instrução e descrevem o seu cumprimento.]

CAPÍTULO 9

[1]*Yahweh* falou a Moisés no deserto do Sinai, no primeiro mês do segundo ano, após eles saírem do Egito: [2]"Os israelitas devem observar a Páscoa em seu tempo apropriado. [3]Devem observá-la no décimo quarto dia deste mês, ao pôr do sol, no seu tempo estabelecido, de acordo com todas as suas regras e decisões." [4]Então, Moisés falou aos israelitas para observarem a Páscoa, [5]e eles observaram a Páscoa no primeiro mês, no décimo quarto dia, ao pôr do sol, no deserto do Sinai. Como *Yahweh* ordenou a Moisés, assim os israelitas fizeram. [6]Houve alguns homens que eram tabu por causa do corpo de alguém e não puderam observar a Páscoa naquele dia, de modo que apareceram diante de Moisés e Arão naquele dia. [7]Esses homens lhes disseram: "Somos tabu por causa do corpo de alguém. Por que deveríamos ser impedidos de apresentar oferta a *Yahweh*

no tempo estabelecido entre os israelitas?" [8]Moisés lhes disse: "Fiquem aqui para que eu possa ouvir o que *Yahweh* ordena a respeito de vocês." [9]*Yahweh* falou a Moisés: [10]"Diga aos israelitas: 'Quando alguém for tabu por causa de um corpo ou estiver em uma longa jornada, de vocês ou de suas futuras gerações, ele deve observar a Páscoa para *Yahweh.* [11]Vocês devem observá-la no segundo mês, no décimo quarto dia, ao pôr do sol.'"

[Os versículos 12-14 acrescentam alguns outros lembretes sobre a Páscoa.]

Duas semanas atrás, após o culto, uma mulher veio falar comigo. Eu havia descrito a maneira pela qual Salmos nos convida em oração a apelar à compaixão, à graça e ao amor inabalável de Deus, especialmente quando reconhecemos estar errados em relação a Deus. Ela realmente não conseguia acreditar que Deus é assim. Desde a sua infância, Deus tinha sido retratado como santo, severo e inflexível. Com Deus, não era possível escapar impune de nada. Conversamos na calçada, em frente à igreja, com os carros e ônibus passando na rua principal, e ela chorou, impactada pela ideia de Deus ser compassivo, amoroso e misericordioso, como o Antigo Testamento expressa.

A história da Páscoa fornece um outro exemplo. A **Torá** apresenta instruções detalhadas sobre como os israelitas devem fazer isso e aquilo e como executar cada detalhe com exatidão. Isso pode dar a impressão de Deus ser extremamente meticuloso. Então, surge uma situação na qual a obediência às instruções de Deus suscita problemas. Quando alguém morria um dia antes da Páscoa e a família tinha que enterrá-lo, os familiares do morto tinham sobre si a mácula da morte e, assim, estariam impedidos de participar da celebração e da adoração ao Deus vivo. O que eles deveriam fazer?

Moisés levou esse dilema à tenda do encontro para consultar Deus a respeito. Nesse meio-tempo, a família é orientada a aguardar para descobrir o que fazer. Por que a demora? Talvez não deveríamos ser tão sobrenaturalistas quanto ao processo. Embora, às vezes, Moisés escutasse uma voz sobrenatural, não creio que devemos assumir que isso sempre acontecia. Pode ser que as decisões fossem fruto de um processo similar aos nossos. Moisés questiona Arão sobre o que o seu irmão pensa e, depois, vai ao interior da tenda do encontro, senta e passa a refletir sobre os prós e os contras das várias possibilidades. ("Deveriam ignorar a regra do **tabu**? Dificilmente! Poderia haver um processo especial de **purificação** naquelas circunstâncias? Será que funcionaria? Aquelas pessoas deveriam acompanhar a celebração da Páscoa a distância? Isso poderia parecer falso.") Moisés pede a Deus que oriente a sua reflexão e, então, toma uma decisão, convicto de que Deus o está orientando. De uma forma ou de outra, Deus diz: "Não se preocupe; isso não é um problema. Eu não sou legalista. Eles podem celebrar a Páscoa no mês que vem."

"Eles não precisam guardar o restante das regras", Deus acrescenta. "Ser flexível diante das circunstâncias não significa que você pode ignorá-las. Elas estão lá por uma razão, não são arbitrárias." Portanto, em outras ocasiões, Deus desce como uma tonelada de tijolos sobre alguém que ignora as regras (Números 15 fornece um exemplo assustador). É possível projetar atitudes legalistas sobre Deus quando, na realidade, nós somos os legalistas, tal como as pessoas que transmitiram essa impressão equivocada sobre Deus à mulher com quem conversei. Gostaríamos que a vida e a nossa relação com Deus fossem regidas por regras absolutamente claras. Mas não é assim. Isso é fruto da misericórdia, pois a vida é complicada. Necessitamos do tipo de flexibilidade que Deus está preparado para exibir.

A dedicação dos levitas ao serviço de Deus levanta questões sobrepostas. Embora não sejam ordenados como os sacerdotes (veja Levítico 8–9), os levitas passam por um processo multifacetado que os transforma de israelitas comuns em pessoas que dedicam sua vida ao serviço que realizarão em benefício de todo o povo. O gesto dos israelitas impondo as mãos sobre eles indicava que os levitas os representavam, assumiam o lugar deles e se associavam a eles. O comissionamento dos levitas envolve um processo de purificação que sugere a remoção de tudo o que conflita com o que Deus é, bem como inclui ofertas que selam essa remoção. Isso permite que eles passem o tempo em íntima proximidade com Deus, de uma forma que colocaria em risco pessoas comuns, pois seria muito "quente". Deus sabe que as pessoas precisam ter ciência da diferença entre ele e os seres humanos, mas também faz provisão para assegurar que essa diferença não os torne incapazes de se relacionarem com Deus. Os levitas atuam como uma zona de amortecimento, como um par de luvas térmicas, o equivalente ao colete usado por operadores de raios-X. As pessoas podem, então, vir à presença de Deus em segurança.

Uma das tarefas contínuas dos levitas será a de garantir que pessoas não se aproximem em demasia do santuário quando estão em uma condição tabu ou em estado de embriaguez. No contexto imediato, o trabalho deles envolverá um esforço físico obrigatório, carregando os elementos do santuário durante os deslocamentos do povo na jornada. Isso continuará mesmo após a chegada dos israelitas, prosseguindo até o tempo de Davi, quando o santuário parece se mover. Somente após Salomão construir um templo fixo é que esse transporte cessa. Eles executavam esse trabalho dos 25 anos até os cinquenta anos de idade (se setenta anos, hoje, representam os antigos sessenta, em uma sociedade com recursos de saúde e de alimentação escassos, cinquenta representam os sessenta anos daquela época).

Como ocorre com outros aspectos desse relato, a história real do papel dos levitas em Israel era muito mais complexa do que a retratada por essa narrativa organizada. O que Levítico e Números fornecem a Israel é um esquema teológico para a compreensão de como as coisas vieram a ser.

NÚMEROS 9:15–10:36
A JORNADA REALMENTE COMEÇA

[15]No dia em que a habitação foi concluída, a nuvem cobriu a habitação (a tenda da declaração). Durante a noite, ela permanecia sobre a habitação, com uma aparência de fogo, até de manhã. [16]Eis como continuamente seria: a nuvem a cobriria, e lá estaria com uma aparência de fogo, à noite. [17]Quando a nuvem se levantava de cima da tenda, logo após os israelitas se moviam, enquanto, no lugar em que a nuvem parava, ali os israelitas acampavam. [18]À palavra de *Yahweh*, os israelitas se moviam e, à palavra de *Yahweh*, eles acampavam. Enquanto a nuvem permanecia sobre a habitação, eles acampavam. [19]Quando a nuvem permanecia sobre a habitação durante um longo tempo, os israelitas guardavam a ordem de *Yahweh* e não se moviam. [20]Nas vezes em que a nuvem permanecia sobre a habitação por alguns dias, à ordem de *Yahweh* eles acampavam e, à ordem de *Yahweh*, eles se moviam. [21]Nas vezes em que estava lá, do entardecer ao amanhecer, quando a nuvem se levantava, de manhã, eles se moviam. Dia ou noite, quando a nuvem se levantava, eles se moviam.

[Números 9 prossegue sublinhando esse ponto. Números 10, então, relata a confecção de duas trombetas para sinalizar a hora de partir e também sinalizar a iminência de batalha ou de celebração de festivais. Relata, ainda, como os israelitas partiram pela primeira vez.]

CAPÍTULO 10

[33]Eles partiram do monte de *Yahweh*, em uma jornada de três dias, com o baú da aliança de *Yahweh* indo à frente deles durante os três dias de jornada, para encontrar um lugar de parada para eles, [34]e com a nuvem de *Yahweh* sobre eles, durante o dia, quando eles partiam do acampamento. [35]Quando o baú se movia, Moisés dizia: "Levanta-te, *Yahweh*, os teus inimigos sejam espalhados, os teus adversários fujam de diante de ti!" [36]Quando o baú parava, ele dizia: "Volta, *Yahweh*, para os incontáveis milhares de Israel!"

Embora tome decisões com facilidade (isso não significa que eu as tome sabiamente), quando se tratou de decidir sobre mudar com a minha esposa deficiente da Grã-Bretanha para os Estados Unidos, para um lugar que havíamos visitado apenas uma vez, distante quase dez mil quilômetros, sem ter a certeza de que tudo correria bem, mesmo eu pude reconhecer que a mudança continha um elemento de risco. Voltar atrás na decisão e cancelar a mudança seria um ato complexo e drástico demais. Fiquei muito grato, portanto, quando Deus providenciou sinais não solicitados de que aquela era a decisão certa. Uma aluna do seminário, certo dia, sentiu Deus lhe falando: "Diga ao John 'Juízes 18.6'." Nenhum de nós sabia o que dizia o versículo. Na Nova Versão Internacional, lemos: "Vão em paz. Sua viagem tem a aprovação do SENHOR." A Almeida Revista e Atualizada apresenta: "Ide em paz; o caminho que levais está sob as vistas do SENHOR." Deus havia tirado o versículo totalmente do contexto, como, frequentemente, faz. Por haver Deus dado tamanha garantia de seu envolvimento conosco, nessa jornada eu dizia às pessoas que não estava preocupado quanto a tudo correr bem. Deus é que iria parecer estúpido caso a mudança desse errado. (No fim, tudo deu certo, e Deus não pareceu estúpido.)

No Ocidente, parece-nos importante, como indivíduos, que a nossa jornada de vida seja bem-sucedida. Na Escritura, Deus foca mais a jornada de vida de Israel, considerando que o nosso valor, em grande parte, provém de nosso pertencimento a um povo. Deus, regularmente, não dá uma orientação direta a indivíduos, do tipo que acabei de descrever; em minha vida, isso aconteceu somente em dois momentos cruciais de tomada de decisão. Em termos gerais, Deus não dá ao povo de Israel ou à igreja uma orientação direta e específica desse tipo. Talvez Deus queira que vivamos a nossa vida como pessoas responsáveis, não como crianças cujas decisões são tomadas pelos pais. De tempos em tempos, Deus envia profetas para transmitir a Israel algumas instruções em determinado contexto, mas, usualmente, Deus permite que Israel tome as suas decisões à luz do que já foi revelado e feito por Deus. As igrejas, com frequência, pedem a orientação de Deus, mas, então, tomam decisões da mesma forma que qualquer outra comunidade faz; e não há problemas com isso.

Nesse ponto crucial na vida de Israel, Deus estabelece o compromisso de cuidar para que Israel alcance o seu destino na terra que lhe foi prometida. Isso encorajaria os leitores israelitas dessa narrativa, assim como fui encorajado com a minha experiência de receber um sinal de Deus, caso as coisas não andassem conforme o desejado. Quando os **efraimitas** e, então, também os **judaítas** foram, no devido tempo, expulsos da sua terra, eles puderam relembrar como Deus assegurou a jornada de seus ancestrais, quilômetro a quilômetro, até a terra prometida; assim, certamente, Deus não abandonaria totalmente o seu povo mais tarde, certo? Existe outro lado nessa questão, ou outro aspecto que ela suscita. Embora enfatize a nítida orientação divina, Números também sublinha a resposta sistemática dos israelitas. Deus deixava claro quando o povo devia partir, e Israel obedecia. Mais significativo e desafiador ainda era o fato de Deus claramente mostrar quando o povo devia parar, e os israelitas assim permaneciam.

Outra implicação é esta: embora a viagem para **Canaã**, em condições normais, devesse durar meros dez dias ou um pouco mais, na realidade, para os israelitas, ela duraria algumas décadas, como resultado de atos de rebelião sobre os quais logo iremos ler. Partindo do Sinai, o povo de Israel não sabia desse detalhe, mas os israelitas leitores da história sim. Eles também têm ciência de suas próprias rebeliões subsequentes e abandonos por parte de Deus, bem como sobre a maneira paradoxal com que Deus permanece ao lado deles, mesmo quando experimentam as consequências da rebelião e do abandono. A orientação que Números descreve aqui será necessária somente porque Israel deve permanecer muito mais tempo do que a sua jornada normalmente duraria. Deus é como um pai que mantém um filho confinado ao seu quarto como disciplina, mas que diz: "Eu virei, contudo, e sentarei com você."

Talvez isso tenha relação com outro elemento surpreendente no relato da partida do povo. Moisés pede ao seu sogro midianita que os acompanhe na jornada porque ele conhecia bem o deserto e poderia guiá-los no caminho. Perdoe-me, mas eu pensei que Deus é que iria guiar Israel no deserto. É possível que essa parte do relato mostre que Israel também operasse com as duas ideias da orientação divina. Deus, de fato, guiava, mas podia guiar por meio de processos humanos "naturais" e dons. Claro que Moisés pode estar usando isso como um argumento para apoiar a real preocupação da qual falou antes. Ele deseja que a sua família estendida, pessoas que não eram israelitas, acompanhasse Israel a fim de também desfrutar das bênçãos em Canaã. A princípio, o seu sogro não se mostrou disposto a ir (talvez estivesse sendo educado ou quisesse constatar se realmente a sua presença era desejada), porém sabemos que ele concorda porque ouvimos sobre a sua família em Canaã mais tarde.

A "oração" de Moisés pressupõe que a rebelião de Israel não é o único problema que Deus enfrentará durante a jornada. No caminho, haverá povos contrários ao cumprimento das intenções divinas. A oração de Moisés é um tipo de encorajamento ao povo para que confiem em que Deus pode lidar com os obstáculos colocados entre eles e o seu destino. No entanto, mais diretamente, é um encorajamento a Deus para fazer isso acontecer. Não há problemas em reforçar o pedido para que Deus cumpra o seu compromisso, que ele é capaz de fazer e que necessitamos que o faça.

Uma excelente tradição judaica sugere que o motivo de Israel marchar por três dias, aparentemente sem descanso, após partir do Sinai, é o fato de os israelitas estarem aliviados por deixar o lugar no qual Deus lhes deu tantas regras; eles são como estudantes correndo da sala de aula, após o professor dispensá-los, para o caso de o professor mudar de ideia e chamá-los de volta. Se for verdade, o povo de Israel ficará desapontado, pois descobrirá que Deus pode continuar falando com ele no deserto.

NÚMEROS **11:1-35**
SOBRE A FALTA DE ALHO-PORÓ

[1]Ora, o povo lamentou os seus problemas aos ouvidos de *Yahweh*. *Yahweh* ouviu, a sua ira acendeu-se e o fogo de *Yahweh* queimou entre eles e consumiu a extremidade do acampamento. [2]O povo clamou a Moisés, que suplicou a *Yahweh*, e o fogo apagou-se. [3]Aquele lugar foi chamado de Queimada porque o fogo de *Yahweh* queimou entre eles.

[4]Quando as outras pessoas que eles haviam acolhido em seu meio ficaram cheias de saudade, os israelitas tornaram a chorar e disseram: "Se apenas alguém nos desse carne para comer!

[5]Lembramo-nos do peixe que comíamos de graça no Egito, dos pepinos, dos melões, do alho-poró, das cebolas e do alho, [6]mas, agora, a nossa garganta está seca. Não há nada mais para ver, a não ser esta 'coisa'." [7]A "coisa" era como semente de coentro; em aparência, era como resina. [8]As pessoas vinham e a recolhiam, moíam em pedras de moer ou a batiam em um pilão, e a cozinhavam em uma panela ou transformavam em pães. O seu gosto era como o de creme rico. [9]Quando o orvalho caía sobre o acampamento, durante a noite, a "coisa" também caía.

[10]Moisés ouviu o choro do povo, em suas famílias, cada pessoa à entrada de sua tenda. A ira de *Yahweh* se acendeu, e Moisés perturbou-se. [11]Moisés disse a *Yahweh*: "Por que trouxeste problemas sobre o teu servo? Por que não achei favor aos teus olhos, para que pusesses a carga de todo esse povo sobre mim? [12]Fui eu quem concebeu todo esse povo ou fui eu quem o deu à luz, para que me fales: 'Carregue-o em seus braços, como uma ama carrega um bebê', para a terra que prometeste aos seus ancestrais? [13]Aonde poderia conseguir carne para dar a todo esse povo quando eles choram diante de mim e dizem: 'Dê-nos carne para comer'? [14]Não posso carregar todo esse povo sozinho. É muito pesado para mim. [15]Se é assim que irás lidar comigo, simplesmente me matarás, se tenho achado favor aos teus olhos, para que eu não veja mais os meus problemas?"

[16]*Yahweh* disse a Moisés: "Reúna para mim setenta dos anciãos em Israel, pessoas que você conhece que são anciãos e líderes do povo. Leve-os à tenda do encontro. Eles devem ficar ali com você. [17]Descerei e falarei com você ali. Eu tirarei um pouco do espírito que está sobre você e colocarei sobre eles, para que possam carregar a carga do povo com você, de modo que não a carregue sozinho. [18]Você deve dizer ao povo: 'Santifiquem-se para amanhã. Vocês devem comer carne, porque têm chorado aos ouvidos de *Yahweh*, dizendo: "Se apenas alguém nos desse carne para comer, porque era melhor para nós no Egito."'"

[O restante do capítulo relata como Deus fez essas duas coisas.]

A minha mãe não conhecia alho. Isso não é tão surpreendente assim, pois ela aprendeu a cozinhar nos dias em que a culinária britânica era insossa, antes de Elizabeth David nos introduzir na culinária adequada (ela foi a nossa Julia Child) e antes de a imigração indiana transformar o frango ao molho *tikka masala* em nosso prato nacional. Minha mãe nem mesmo conhecia a cebola ou o alho-poró; apenas com a minha esposa (que veio de outra parte do país) é que descobri que a cebola é o legume mais importante do mundo. E não pense que qualquer um de nós comeu melão antes de nossa primeira visita a Israel. (Claro que conhecíamos peixe, porém principalmente com fritas e, certamente, conhecíamos pepinos, embora o seu cultivo seja um permanente desafio em razão do clima britânico.)

Desse modo, posso entender como esses israelitas se sentiam a respeito da culinária. Eles conheciam o gosto do peixe com alho e cebola. E posso me solidarizar com eles por sentirem falta desses ingredientes no deserto, quando tudo o que tinham para comer era essa "coisa", que usualmente denominamos de "maná". Essa palavra é, mais ou menos, uma transliteração de uma palavra que os leitores poderiam, de outra forma, considerar como "Que é isso?" (Êxodo 16:15). O maná parece mais uma substância resinosa que surge de manhã em certas árvores no Sinai à qual pode-se realmente tratar da forma descrita.

Por que os israelitas estão tão agitados quando se passaram apenas três dias e em mais alguns dias eles estarão na terra que mana leite e mel? Por que fazem tanto barulho por causa de carne quanto eles têm rebanhos de animais entre eles? Qual é o significado da referência às outras pessoas acolhidas por eles (a referência aparece apenas aqui, mas presumivelmente denota pessoas de outros grupos étnicos que se juntaram aos israelitas na saída do Egito, de acordo com Êxodo 12:38)? Por que Moisés está tão exasperado? Por que Deus está irado?

Não é a primeira vez que essas dinâmicas aparecem na história como um todo — daí, em parte, essas últimas questões. Os versículos de abertura relatam um incidente anterior no qual Moisés lidou de uma forma mais equilibrada, enquanto Deus lida enviando um fogo de advertência nos arredores do acampamento. Não foi a primeira vez. Lá atrás, no caminho do **Egito** para o Sinai (muitos capítulos antes, mas há apenas alguns meses) o povo já se havia comportado da mesma forma. Esses relatos possuem um lugar de destaque nessa parte de Números. A **Torá** trabalha contando uma série de histórias paralelas, todas enfatizando pontos similares. As narrativas não são idênticas, mas sobrepostas, como histórias de curas ou parábolas nos Evangelhos. O acúmulo de relatos similares sublinha os pontos transmitidos por eles.

Aqui estão alguns pontos extraídos dessas duas histórias:

1. O povo de Deus, com frequência, sofre com desapontamentos, reações que, decerto, você imaginou serem conflitantes com a natureza e as promessas de Deus.
2. Eles, em geral, envolvem necessidades físicas básicas como saúde ou ter algo razoável como alimento.
3. Dar muita atenção a pessoas à margem da comunidade pode levar a própria comunidade ao desvio.
4. Tais problemas testam o povo de Deus, trazendo à tona quem eles realmente são.
5. Podem nos levar a olhar o passado com nostalgia e nos fazer desejar que Deus jamais tivesse mudado a nossa condição.
6. O povo de Deus é, então, propenso a reclamar uns com os outros, com seus líderes ou com alguém em particular em vez de falar diretamente com Deus sobre seus problemas.
7. A desilusão pode ser contagiosa e difícil de evitar.
8. Deus ouve a reclamação, a considera inoportuna e reage enviando mais dificuldade.

9. O trabalho dos líderes é suplicar a Deus em nome do povo, especialmente quando o próprio povo não se volta para Deus.
10. As queixas, em geral, desapontam os líderes, pois eles se sentem responsáveis pelo povo, como se o bem-estar e a felicidade das pessoas dependessem deles.
11. Não há problema no fato de o líder levar as queixas do povo a Deus em bases mais confrontadoras do que reclamar a alguém mais, como o povo fez, mesmo que as ações dos líderes impliquem assumir maior responsabilidade do que eles possuem.
12. Deus responde a tais orações e queixas.

Deus colocou sobre setenta anciãos israelitas um pouco do **espírito** que estava sobre Moisés (o que não necessariamente significa que ele tivesse menos). O sinal dessa transferência é que eles "profetizaram", o que significa algo como falar em línguas, um sinal para os líderes e para a comunidade de que o espírito de Deus veio, de fato, sobre eles e que, assim, estão aptos a compartilhar a responsabilidade com Moisés. Pitorescamente, esse evento afeta dois dos setenta anciãos que não tinham ido à tenda do encontro. Josué se preocupa com isso, mas Moisés não vê problema no fato de eles profetizarem também. Talvez isso diga algo para a comunidade israelita posterior e para os seus líderes quanto a não sentir a necessidade de controlar tudo o que o espírito de Deus possa fazer.

Então, um vento sobrenatural traz, sobre o acampamento, codornizes, que caíram em todo ele, formando camadas da altura de noventa centímetros. Isso parece uma resposta de oração, mas logo revela ser algo mais complicado, pois, na sequência, Deus atinge mortalmente alguns israelitas. Talvez tenham consumido codornizes já estragadas, contudo

Números relata que as vítimas foram atingidas por Deus. Caso estejamos propensos a pensar que isso não se encaixa com o Novo Testamento, devemos lembrar da ênfase de Paulo sobre o aprendizado que podemos obter com esses relatos (1Coríntios 10:1-13). Embora essas histórias fossem escritas para as futuras gerações de israelitas, não para as pessoas que vivenciaram esses eventos, e inúmeros salmos recorram a elas, reconhecendo que Israel precisa atender às suas advertências, Paulo acrescenta que elas foram escritas também para o aprendizado das comunidades cristãs.

NÚMEROS **12:1-15**

MIRIÃ, A PROFETISA; ARÃO, O SACERDOTE; MOISÉS, O MESTRE

[1]Miriã e Arão falaram contra Moisés em relação à esposa etíope que ele havia tomado: "Ele tomou uma esposa etíope!" [2]Eles disseram: "*Yahweh* tem realmente falado apenas por meio de Moisés? Não tem ele falado por meio de nós?" *Yahweh* ouviu. [3]Ora, o homem Moisés era muito humilhado, mais do que qualquer um na face da terra. [4]*Yahweh* repentinamente disse a Moisés, Arão e Miriã: "Saiam, vocês três, para a tenda do encontro." Os três saíram, [5]e *Yahweh* desceu na coluna de nuvem, colocou-se à porta da tenda e convocou Arão e Miriã. Os dois se apresentaram, [6]e ele disse: "Vocês ouvirão as minhas palavras? Se há um profeta de vocês, um profeta de *Yahweh*, eu me farei conhecido a ele em uma visão, falarei com ele em um sonho. [7]Não é assim com o meu servo Moisés. Em toda a minha casa, ele é digno de confiança. [8]Falo com ele boca a boca, com clareza, não em enigmas. Ele contempla a forma de *Yahweh*. Por que vocês não tiveram medo de falar contra o meu servo Moisés?" [9]Então, a ira de *Yahweh* se acendeu contra eles, e ele os deixou. [10]Quando a nuvem estava se afastando da tenda, Miriã ficou escamosa, como a neve. Arão virou-se para Miriã,

e ela estava escamosa. [11]Arão disse a Moisés: "Meu senhor, por favor, não mantenha contra nós a ofensa que cometemos, agindo tolamente. [12]Por favor, ela não deve parecer como alguém morto, que saiu do ventre de sua mãe com sua carne comida pela metade." [13]Então, Moisés clamou a *Yahweh*: "Deus, por favor, concede-lhe a cura, por favor!" [14]*Yahweh* disse a Moisés: "Se o pai dela realmente lhe cuspisse no rosto, ela não estaria em desgraça por sete dias? Ela deve se manter reclusa e, então, retornar." [15]Assim, Miriã se fechou fora do acampamento por sete dias, e o povo não se moveu até Miriã retornar. [16]Então, o povo se moveu de Hazerote e acampou no deserto de Parã.

O filme *Um herói do nosso tempo* relata a história de um menino entre os judeus falashas da Etiópia, que foram transportados de avião para Israel, por ocasião da revolução marxista, nos anos 1980. O dilema é que Schlomo (Salomão), o menino, não é judeu, mas cristão. Seus pais haviam morrido, e sua mãe adotiva pensou que ele teria mais futuro em Israel do que num campo de refugiados etíope. Em Israel, entre as pessoas que suspeitam de seu judaísmo está o pai racista de sua namorada, que não quer o envolvimento de sua filha "branca" com um rapaz negro. É nessa conexão que Schlomo decide tomar parte em um debate sobre a interpretação da **Torá** com outro adolescente, que também revela ser um racista em sua tentativa de mostrar que Adão era branco e que as pessoas negras foram designadas por Noé a serem escravos das pessoas brancas. Schlomo vence o debate na sinagoga ao demonstrar que Adão não era branco nem negro: se ele tinha alguma cor, ele era vermelho (em hebraico, as palavras para Adão, terra e vermelho são similares).

O racismo começa em Números 12, embora seja apenas uma dentre uma série de questões complexas que vêm à tona com essa narrativa. Moisés tomou para si outra esposa; talvez Zípora tivesse morrido ou essa era uma segunda esposa (ter mais de uma esposa é um sinal de proeminência, de modo que os líderes, usualmente, têm mais de uma esposa). Miriã e Arão não estão protestando contra isso, mas contra o fato de ela ser etíope e, portanto, negra. Considerar as pessoas inferiores com base na cor da pele é um fenômeno mais recente, porém há uma ou duas insinuações disso no Antigo Testamento. Então, lá está Miriã agindo como a irmã de Moisés; será que essa nova esposa a afasta de Moisés?

Pode-se imaginar Moisés lamentando. O povo reclamou dele no **Egito**; voltaram a se queixar no mar de Juncos, depois, na jornada ao Sinai e, por fim, após saírem do Sinai. Ele já falou a Deus que levar o povo sozinho era fardo demasiado pesado para ele. Agora, é sua irmã e seu irmão que se voltam contra ele. É plausível descrevê-lo como a pessoa mais impopular de todo o mundo. (As traduções dessa passagem, normalmente, o apresentam como o homem mais humilde em todo o mundo, o que obviamente não é verdade, e a palavra em nenhum outro lugar significa "manso" ou "humilde", mas afligido.)

Explicitamente, a indagação de Miriã e Arão é quanto à proeminência de Moisés como alguém com quem Deus fala. Trata-se de um clássico exemplo de uma história que se torna mais clara quando nos colocamos na posição dos futuros leitores israelitas. Uma questão que corre subjacente à história deles, enquanto a lemos nos livros posteriores do Antigo Testamento, é a relação entre o ensino de Moisés e as mensagens transmitidas pelos profetas, que eram, em geral, associadas aos sacerdotes e apoiadas por eles. Muitos profetas e sacerdotes disseram coisas que conflitavam com os ensinos de Moisés. Eles encorajavam as pessoas a adorar outros deuses, asseguravam ao povo que tudo estava bem entre eles e Deus, quando isso não era verdade, e os encorajavam a fazer imagens para auxiliar a adoração. Além disso, a voz viva da profecia, com o apoio sacerdotal, parecia impressionar mais e ser mais relevante do que as meras tradições "mosaicas", vindas do passado.

Números 12 afirma que Deus fala por meio dos profetas, embora também insinue que esse falar fica aquém do que as pessoas ganham ao prestarem atenção aos ensinamentos de Moisés. Há algo franco e direto sobre esse falar; não se trata de sonhos e visões cujo significado é, com frequência, enigmático. Essa é uma caracterização justa. Cerca de três mil anos mais tarde, aspectos individuais da Torá ainda nos intrigam, mas a sua natureza é ser concreta e clara. Os profetas são como os poetas; eles falam utilizando metáforas e imagens. Para Israel, como casa de Deus, o claro ensino mosaico precisa ter prioridade sobre as interpretações discutíveis dos oráculos proféticos. Deve-se sempre confiar em Moisés.

Assim, quando Miriã tenta obter igual proeminência, Deus coloca a profetisa em seu devido lugar. Ele a castiga, particularmente, porque é a sua posição como profetisa que está em questão. Miriã aparece primeiro na abertura da narrativa, enquanto Arão exerce um papel mais de apoio. O seu castigo é um ataque temporário de uma enfermidade que as traduções, em geral, chamam de lepra, porém a palavra original não se refere a uma doença incapacitante que denotamos por esse nome, mas a uma doença de pele que (como Arão observa) deixa a pele com um aspecto de decomposição e confere à pessoa uma aparência cadavérica. Moisés faz uma oração urgente e breve, de cinco palavras em hebraico, um modelo de oração em favor de outra pessoa (que, no caso, agiu errado com ele). Como ocorre, frequentemente, nas orações do Antigo Testamento, Deus não responde de forma totalmente afirmativa, mas também não totalmente negativa.

O que ocorre é o compromisso necessário entre as demandas do amor e da justiça. Essa escamação é vista como possuindo implicações similares ao contato com a morte, o que impede a entrada da pessoa no santuário que pertence ao Deus vivo. Miriã, portanto, retira-se para fora do acampamento até aquela enfermidade desaparecer, e o povo espera por ela.

Ao fim do relato, os israelitas estão se aproximando da terra a eles destinada.

NÚMEROS 13:1—14:38
UMA HISTÓRIA DE ESPIÕES

[Números 13 começa relatando como Deus ordena Moisés a enviar homens de cada clã para espionar a terra de Canaã, da qual eles cortaram um ramo no qual pendia um único cacho de uvas, bem como colheram algumas romãs.]

CAPÍTULO 13

[25]Eles retornaram de investigar a terra ao fim de quarenta dias. [26]Foram diretamente a Moisés, Arão e toda a comunidade israelita em Cades, no deserto de Parã, e trouxeram de volta uma palavra a eles e a toda a comunidade, mostrando-lhes o fruto da terra. [27]Eles disseram: "Fomos à terra para a qual vocês nos enviaram. Sim, ela mana leite e mel, e este é o seu fruto. [28]Mas o povo que vive na terra é poderoso, e as cidades são fortificadas, muito grandes. Além disso, vimos enaquins lá. [29]Os amalequitas vivem na região do Neguebe, os hititas, os jebuseus e os amorreus vivem nas montanhas, e os cananeus vivem perto do mar e ao lado do Jordão." [30]Mas Calebe silenciou o povo diante de Moisés. Ele disse: "Vamos subir e tomar posse dela, porque definitivamente podemos fazer isso." [31]Todavia, os homens que subiram com ele disseram: "Não podemos subir contra o povo, porque são mais fortes do que nós."

[A discussão prossegue por um tempo, até que Deus intervém.]

CAPÍTULO 14

[11]*Yahweh* disse a Moisés: "Por quanto tempo esse povo desdenhará de mim? Por quanto tempo eles não terão fé em mim, apesar de todos os sinais que fiz em seu meio? [12]Eu os atingirei com epidemias e irei despojá-los e farei de você um povo maior e mais poderoso que eles." [13]Moisés disse a *Yahweh*: "Mas os egípcios ouvirão, porque tiraste este povo do meio deles pelo teu poder, [14]e eles contarão aos habitantes da terra que têm ouvido que tu, *Yahweh*, estás no meio deste povo, tu, *Yahweh*, que apareces à vista deles com tua nuvem pairando sobre eles, que vais à frente deles em uma coluna de nuvem, de dia, e uma coluna de fogo, de noite."

[Moisés prossegue expressando alguns outros argumentos sobre Deus.]

[20]*Yahweh* disse: "Eu perdoo, de acordo com as suas palavras. [21]No entanto, tão certo como eu vivo e como o esplendor de *Yahweh* enche o mundo todo, [22]nenhuma das pessoas que viram o meu esplendor e os meus sinais que fiz no Egito e no deserto, e me testaram por dez vezes e não ouviram a minha voz [23]verá a terra que prometi aos seus ancestrais. Ninguém que desdenhou de mim a verá."

[Os versículos 24-38 expandem essa decisão.]

Aprecio fazer os alunos erguerem as sobrancelhas quando indico ocasiões nas quais Deus abandonou segmentos da igreja. Nos primeiros séculos da era cristã, a região oriental do Mediterrâneo (Turquia, Levante, Egito, norte da África) era repleta de igrejas cristãs avivadas, mas agora quase não há cristãos ali. Na Europa do século XVI, a única dúvida era se as igrejas seriam católicas, reformadas, luteranas ou outras, porém agora o continente é considerado pós-cristão. E (insisto em dizer) que é como os Estados Unidos serão em dez anos.

Deus jamais abandonará a igreja, mas Deus pode abandonar áreas inteiras ou gerações dela. (Claro que podemos confiar que ele não abandonará uma região ou uma geração, exceto quando e onde o próprio Deus já foi abandonado.)

O padrão remonta a essa narrativa. A sua primeira característica intrigante é o próprio fato de Deus comissionar Moisés a espionar a terra. Por que Deus faria isso? Essa questão se torna ainda mais complexa quando lemos, em Deuteronômio 1, a declaração de Moisés dizendo que a espionagem foi ideia do povo, não de Deus. Provavelmente, essa é outra indicação de que a **Torá** mescla mais de uma versão da mesma história, assim como ocorreu com a narrativa da Criação, do Dilúvio, e assim por diante. (Ao ler a versão completa de Números 13 e 14, você perceberá repetições e costuras que refletem isso.) Portanto, qual a importância de incluir os dois ângulos sobre quem teve a ideia de enviar os espias? Os israelitas poderiam querer ter alguma garantia sobre a natureza da terra e de seus habitantes e, assim, pedirem por aquela patrulha. Ao mesmo tempo, a intenção de Deus poderia ser a de encorajar o povo com relatórios sobre a excelência da terra. No entanto, a agenda de Deus para aquela espionagem inclui informações sobre se os seus habitantes são muitos ou poucos, se são fortes ou fracos, ainda que os israelitas não tenham a responsabilidade de derrotá-los; Deus está comprometido a expulsá-los. A descoberta dos espias de que eles são muitos e poderosos tem por objetivo encorajar os israelitas a confiar em Deus?

A evidência concreta da excelência da terra (especialmente quando comparada com o deserto do Sinai) é o cacho de uvas gigante que os espias trouxeram; essa imagem ainda é usada como símbolo pelo ministério do turismo de Israel. A terra mana leite e mel, ou seja, há muitas regiões de pasto para ovelhas, cabras e gado, bem como é abundante em árvores frutíferas. A expressão é normalmente traduzida por "terra que mana leite e mel". Contudo, esse "mel" não se refere ao mel de abelhas, mas a um xarope feito de frutas como o figo, a principal fonte de doçura no Oriente Médio.

O problema é que os espias passam mais tempo falando sobre os aterradores prospectos de ter de expulsar os habitantes atuais da terra. Há uma clara ironia no fato de Calebe ser o único espia a acreditar que a posse da terra é viável. Calebe representa **Judá**, porém Números 32:12, mais tarde, observará que ele é filho de um quenezeu, não um israelita nato, mas evidentemente alguém que se tornou parte de Israel. Além disso, é apropriado que o seu grupo de parentesco venha a possuir a região em torno de Hebrom, da qual os espias trouxeram a evidência concreta da abundância da terra. Mais adiante, aprendemos que Josué (que representa **Efraim**) concorda com Calebe, de modo que os seus dois clãs (que serão, mais tarde, os clãs líderes) podem ouvir esse relato com certa satisfação, embora os demais clãs, em sua maioria, tenham concordado com o temor dos outros espias em vez de com a confiança de seus representantes mais famosos.

O povo está convencido, pelo discurso da maioria dos espias, da impossibilidade de subjugar os habitantes atuais da terra. Como de costume, atacam Moisés e Arão (isso é bem mais fácil do que atacar diretamente Deus) e determinam voltar para o **Egito**. Josué e Calebe tentam mudar o pensamento deles. Sem dúvida, Josué chega primeiro a esse ponto, por causa da importância que assumirá mais tarde — e ele é o líder que coloca o seu dinheiro (ou melhor, as suas tropas) onde o seu coração está. No entanto, ele logo descobre que o povo pretende apedrejá-los pelos problemas, até que Deus aparece e declara a intenção de rejeitar todo o povo e reiniciar com Moisés. Além de sublinhar as desvantagens da estratégia divina, Moisés inclui em sua "oração" um lembrete do que Deus afirmou no Sinai, quando surgiram as mesmas dinâmicas (Êxodo 32–34); afinal, ***Yahweh*** é o Deus que afirma ser longânimo, que cumpre plenamente os seus compromissos e que carrega a desobediência e a rebelião do povo, mas que, todavia, não absolve o culpado. Deus está sempre às voltas com a questão de como lidar com os dois lados de sua autodescrição. Aqui, Deus age de uma forma distinta daquela adotada no Sinai, ao reafirmar a necessidade de atuar contra toda aquela geração atual de Israel, mas, ao mesmo tempo, também manter a fé em Israel no longo prazo. A próxima geração de israelitas é que entrará em **Canaã**. A presente geração viverá e morrerá como beduínos, no deserto.

É impressionante como Moisés foi corajoso em falar dessa maneira com Deus, além da reação de Deus em concordar com ele. Seria uma vergonha assumirmos que a igreja não desfrute dessa mesma liberdade e que pode, às vezes, receber igual resposta de Deus. Poderia até mesmo levar Deus a não rejeitar a igreja nos Estados Unidos.

NÚMEROS **14:39–15:41**
O VOLUNTÁRIO E O INVOLUNTÁRIO

[39]Quando Moisés falou essas palavras a todos os israelitas, eles caíram em grande pranto. [40]No dia seguinte, bem cedo, eles subiram ao cume do monte, dizendo: "Sim, subiremos ao lugar que *Yahweh* disse, porque agimos errado." [41]Mas Moisés disse: "Por que vocês estão transgredindo a palavra de *Yahweh* quando isso não irá funcionar? [42]Não subam, porque *Yahweh* não está em seu meio. Caso contrário, tombarão diante de seus inimigos, [43]porque os amalequitas e os cananeus estarão lá à sua frente, e vocês cairão pela espada. Pelo fato de terem se desviado de *Yahweh*, *Yahweh* não estará com vocês." [44]Eles insistiram em subir ao cume do monte, mas nem o baú

da aliança de *Yahweh* nem Moisés se moveram do meio do acampamento, [45]e os amalequitas e os cananeus que viviam nas montanhas desceram e os derrotaram até Hormá.

[Números 15:1-29, então, estabelece uma série de regras que complementam, reprisam ou esclarecem aquelas de Levítico. Elas apresentam detalhes de como trazer ofertas e de como lidar quando, acidentalmente, a pessoa falha em observar uma das regras.]

[30][*Yahweh* disse a Moisés]: "A pessoa que agir com a mão levantada, seja nascido nativo, seja estrangeiro residente: *Yahweh* é aquele a quem ele está injuriando. Essa pessoa será cortada do meio de seu povo. [31]É a palavra de *Yahweh* que ele desprezou. É a ordem de *Yahweh* que ele quebrou. Essa pessoa será definitivamente cortada. Há desobediência sobre ela."

[32]Quando os israelitas estavam no deserto, eles descobriram alguém recolhendo madeira no dia de sábado. [33]As pessoas que o encontraram recolhendo madeira o levaram diante de Moisés, Arão e toda a comunidade [34]e o colocaram em custódia, porque não tinha sido especificado o que deveria ser feito a ele. [35]Então, *Yahweh* disse a Moisés: "O indivíduo deve definitivamente ser condenado à morte por toda a comunidade, que o apedrejará fora do acampamento." [36]Assim, toda a comunidade o levou para fora do acampamento e o apedrejou até a morte, como *Yahweh* ordenara a Moisés.

[37]*Yahweh* disse a Moisés: [38]"Fale aos israelitas e diga-lhes que eles devem fazer uma franja nos cantos de suas roupas, ao longo de suas gerações. Eles devem colocar um cordão roxo na franja em cada borda. [39]Vocês terão a franja, verão isso e estarão atentos a todos os mandamentos de *Yahweh*, os observarão e não explorarão os impulsos de sua mente e de seus olhos, as coisas que cobiçam; [40]assim estarão atentos e observarão todos os meus mandamentos, e serão santos ao seu Deus. [41]Eu sou *Yahweh*, o seu Deus, que os tirou do Egito para ser o Deus de vocês. Eu sou *Yahweh*, o seu Deus."

Em nossa igreja, costumamos apagar as velas durante o hino final, antes de os ministros alcançarem o corredor e caminhar para fora, à rua principal, de volta ao mundo exterior, para despedir a congregação. Certo domingo, alguns meses atrás, o nosso hino final era "Minha pequena luz, vou deixar brilhar", e o nosso reitor, de repente, percebeu que havia algo simbolicamente errado com o ato de apagar as velas enquanto cantávamos que iríamos deixar a luz brilhar no mundo. Então, ele instruiu os acólitos (pessoas que compartilhavam a liderança do culto) para carregarem as velas na procissão em vez de apagá-las. Tais práticas, como acender (e apagar) velas, nos transmitem algo do significado da fé cristã. Elas, em si mesmas, não fazem nada, mas exteriormente expressam e simbolizam coisas importantes.

Números 14 relata como os israelitas tiveram problemas ao "investigar" a terra à qual estavam destinados a entrar, porque acabaram "cobiçando" ou sendo infiéis. Ao fim de Números 15, Deus estabelece uma prática designada a desencorajar a "cobiça" e a "investigação". Em nossa cultura, a liberdade é o valor supremo. Sempre que alguém tenta limitar o direito das pessoas de expressar palavras ofensivas a outras ou levar jovens ao desvio, há os que protestam que os direitos constitucionais quanto à liberdade de expressão estão sendo violados. A liberdade de pensamento é similarmente vital aos acadêmicos. Aqui, Deus incentiva o povo a, voluntariamente, limitar ambas as liberdades, de pensamento e de ação, providenciando aos israelitas uma prática para auxiliar nesse controle. Parece haver pouca ligação entre franjas ou borlas e a obediência aos mandamentos divinos, embora as franjas roxas possam sugerir algo real e sacerdotal sobre as pessoas que as ostentam. Isso tem conexão com o comentário de encerramento de Deus: tudo isso é sobre ser santo. As franjas lembram o povo de sua posição e de seu chamado. Na prática judaica posterior, no contexto da perseguição, as franjas passaram a ser anexadas às roupas de baixo; então, vieram a fazer parte de um xale ou manto de oração. As práticas, de fato, mudam. O importante sobre as franjas é que elas fossem visíveis ao usuário da roupa para ele ser lembrado da necessidade de comprometer-se a cumprir o que Deus disse.

O que surge entre a narrativa principal sobre a exploração de **Canaã** e esse parágrafo sobre as franjas ilustra isso com mais ênfase. Primeiro, há o relato sobre a decisão dos israelitas de subir a região montanhosa, em direção a Hebrom e ao coração do território que Israel, no devido tempo, irá ocupar, conforme a intenção divina. Podemos imaginar Moisés arrancando os cabelos. Quando devem ir, eles se recusam. Agora que não devem ir, insistem em ir! (Hormá fica no deserto, entre o início do cume montanhoso e o acampamento dos israelitas.)

Então, segue-se uma série de regras variadas sobre a oferta de cereais e as libações que acompanham os sacrifícios, sobre como os estrangeiros residentes podem e devem seguir as mesmas práticas, sobre oferecer um bolo feito das primícias da terra a Deus, bem como sobre fazer compensação por falhas involuntárias na observação dessas regras (por exemplo, esquecer de fazer alguma oferta no tempo apropriado). Estabelecidas nesse ponto da história, tais regras constituem duas boas-novas. Primeira, elas pressupõem a continuidade da história. Israel irá entrar em Canaã e se estabelecer ali. Israel deverá apresentar ofertas por isso. A estupidez de não prosseguir a jornada, quando Deus assim ordena, e a insensata tentativa de continuar, quando Deus proíbe o avanço, não significa o descarrilhamento da história. A outra boa-nova é que a drástica ação adotada por Deus, descrita em Números

14, não significa que você tenha de andar na ponta dos pés em torno de Deus com medo de que a mínima infração o colocará em grande perigo. Há uma diferença abismal entre a rebelião franca e um deslize acidental. Deus não é legalista. Sempre é possível corrigir as coisas se a sua falha for involuntária; e, mesmo que seja intencional, o infrator pode lançar-se à misericórdia de Deus e encontrar perdão.

A rebelião franca e aberta, de fato, conduz a consequências horríveis. O rebelde corre o risco de ser "cortado" da comunidade. Isso não é algo que Israel faz, mas de que Deus lança mão (talvez fazendo o rebelde morrer jovem ou interromper a sua linhagem). Isso é aplicável tanto a um indivíduo quanto a toda a comunidade. A desobediência do homem que recolhia madeira no sábado violou um mandamento-chave. Isso se relaciona com outra prática-chave dos israelitas. Para muitos dos ouvintes dessa narrativa, que viviam num contexto em que os seus vizinhos não eram israelitas, o mandamento sobre guardar o sábado constituía uma característica vital do compromisso deles com Deus. A guarda do sábado passou a resumir a **aliança**; ignorar esse mandamento equivalia a abandonar a própria aliança. Era algo muito sério. Os ouvintes da história precisavam reconhecer quão importante era guardar o sábado. Uma história como essa, assim como a narrativa sobre Ananias e Safira, no Novo Testamento, que morreram porque falsificaram as suas promessas, traz certo alívio por não vivermos nos tempos bíblicos. No entanto, os israelitas, aparentemente, foram capazes de conviver com tais relatos sem ficar totalmente perturbados. Eles sabiam que Deus demonstrava a sua misericórdia a quem a buscava. As franjas eram designadas a auxiliar os israelitas a viverem em obediência em vez de arriscar a própria sorte e acabar como o catador de lenha.

NÚMEROS 16:1–17:13
LIDANDO COM A AMBIÇÃO

[1]Corá, filho de Isar, filho de Coate, filho de Levi, com Datã e Abirão, filhos de Eliabe, e Om, filho de Pelete, os rubenitas, [2]levantaram-se e se apresentaram diante de Moisés com 250 homens israelitas, líderes da comunidade, comissionados pela assembleia, homens de reputação. [3]Eles se reuniram contra Moisés e Arão e lhes disseram: "Vocês têm muito, quando toda a comunidade é santa, todos eles, e *Yahweh* está no meio deles! Por que vocês se elevam acima da assembleia de *Yahweh*?" [4]Ao ouvir isso, Moisés prostrou-se com o rosto em terra. [5]Ele falou a Corá e a todo o seu grupo: "Pela manhã, *Yahweh* pode fazer conhecido quem é dele e quem é santo e trazê-lo para perto de si. [6]Faça isso. Tomem incensários (Corá e todo o seu grupo), [7] ponham fogo neles e, amanhã, coloquem incenso sobre eles diante de *Yahweh*. O homem que *Yahweh* escolher, ele será o santo. Vocês têm muito, filhos de Levi."

[Na passagem de 16:8-27, Moisés continua repreendendo Corá, Datã e Abirão pela crítica à sua liderança. Yahweh *ameaça destruir toda a comunidade, mas, em resposta à súplica de Moisés e Arão, Deus foca Corá, Datã e Abirão.]*

[28]Moisés disse: "Por causa disso, vocês saberão que foi *Yahweh* que me enviou para fazer todas essas coisas, porque elas não são ideia minha. [29]Se essas pessoas morrerem da maneira que qualquer ser humano morre, e o destino de qualquer ser humano cair sobre eles, então não foi *Yahweh* que me enviou. [30]Mas, se *Yahweh* criar algo extraordinário, e a terra abrir a sua boca e os engolir com tudo o que lhes pertence, de modo que desçam vivos ao *Sheol*, então saberão que esses homens desprezaram *Yahweh*." [31]Quando ele terminou de falar essas palavras, o chão debaixo deles se fendeu, [32]e a terra abriu a sua boca e os engoliu, bem como às suas famílias e a todo o povo de Corá com todas as suas posses.

[Números 16:33–17:13 segue relatando o resultado daquele evento, que inclui a revolta de todo o povo contra Moisés e Arão. Yahweh, *novamente, anuncia a intenção de destruir o povo, e uma epidemia se instala, mas Moisés e Arão fazem expiação pela comunidade.* Yahweh *fornece um sinal miraculoso para confirmar a proeminência da linhagem de Arão.]*

A busca por posições de liderança sempre me surpreende. Certa ocasião, no seminário em que ensinava, chegou um novo diretor que revelou a sua detalhada e cuidadosamente ponderada visão para o futuro da instituição. O corpo docente deu uma olhada e disse: "Nem tanto." Os anos seguintes foram de muita luta, enquanto buscávamos manter uma convivência mútua, dentro dos moldes cristãos, e, ao mesmo tempo, tentávamos descobrir como trabalhar rumo ao futuro. Então, eu mesmo fui nomeado diretor e tive de lidar não com esse problema, mas com outras questões. À luz da surpresa que citei no início, você deve estar se perguntando como eu vim a ser o diretor. Todavia, na época, isso parecia uma boa ideia, e por grande parte daquele período apreciei estar naquela posição. Gostei, especialmente, de ser capaz de perseguir a minha própria visão, mas, da mesma forma, fiquei feliz ao abrir mão daquele cargo quando decidi me mudar para os Estados Unidos com o objetivo de não ter qualquer responsabilidade, exceto a de incentivar o estudo do Antigo Testamento. Aqui, quando vejo o presidente, o reitor ou o deão tendo de lidar com algum conflito ou problema, posso dizer: "Eu costumava estar nessa posição; como é bom não estar mais."

Seguidas vezes, Moisés é obrigado a lidar com as pressões próprias da liderança, que, às vezes, vêm do povo, outras vezes, dos pretensos líderes e, num dia ruim, de ambos. Na compreensão da história, de novo, será de grande utilidade se nos imaginarmos como israelitas das gerações posteriores, para os quais a narrativa foi escrita e entre os quais também deve haver tensões sobre quem deveria exercer o sacerdócio. É alguém que pode reivindicar a descendência de Levi? Levi teve três filhos: o filho do meio, Coate, era o avô de Moisés e de Arão. A **Torá** declarou que somente os descendentes de Arão são sacerdotes no sentido pleno; os demais levitas devem ser os seus assistentes. E quanto às posições relativas de Eleazar e Itamar, filhos de Arão? Eleazar assume quando seu pai morre, mas, subsequentemente, parece que, às vezes, o sacerdote sênior era um descendente de Itamar. Não podemos solucionar as questões históricas sobre a posição relativa dos vários grupos dentro do clã de Levi, em diferentes períodos, mas o que aprendemos do Antigo Testamento sugere que, de fato, havia conflitos sobre esse tema. O Antigo Testamento, periodicamente, ordena que a comunidade seja generosa com os levitas, assim como deve ser com as viúvas e os órfãos; isso sugere uma posição de vulnerabilidade. Pode-se imaginar também a existência de conflitos quanto à posição de proeminência entre os diferentes clãs. **Judá** e **Efraim** são os clãs líderes; eles fornecem os nomes aos dois reinos resultantes da divisão de Israel, após os dias de Salomão. Que fundamento eles utilizaram para reivindicar liderança? Rúben era o filho mais velho de Jacó: por que os seus descendentes deveriam ser marginalizados? O capítulo é complexo e parece ser outro daqueles no qual mais de uma história ou mais de uma versão dela são mescladas, indicando a importância dessas questões para Israel.

Datã e Abirão são rubenitas, enquanto Nadabe era neto de Coate, como Moisés e Arão, de modo que, por descendência, ele tinha tanto direito à liderança quanto Moisés e Arão. Assim, a história ilumina e, provavelmente, reflete os conflitos posteriores no seio da comunidade. Dizem que a história é escrita pelos vencedores. Não tenho certeza se essa afirmação é totalmente verdadeira, mas é possível questionar quem são os vencedores na história em foco, e, obviamente, a resposta é Moisés e Arão. Na medida em que é Arão, a narrativa apoiará a posição posterior dos descendentes de Arão e, particularmente, corroborará a ideia de que eles possuem formas especiais de responsabilidade sacerdotal sobre outros membros do clã de Levi, cuja tarefa é dar-lhes assistência. Felizmente, o contexto dos dois lados dessa história inclui muitas críticas a Arão; assim, não será sábio da parte de seus descendentes insistir nessa narrativa, porque as demais pessoas podem apontar esses outros componentes presentes no contexto. O capítulo seguinte também fornecerá alguns elementos solenes para reflexão, bem como sublinhará como as pessoas comuns sabiamente se regozijam exatamente por serem o que são: pessoas comuns. Na medida em que o vencedor é Moisés, a história funciona como outra daquelas que reforçam às gerações posteriores a necessidade de considerar Moisés com seriedade. Moisés não teve sucessores; não há um ofício mosaico. Levar Moisés a sério significa prestar atenção ao seu ensino em vez de a outro que objetiva diminuí-lo.

Os descendentes de Arão também devem lembrar que Corá e seus amigos estão certos: a liderança jamais deve esquecer que toda a comunidade é santa e que Deus está no meio dela. No entanto, a história pressupõe que a argumentação desse ponto é, na verdade, em benefício próprio. Eles não buscam introduzir a democracia, isto é, dar poder real ao povo, mas reivindicar possuir tanto direito à liderança quanto Moisés e Arão. As pessoas que buscam posições de liderança sob a alegação de que almejam o benefício dos outros, quando, na realidade, desejam apenas estar no exercício do poder, precisam lembrar da história de Corá e seus amigos. O relato de Moisés e Arão fazendo **expiação** pelo povo para que ele não seja aniquilado também serve de lembrete aos futuros líderes para estarem preparados a se inclinar ao vento quando sofrerem ataques do povo. Tais ataques vão com o território. A vocação desses líderes é seguir servindo ao povo e orando por eles, preocupados em manter a existência do povo. Eles nada devem fazer para provar que estão em seu devido direito. Isso é trabalho de Deus, não deles.

A descrição do destino dos rebeldes inclui uma das raras referências na Torá ao *Sheol*, um lugar para o qual as pessoas vão quando morrem. Não é um lugar de sofrimento, punição, como um purgatório, porém também não possui as conotações positivas do céu. É algo como uma sala de espera, exceto pelo fato de você não estar indo a lugar algum. O enterro significa que, fisicamente, terminamos debaixo da terra, e, desse modo, o *Sheol* também é retratado como localizado debaixo da terra. A narrativa vividamente retrata o solo abrindo a sua boca e engolindo os rebeldes "vivos", isto é, em pleno gozo da vida, em vez de a vida gradualmente se esvair deles. Há igualmente uma única referência à criação. O uso da palavra reflete como a ideia de criação não é tanto a de Deus agir de modo criativo (como diríamos), mas ao fato de Deus fazer algo poderoso, soberano e extraordinário. O ato de destruição atinge as famílias, bem como os homens, reconhecendo que não somos seres independentes, mas que nosso destino está conectado à nossa família. Os atos dos pais afetam os seus filhos, para o bem ou para o mal.

NÚMEROS **18:1–19:22**
PROVISÃO E PURIFICAÇÃO

[1]*Yahweh* disse a Arão: "Você, os seus filhos e a casa de seu ancestral carregarão a desobediência em relação ao santuário,

e você e seus filhos carregarão a desobediência em relação ao seu sacerdócio. [2]Traga os seus parentes no clã de Levi, o seu clã ancestral, para se unirem a você e o ajudar quando você e seus filhos estiverem diante da tenda do encontro. [3]Eles devem cuidar das responsabilidades quanto a você e à tenda, como um todo, mas não devem se aproximar dos utensílios do santuário ou do altar, para que ambos, você e eles, não morram. [4]Eles devem se unir a você e cuidar das responsabilidades pela tenda do encontro, em relação a todo o serviço da tenda, porém nenhum estranho deve chegar perto de vocês. [5]Vocês cuidarão das responsabilidades pelo santuário e pelo altar, para que não haja novamente ira sobre Israel."

[Números 18 prossegue descrevendo como os sacerdotes e suas famílias devem receber muitas das ofertas do povo, as primícias da terra e dos animais, enquanto os levitas devem viver dos dízimos do povo para compensar o fato de esse clã não receber terra em Canaã.]

CAPÍTULO 19

[1]*Yahweh* falou a Moisés e a Arão: [2]"Esta é uma regra no ensino que *Yahweh* ordenou: Diga aos israelitas que eles devem trazer a vocês uma novilha vermelha, completa, na qual não haja defeito e sobre a qual nenhum jugo foi colocado. [3]Vocês devem entregá-la a Eleazar, o sacerdote, e ela deve ser levada para fora do acampamento e abatida em sua presença. [4]Eleazar, o sacerdote, deve pegar um pouco do sangue com o seu dedo e aspergir um pouco do sangue sete vezes na direção da entrada da tenda do encontro. [5]A novilha deve ser queimada à sua vista; sua pele, sua carne, seu sangue, com suas entranhas, devem ser queimados. [6]O sacerdote deve apanhar madeira de cedro, hissopo e fio escarlate e jogá-los no meio do fogo que está queimando a novilha. [7]O sacerdote deve lavar as suas roupas, banhar o seu corpo em água e, depois, ir ao acampamento, mas o sacerdote deve ser tabu até a noite. [8]A pessoa que a queimar deve lavar as suas roupas em água e banhar o

seu corpo em água, mas será tabu até a noite. [9]Um homem que está limpo deve recolher as cinzas da novilha e colocá-las fora do acampamento em um lugar limpo. A comunidade israelita deve guardá-las como água de enfermidade. Elas são uma oferta de purificação."

[Números 19 segue prescrevendo como esse processo de purificação deve funcionar.]

Outro dia, eu estava visitando uma grande igreja, em outra cidade. O contraste entre ela e a minha pequena igreja foi extraordinário. Em minha comunidade, o pastor é o único a receber salário, e a lotação completa do salão não é superior a setenta pessoas. Essa outra igreja, ao contrário, possuía um *campus* enorme com muitas pessoas trabalhando lá (na quinta-feira!), bem como um orçamento capaz de me causar arrepios. Não sei se eles foram obrigados a despedir funcionários por causa da recessão que estamos vivendo enquanto escrevo estas linhas, mas sei que mais de uma igreja em nossa própria cidade teve de dispensar pessoas. A nossa pequena igreja, igualmente, trabalhou duro para cumprir o orçamento estabelecido. Em minhas aulas, potenciais pastores dedicam o seu tempo à descoberta de conteúdos bíblicos e de como eles podem falar à igreja de nossos dias. No entanto, ao chegarem ao ministério, são obrigados a dedicar um tempo maior ainda lidando com questões financeiras, especialmente se as ofertas dos membros da igreja serão suficientes para cobrir as despesas com o seu salário e o salário de outros membros da liderança.

Por meio de uma peculiar passagem, em 1Coríntios 9, Paulo expressa o seu argumento sobre a adequação do pagamento aos pastores, mencionando uma regra presente em Deuteronômio 25, que proíbe as pessoas de amordaçarem o boi enquanto ele estiver debulhando o cereal; o animal deve ser livre para comer enquanto trabalha. O apóstolo também alude a passagens como Números 18, que detalham como os sacerdotes e outros ministros do santuário devem ser pagos. Enquanto os demais clãs possuíam uma alocação de terra na qual pudessem cultivar os seus alimentos, a tarefa do clã de Levi devia se concentrar no cuidado ao santuário em vez de na agricultura. Os outros clãs, então, eram sustentados por suas respectivas lavouras. Embora algumas ofertas apresentadas pelo povo fossem queimadas, sugerindo que subiam diretamente a Deus, outras ofertas, no entanto, eram feitas a Deus, mas passavam aos sacerdotes e outros levitas. Isso propiciava um sistema de suporte ao ministério pelo qual as ofertas dadas a Deus e, portanto, santificadas, podiam ser lidadas de forma reverente.

Deus começa citando a maneira pela qual os sacerdotes "carregam a desobediência" — isto é, a responsabilidade pelas ofensas do povo recai sobre eles. Todos fazem isso de formas distintas; felizmente, Deus também está apto a "carregar a desobediência" pelas pessoas quando elas buscam pela misericórdia divina — "carregar" é a palavra usualmente traduzida por "perdoar". O problema é que os sacerdotes vivem sob maior risco de transgressão; talvez isso seja sempre verdadeiro com relação a todos no exercício do ministério. Eles cuidam do próprio santuário e assumem responsabilidade pelos atos sacramentais que ocorrem ali, tais como a oferta de sacrifícios, e há muitas formas de eles, acidental ou involuntariamente, comprometerem a santidade de Deus. Os outros levitas são, de certo modo, protegidos por serem obrigados a manter distância das partes do santuário associadas com uma santidade especial. Assim como sacerdotes e levitas são protegidos ou estão livres do envolvimento com aspectos do santuário e de sua função, que detêm um grau maior de santidade, eles também são protegidos ou estão livres da participação nas diferentes ofertas, de acordo com os seus variados graus de santidade. Deus acrescenta que os próprios levitas devem dizimar dos dízimos que recebem.

O ritual envolvendo a novilha vermelha leva a mais longe uma questão importante em Levítico. O contato com a morte (por exemplo, quando é preciso enterrar um membro da família) significa se tornar **tabu**. O provável pano de fundo é que a morte é estranha ao Deus vivo, de modo que não se pode ir à presença de Deus quando a pessoa teve um contato recente com a morte. Ela, então, deve ser purificada daquele contato. Números 19 fornece o detalhe sobre como alcançar isso: a água misturada com as cinzas da novilha vermelha constitui um meio de obter a purificação. Após essa cerimônia de purificação, a pessoa está livre para ir ao santuário novamente. Como isso funcionava? Existe uma história sobre um rabino famoso que foi desafiado por um descrente a explicar como isso funcionava; ele, por fim, admitiu que não fazia a menor ideia, mas que não estava perturbado por isso. Deus afirmou que a cerimônia funcionava, e isso era tudo o que importava.

Uma implicação desse ritual e do seu pano de fundo é que as sociedades, na maioria, nutrem um desejo de manter contato com o mundo dos mortos. Uma das razões é o sofrimento humano pela perda de um ente querido. Outro motivo é a convicção de que pessoas mortas sabem de coisas encobertas aos vivos, o que seria uma boa justificativa para consultá-los. Desse modo, há pessoas que atuam como médiuns, especializadas em contatar pessoas mortas para você. O Antigo Testamento deixa claro o envolvimento dos israelitas com essas práticas, mas a proibição de Deus quanto a elas também é cristalina. Quando se quer conhecer algo que é inacessível ao conhecimento humano normal, Deus e os seus agentes, como sacerdotes e profetas, são as fontes divinamente permitidas, mas você deve viver a sua vida no presente com o Deus vivo.

NÚMEROS 20:1-13
UM ERRO FATAL

[1]Os israelitas, toda a comunidade, chegaram ao deserto de Zim, no primeiro mês, e o povo viveu em Cades. Miriã morreu, e foi sepultada ali.

[2]A comunidade não tinha água e se reuniu contra Moisés e Arão. [3]O povo discutiu com Moisés e disse: "Se apenas tivéssemos morrido quando nossos parentes pereceram diante de *Yahweh*! [4]Por que trouxeram a assembleia de *Yahweh* a esse deserto para que nós e os nossos animais morrêssemos ali? [5]Por que nos fizeram subir do Egito para nos trazer a este lugar mau, um lugar sem sementes, figos, vinhas ou romãs, nem água para beber?" [6]Moisés e Arão saíram de diante da assembleia para a entrada da tenda do encontro e prostraram com o rosto em terra. O esplendor de *Yahweh* apareceu a eles, [7]e *Yahweh* falou a Moisés: [8]"Pegue a vara e reúna a comunidade, você e Arão, seu irmão, e fale a um rochedo diante dos olhos deles para que ele dê água, de modo que você tire água do rochedo para eles e forneça água para a comunidade e os animais." [9]Então, Moisés pegou a vara diante de *Yahweh*, como ele lhe ordenou, [10]e Moisés e Arão reuniram a assembleia diante de um rochedo, e ele lhes disse: "Vocês vão ouvir, seus rebeldes? Devemos tirar água deste rochedo para vocês?" [11]Moisés levantou a mão e bateu com a vara no rochedo duas vezes. Muita água saiu, e a comunidade e os seus animais beberam. [12]Mas *Yahweh* disse a Moisés e a Arão: "Porque não confiaram em mim, tornando-me santo aos olhos dos israelitas, vocês não levarão essa assembleia à terra que eu estou dando a eles."

[13]Estas são as águas da Contenda, onde os israelitas contenderam com *Yahweh*, e ele mostrou a sua santidade por meio deles.

Alguns anos atrás, um jovem e brilhante líder de igreja na Inglaterra, a quem eu pouco conhecia, cometeu um erro, resultando no fim de seu ministério. Esse episódio deve ter sido devastador para ele, bem como para as pessoas que depositavam suas esperanças nele como símbolo de algo que Deus estava operando na igreja. O erro resultou do fato de a sua esposa ser acometida de uma enfermidade crônica, o que levou à necessidade de o jovem pastor ter alguém vivendo em sua casa, para ajudá-lo no cuidado contínuo à esposa. Tratava-se de uma necessidade real para que ele pudesse cumprir o seu ministério. Certo dia, porém, uma coluna escandalosa, num jornal local, veiculou a existência de um relacionamento inadequado entre o pastor e a pessoa empregada para cuidar de sua esposa. Não sei quão incorreta aquela relação realmente era; por tudo o que sei, ela deve ter sido deveras inocente, mas, se esse fosse o caso (de certo modo, ainda mais trágico), o pastor deve ter se comportado de maneira que desse a impressão de estar sendo infiel à sua esposa. De uma forma ou de outra, ele cometeu um erro, e o escândalo significou o fim de seu ministério

Seria mais do que apropriado que Miriã, Arão e Moisés liderassem Israel até a terra prometida, mas todos eles morreram antes de entrarem em Canaã. Na realidade, toda uma geração de israelitas morreu antes disso; embora isso fosse inimaginável pela forma em que a história começa. Décadas haviam passado desde o decreto de Deus, no capítulo 14, após a rebelião do povo. Os seus filhos são, agora, aqueles que chegaram à entrada de Canaã. Da mesma forma, passaram-se décadas desde que Miriã cometeu o erro descrito em Números 12; a sua morte não tem relação com esse episódio. Arão também estava associado com aquele incidente, contudo poucos meses antes (mas vários capítulos anteriores), ele cometeu o seu primeiro erro em relação ao bezerro de ouro, como relatado em Êxodo 32, ainda que a sua morte também não tivesse relação com isso. Arão estava implicado, assim como ocorreu no caso de Miriã, no erro fatal de Moisés.

Apesar de haver passado algumas décadas e a "comunidade", "povo" ou "assembleia", na realidade, ser constituída de uma geração totalmente diferente daquela envolvida na rebelião, nada mudou. A narrativa bíblica pode ser deprimente: ninguém nunca aprende alguma coisa. Ou, talvez, ela pode ser encorajadora nesse aspecto, porque temos a mesma experiência na igreja. Pelo menos, isso demonstra que o problema não reside meramente em nós. Novamente, não há água e, uma vez mais, a comunidade entra em pânico, não somente pensando em si mesma, mas também nos seus animais. Eles, de novo, olham de volta para o **Egito** com óculos cor-de-rosa. Se interpretarmos a história literalmente, toda essa geração, por definição, nasceu após os seus pais saírem do Egito, de modo que esses óculos foram fornecidos por seus pais; os pecados dos pais, de fato, incidem também nos filhos, e não houve nenhum proveito em esperar a próxima geração. Repetindo os seus pais, eles acusam os seus líderes em vez de a Deus. Novamente, Moisés e Arão voltam-se para Deus. Estão eles perturbados, perdidos ou amedrontados por eles mesmos ou pelo povo? Deus, de novo, os instrui sobre o que fazer e declara que haverá uma provisão milagrosa. Novamente, eles obedecem, e a provisão acontece.

No entanto, nem tudo dá certo. Eles cometem um único erro. Como falharam em confiar em Deus e torná-lo santo aos olhos dos israelitas? Deus os instruiu a falarem ao rochedo para produzir água. O que eles fizeram? Repreenderam os israelitas como rebeldes, e Moisés bateu duas vezes com a vara no rochedo. Há algum contraste com o relato de Êxodo 17, quando Deus instruiu Moisés e ele simplesmente "assim fez", exatamente como Deus dissera (o que, naquela ocasião, incluía bater na rocha). Não parece um grande contraste, mas Deus considera como uma falha dupla aqui, pela repreensão ao povo e por bater com a vara na rocha.

Usualmente, entendemos que o contrário de confiar em Deus é duvidar dele. No Antigo Testamento, o oposto de confiar em Deus é confiar em algo mais, como em outro deus, ou em recursos políticos, portanto confiar em nós mesmos. (Duvidar de Deus não importa tanto, desde que você duvide do Deus certo.) Quando Deus os acusa de falharem na confiança, provavelmente significa que eles confiaram em si mesmos para resolver o problema, o que levou à ação enérgica de Moisés, ao atingir o rochedo com a vara em vez de meramente falar. Por sua vez, esse ato resultaria na falha em santificar a Deus, em reconhecer e honrar a sua divindade. A ação deles não envolveu a estrita obediência que Moisés exibe em muitas ocasiões, indicando que, talvez, houve algo radicalmente errado na atitude deles. Todavia, ninguém jamais poderia imaginar isso acontecendo se Números não nos revelasse esse episódio. Moisés e Arão cometeram um pequeno deslize que trouxe consequências terríveis para ambos.

Mais adiante, Números relatará a morte de Arão e a sua sucessão por Eleazar, seu filho, como sumo sacerdote. O relato não afirma que Deus atingiu Arão mortalmente; eu o imagino adoecendo ou simplesmente vitimado pela idade avançada, com Deus deixando claro que a hora dele havia chegado. Por causa desse incidente, Deus não prolonga milagrosamente a vida de Arão, impedindo que ele esteja com os israelitas ao entrarem em **Canaã**.

NÚMEROS 20:14—21:3
DUAS ATITUDES MUITO DISTINTAS SOBRE A GUERRA

[14]Moisés envia emissários, de Cades, ao rei de Edom: "O teu irmão Israel disse isto: 'Tu mesmo sabes todas as adversidades que sucederam a nós. [15]Nossos ancestrais desceram ao Egito e viveram ali por longo tempo, mas os egípcios nos maltrataram e aos nossos ancestrais. [16]Então, clamamos a *Yahweh*, e ele ouviu a nossa voz. Ele enviou um ajudante e nos tirou do Egito. Agora, estamos em Cades, uma cidade no limite do teu território. [17]Podemos atravessar a tua terra? Não passaremos por campos ou vinhas, nem beberemos água dos poços. Iremos ao longo da estrada do rei. Não iremos virar à direita ou à esquerda até termos atravessado o teu território.'" [18]Mas Edom lhes disse: "Vocês não devem passar pelo meu território, ou eu virei contra vocês com a espada para encontrá-los." [19]Os israelitas lhe disseram: "Subiremos pela estrada principal. Se bebermos da tua água, eu e meus rebanhos, pagarei por ela. Ora, isso não é nada. Iremos atravessar a pé." [20]Ele disse: "Vocês não passarão." Então, Edom saiu para encontrá-los com uma força substancial, fortemente armada. [21]Edom se recusou a deixar Israel passar por seu território, e Israel se desviou dele.

[Os versículos 22-29 relatam a morte de Arão, no monte Hor; Eleazar, seu filho, o sucedeu.]

CAPÍTULO 21

[1]O cananeu, o rei de Arade, que vivia no Neguebe, ouviu que Israel estava vindo pela estrada de Atarim. Ele lutou contra Israel e levou alguns deles cativos. [2]Israel fez uma promessa a *Yahweh*: "Se entregares este povo em nossa mão, nós dedicaremos as suas cidades." [3]*Yahweh* ouviu a voz de Israel e entregou os cananeus, e eles os dedicaram e às suas cidades. Por isso, o lugar foi chamado de Devotado.

Escrevo durante uma guerra no Iraque, cujo término esperamos que esteja próximo, mas escrevo também em meio a uma guerra no Afeganistão, cujo resultado, provavelmente, ninguém é capaz de prever. Ambas as guerras estão relacionadas com o ataque aos Estados Unidos em 11 de setembro de 2001. Antes delas, em retrospectiva, houve guerras na Somália, no Vietnã, na Coreia, a Primeira e a Segunda Guerra Mundiais, antes ainda (para a Grã-Bretanha), a Guerra dos Boêres e (para os Estados Unidos) a Guerra Civil. Muito antes delas, houve a Guerra Revolucionária (entendo que os britânicos prefiram chamá-la de Guerra da Independência). A nossa história é marcada por guerras, embora esses conflitos tenham sido deflagrados por variadas razões e maneiras.

O mesmo pode se dizer sobre Israel, como Números 20 e 21 ilustram. Primeiro, há uma guerra que Israel evita, ao adotar uma atitude pacífica em relação a Edom. Isso fará que muitas sobrancelhas se levantem entre os ouvintes da narrativa. Ao longo da história, a animosidade entre Israel e Edom sempre foi latente, com Edom, em certos momentos, dominando significativas áreas do território de Israel. Os profetas, particularmente, apreciam declarar que Deus trará condenação sobre Edom, e pode haver uma ligação entre abrir mão de lutar contra Edom e estar seguro de que Deus o fará por eles. Deixe estar que Deus irá resolver isso. Portanto, aqui, quando o outro lado age de modo injustificavelmente beligerante, é melhor seguir pelo caminho mais longo e evitar o confronto. Além disso, Esaú, o ancestral de Edom, era irmão gêmeo de Jacó, o ancestral de Israel, e não se deve lutar contra membros de sua família. Da mesma forma, Moabe e Amom pertenciam à família estendida de Abraão e, por implicação, Israel assume a mesma atitude pacífica em relação a eles, a exemplo da adotada em relação a Edom, contornando o território deles.

Então, a guerra chega a Israel. É no mínimo estranho que o ataque do rei de Arade seja relatado aqui, porque, no contexto, Israel está se deslocando para o leste, abaixo do mar Morto e contornando Edom, enquanto Arade está a certa distância, a oeste. É possível que esse incidente tenha ocorrido em outra ocasião, e este é um lugar conveniente para inserir essa narrativa. O rei de Arade compartilha da beligerância edomita e faz algo a respeito. O que, então, os israelitas devem fazer a respeito da captura de alguns dentre o seu povo? Como Abraão, indo para resgatar Ló, eles agem para libertá-los, mas o relato sobe de intensidade, como facilmente acontece em tais circunstâncias. Ao adotar essa ação, os israelitas não estão respondendo a uma palavra de Deus, bem como não consultam o Senhor sobre ela (nem Abraão consultou). No entanto, eles sabem que precisam pedir o auxílio de Deus e, ao fazer isso, também fazem uma promessa.

Nas histórias do Antigo Testamento, com frequência, surgem dificuldades quando promessas são feitas com o intuito de levar Deus a fazer o que você precisa. Os israelitas prometeram "dedicar" as cidades de Arade a Deus — em outras palavras, entregá-las a Deus como uma espécie de sacrifício. Isso significa que o objetivo dos israelitas na batalha não é ganhar algo. Eles apenas desejam trazer os seus irmãos e irmãs de volta. Qual é a implicação de "dedicar"? Significa apenas destruir as cidades? Significa sacrificar os seus animais a Deus? O que acontecerá com as pessoas que vivem nelas? A sentença seguinte fornece a arrepiante resposta. Até então, Deus nada disse na **Torá** sobre "dedicar" (isto é, aniquilar) os **cananeus**, apenas sobre expulsá-los da terra, mas Israel sabe que é assim que as guerras funcionam em seu mundo, concluindo que devem operar da mesma forma. E Deus concorda com isso.

NÚMEROS 21:4-35
SERPENTES, PROGRESSO E OUTRA ATITUDE SOBRE A GUERRA

[4]Eles partiram do monte Hor, pelo caminho do mar de Juncos, para contornar Edom, e o povo ficou impaciente no caminho. [5]Então, o povo falou contra Deus e contra Moisés: "Por que nos tiraram do Egito para morrermos no deserto, porque não há pão nem água, e detestamos essa comida patética?" [6]Então, *Yahweh* enviou contra o povo serpentes venenosas, que picaram as pessoas, e muitos israelitas morreram. [7]O povo foi a Moisés e disse: "Erramos ao falar contra *Yahweh* e contra você. Suplique a *Yahweh* que tire as serpentes de nosso meio." Moisés implorou pelo povo, [8]e *Yahweh* disse a Moisés: "Faça você mesmo uma peçonhenta [serpente] e coloque-a em uma haste. Quando alguém que foi picado olhar para ela, viverá." [9]Assim, Moisés fez uma serpente de cobre e colocou-a em uma haste, e, quando uma serpente picava alguém, ele olhava para a serpente de cobre e vivia.

[10]Os israelitas partiram e acamparam em Obote. [11]Partiram de Obote e acamparam em Ijé-Abarim, no deserto defronte de Moabe, a leste. [12]Dali, eles partiram e acamparam no vale de Zerede. [13]Dali, partiram e acamparam além de Arnom, no deserto que se estende desde a fronteira dos amorreus (porque Arnom é a fronteira moabita, entre Moabe e os amorreus, [14]se diz, no Livro das Guerras de *Yahweh*: "Vaebe, em Sufá, e os vales; o Arnom [15]e as encostas dos vales que se estendem ao assentamento de Ar e deitam ao longo da fronteira moabita"). [16]E, dali, [eles prosseguiram], até Poço, o poço onde *Yahweh* disse a Moisés: "Reúna o povo, e eu lhes darei água." [17]Então, Israel cantou esta canção:

> "Suba, poço (cantem por isso), [18]poço que os chefes cavaram,
> que os líderes do povo abriram com os seus cetros e com os seus cajados."

Do deserto, [eles prosseguiram] para Matanã; [19]de Matanã, para Naaliel; de Naaliel, para Bamote; [20]e, de Bamote, para o desfiladeiro, no campo aberto, em Moabe, para o cume do Pisga, que mira o deserto.

[Israel faz aos amorreus o mesmo pedido que fizera a Edom. Os amorreus atacam, mas os israelitas os derrotam e tomam posse da terra. Eles fazem o mesmo com o povo de Basã.]

Ontem, na igreja, me dei conta, como, às vezes, ocorre, de que muitas pessoas fazem o sinal da cruz em certos momentos do culto. Jamais fui ensinado a fazer isso, e me sinto inibido por tentar fazê-lo, mas igualmente inibido por não tentar, e me pergunto se as pessoas percebem. Gosto disso como uma ideia. Qualquer coisa que envolva o corpo, não meramente o interior da pessoa, contribui para o envolvimento de toda a pessoa. Marcar-me com o sinal da cruz significa que realmente sou marcado pela cruz. Trata-se de um paralelo ao modo pelo qual Deus usa o ritual do batismo para nos tornar parte da igreja, bem como utiliza a prática de nos dar pão e vinho na aplicação dos benefícios da morte de Cristo em nosso favor, tornando-o parte de nossa vida. De igual modo, Tiago menciona os anciãos ungindo as pessoas com óleo ao orarem pela cura delas (Jesus, às vezes, usou saliva!). Por sermos pessoas físicas, Deus lança mão de meios físicos conosco para alcançar fins espirituais.

A serpente de cobre funciona assim. Isso significa que Deus assume o risco de transformarmos os sinais físicos e sacramentais em superstições, ao considerarmos que funcionam como mágica. Israel fez isso com a serpente de cobre, queimando incenso diante dela como se fosse uma espécie de ídolo, o que levou o rei Ezequias a quebrá-la em pedaços (2Reis 18:4). Claro que Deus poderia curar as pessoas independentemente de tais meios, porém ele escolheu usar meios físicos porque somos seres físicos. (Em João 3:14, Jesus usa a elevação da serpente como uma ilustração, pois ele mesmo será elevado na cruz, e as pessoas olharão para ele e encontrarão cura.)

Não havia nada de inusitado na reclamação do povo e no desejo de jamais terem saído do **Egito**, bem como não há nenhuma novidade no fato de Deus castigar os israelitas por darem as costas à vocação que lhes foi dada. Como um pai ou um professor, às vezes Deus decide: "Basta!" e age; não se pode prever quando é possível sair ileso em consequência de nossos atos. As serpentes, como instrumentos de disciplina, constituem um elemento novo na história, talvez porque fossem naturais da região na qual Israel estava. (Na semana passada, durante um retiro de professores, não muito distante do meu seminário, fomos alertados de ter cuidado com ursos e cascavéis; foi um aviso que eu jamais havia recebido em retiros anteriores. Talvez devesse estar pensando sobre como Deus pode usar ursos e cascavéis para nos castigar.) A região na qual os israelitas encontram as serpentes não é muito distante das minas de cobre em Timna, por vezes chamadas de "As minas do rei Salomão", embora não estivessem em operação em sua época, como nos dias de Moisés.

Os israelitas seguiram contornando a região leste do mar de Juncos, evitando o território de Edom, e Números nos fornece um relato do itinerário de Israel e duas notas laterais. A canção sobre o poço constitui um testemunho da provisão de Deus com respeito a uma necessidade frequente, durante a jornada, não menos importante que o descrito no início desse capítulo. Também é um testemunho do direito de Israel à posse dessa terra, situada a leste do Jordão: "*Nós* cavamos o poço ali." O "Livro das Guerras de ***Yahweh***" é mencionado somente aqui, embora a expressão "Guerras de *Yahweh*" seja citada mais adiante no Antigo Testamento. Ao que tudo indica, era uma coleção de canções comemorativas das vitórias de Deus sobre diferentes povos.

Outra dessas vitórias é relatada quando os israelitas alcançam o território dos **amorreus**, e a história incorpora outro cântico de celebração que, evidentemente, eles apreciam ouvir. A exemplo de Edom, os israelitas declaram não estar interessados no território, porém Seom e seu povo saem para atacá-los, e são derrotados, mortos e desalojados da terra. Marchando em direção ao norte, o povo de Israel se aproxima do território de Ogue, rei de Basã, que se estende até as colinas de Golã. Dessa vez, não há menção a negociações; simplesmente, Ogue parte para o ataque, e Deus ordena ao povo que não tenha medo: "Eu, pelo presente, o entrego nas suas mãos." Como Seom, Ogue é destruído e desapropriado. Assim, por acidente, Israel toma posse de um território substancial, a leste do Jordão, no qual alguns clãs israelitas, então, decidem viver.

Nessas relações, descritas em Números 20 e 21, Israel está aprendendo a viver como uma nação inserida num mundo como aquele, contando com a presença de Deus nesse processo. O mundo moderno apresenta, pelo menos, quatro atitudes em relação à guerra: (1) apenas guerra, que possui critérios para perguntar se o conflito é justificado; (2) pacifismo, que questiona se há alguma justificativa para a guerra; (3) cruzada, que deflagra a guerra para derrotar o mal, em nome da verdade; e (4) pragmatismo, que faz a guerra quando convém ao próprio interesse e quando a vitória é considerada plausível. Nenhuma dessas quatro atitudes é distintamente bíblica, ou bíblica em sua origem, e todas podem encontrar fundamento na Escritura.

As narrativas em Números apontam para outras atitudes. Não se entra em guerra com membros da família; dessa forma, a proposta dos comedidos menonitas de que cristãos não deveriam lutar contra outros cristãos encontra algum fundamento aqui (isso evitaria muitas guerras nas histórias dos Estados Unidos e da Grã-Bretanha). O objetivo da guerra pode ser libertar pessoas, mas é difícil parar nisso. Ao ser atacado, você não é obrigado a deitar e ser morto. Não se deve lutar para ganhar território, mas, se você for atacado e vencer a luta, não é necessariamente errado lucrar com a sua vitória. Deus se envolve com as pessoas para interagir com as preocupações, ideias e instintos delas e, com frequência, ele se compromete com eles. Como Jesus expressou, Moisés (e, portanto, Deus) leva em consideração a nossa teimosia humana e a nossa distorcida visão e trabalha com isso (veja Marcos 10). Ao mesmo tempo, as histórias são econômicas em suas referências ao envolvimento de Deus. Às vezes, sabemos o que Deus está dizendo e o vemos agindo; em outras, temos de agir à luz de como vemos as coisas.

As histórias nos dão algo para refletir quando temos que tomar decisões sobre se, em um contexto particular, a guerra é justificável.

NÚMEROS **22:1—23:4**
UMA HISTÓRIA SOBRE VÁRIOS JUMENTOS

[1]Os israelitas partiram e acamparam nas campinas de Moabe, junto ao Jordão, defronte a Jericó. [2]Balaque, filho de Zipor, viu tudo o que Israel tinha feito aos amorreus, [3]e Moabe estava com muito medo do povo porque eles eram numerosos. Assim, Moabe tinha pavor dos israelitas. [4]Moabe disse aos anciãos midianitas: "Agora, a horda lamberá tudo ao nosso redor, como um boi lambe o capim no pasto." Balaque, filho de Zipor, era o rei de Moabe naquela época. [5]Ele enviou emissários a Balaão,

filho de Beor, em Petor, junto ao rio [Eufrates], à terra de sua parentela, para convocá-lo: "Um povo saiu do Egito – ele tem coberto a face da terra e está vivendo próximo a mim. [6]Assim, agora, você virá e amaldiçoará esse povo para mim, porque ele é muito forte para mim. Talvez eu seja capaz de derrubá-lo e expulsá-lo da terra, porque sei que a pessoa que você abençoar é abençoada e a pessoa que amaldiçoar é amaldiçoada." [7]Então, os anciãos moabitas e os anciãos midianitas foram com adivinhação [taxas] em suas mãos, chegaram a Balaão e lhe falaram a mensagem de Balaque. [8]Ele lhes disse: "Passem a noite aqui, e eu trarei a palavra de volta a vocês conforme *Yahweh* falar comigo." Assim, os líderes moabitas permaneceram com Balaão.

[9]Deus veio a Balaão e disse: "Quem são esses homens com você?" [10]Balaão disse a Deus: "Balaque, filho de Zipor, rei de Moabe, enviou a mim: [11]'O povo que saiu do Egito – ele tem coberto a face da terra. Venha, agora, e os amaldiçoe para mim. Talvez eu seja capaz de derrubá-lo e expulsá-lo da terra.'" [12]Deus disse a Balaão: "Você não deve ir com eles. Você não deve amaldiçoar o povo, porque ele é abençoado."

[Ao receber essa resposta, Balaque envia um grupo de líderes mais impressionante ainda, para forçar Balaão, levando-o a consultar Deus novamente.]

[20]Deus veio a Balaão, à noite, e disse: "Se os homens vierem para convocá-lo, vá com eles, mas somente faça o que eu lhe falar. [21]Então, Balaão levantou-se pela manhã, selou a sua jumenta e foi com os líderes moabitas. [22]Mas a ira de *Yahweh* se acendeu porque ele estava indo, e o ajudante de *Yahweh* tomou posição no caminho como um adversário para ele. Balaão estava montado na sua jumenta, e seus dois servos estavam com ele. [23]A jumenta viu o ajudante de *Yahweh* parado no caminho com a espada desembainhada em sua mão. Então, a jumenta saiu do caminho e foi pelos campos. Por isso, Balaão bateu na jumenta para fazê-la voltar ao caminho.

[Em dado momento, o ajudante colocou-se onde a estrada era muito estreita e não havia como passar, de modo que a jumenta se deitou, recusando-se a seguir, fazendo Balaão golpeá-la novamente, na tentativa de fazê-la seguir viagem.]

[28]Então, *Yahweh* abriu a boca da jumenta, e ela disse a Balaão: "O que foi que eu fiz para você me bater três vezes?"

[Após um breve diálogo entre Balaão e a sua jumenta, Deus abriu os olhos de Balaão para que ele visse o ajudante, que também repreende Balaão, mas lhe diz que ele pode seguir, desde que não diga nada além do que Deus lhe falar. Ele e Balaque oferecem sacrifícios, e Balaão sai para aguardar em Deus.]

Certa época, eu trabalhava como ministro assistente em uma próspera igreja suburbana, que possuía um histórico de notáveis reitores, um dos quais era, então, reitor de uma das mais importantes igrejas do país. Jamais esqueci o que ele disse, ao expressar que sabia que aquele não era o lugar que Deus planejara para ele estar. Quando ele próprio era um ministro assistente, Deus quis que ele fosse servir como missionário em outro país, mas ele resistiu ao chamado. Assim, ele atuou durante todo o seu ministério subsequente consciente de estar fora da primeira intenção de Deus para a sua vida. Estava na "segunda melhor" opção de Deus. E que opção era aquela! Eu admirava a sua coragem, não apenas por ter enfrentado e feito as pazes com o que aconteceu, mas por estar disposto a falar sobre isso. Sentia-me maravilhado por Deus, em sua graça, usá-lo poderosamente em seu ministério, mesmo que ele jamais pudesse retornar ao plano ideal de Deus para ele.

Existem sobreposições entre a história desse ministro e a de Balaão. Embora possamos supor que a profecia fosse um fenômeno distintamente israelita, inúmeras histórias presentes no Antigo Testamento reconhecem que a profecia, assim como o sacerdócio e o sistema sacrificial, eram conhecidos entre outros povos do Oriente Médio, além de outras culturas. Também sabemos disso com base nos documentos desses povos, que resistiram ao tempo. Na realidade, o nome de um profeta chamado Balaão aparece em uma inscrição dos tempos do Antigo Testamento, em um lugar conhecido como Tell Deir Alla, situado ao norte do acampamento dos israelitas, além do Jordão, perto de Jericó. A sua profecia fala sobre uma destruição vindoura sobre a terra.

Números 22—24 considera que Deus pode operar por meio de profetas estrangeiros da mesma forma que opera com os israelitas. Esse ponto é vividamente corroborado por Balaão falar em nome de ***Yahweh***; literalmente, ele não teria feito isso, e o Balaão da inscrição de Tell Deir Alla não o faz, mas esse é um modo de sinalizar que ele é o meio pelo qual *Yahweh* está abençoando Israel. A implicação adicional da história é que Israel não precisa ter medo do poder dos profetas estrangeiros; ainda que eles detenham o poder de amaldiçoar, Deus pode garantir que os israelitas não sejam ameaçados por esse poder.

Quando a segunda comitiva de emissários chega oferecendo recompensas ainda mais tentadoras que a primeira, para seduzir Balaão a proferir a sua maldição, ele os recebe com desdém; o seu poder não pode ser comprado. Todavia, obviamente, Deus avalia que ele deveria ter aceitado a negativa original de Deus em vez de reabrir a questão. A permissão divina de ir com a comitiva não indica que isso é o que Deus realmente quer; ele está se ajustando a Balaão. A disposição divina de se ajustar às nossas inclinações e desejos tanto pode ser algo positivo quanto algo negativo.

No fim, a história mostra que há três jumentos nela. O primeiro é Balaque, que pensa que pode comprar um meio de frustrar a vontade de Deus para Israel. Ele estabelece um contraste com outros estrangeiros como Jetro (outro midianita) e Raabe; estes, ao ouvirem sobre a fuga de Israel do **Egito**, sabem que o mais sábio é identificar-se com Israel e submeter-se ao Deus dos israelitas. O segundo jumento é o próprio Balaão, que pensa que Deus pode mudar de ideia sobre abençoar Israel. O terceiro animal é a própria jumenta que Balaão golpeia, o personagem dotado de maior discernimento espiritual nessa narrativa.

O humor está no fato de a jumenta conseguir ver o que Balaão não enxerga. O animal vê quando Deus envia um **ajudante** para colocar-se no caminho de Balaão, como se fora um salteador. Embora o ajudante esteja brandindo a sua espada, isso não significa que a intenção é ameaçar Balaão. Quando o ajudante de Deus aparece a Josué e a Davi com uma espada na mão, não é para ameaçar, mas para sinalizar que pretende defender Israel. No episódio em questão, trata-se de um lembrete a Balaão de que ele está numa empreitada designada a funcionar de forma oposta, razão pela qual Deus está aborrecido com ele. A espada é uma ameaça potencial a Balaão apenas se ele concordar com aquela tentativa de trazer dificuldades a Israel. Deus não deseja feri-lo mortalmente, mas o quer no lado certo (o que não difere muito do objetivo do ajudante ao aparecer a Josué e Davi).

Há uma história sobre Eliseu, em 2Reis 6, que lembra essa narrativa e nos ajuda a ver as implicações. O exército sírio cercou a cidade de Eliseu com a intenção de levá-lo preso, por causa do conhecimento sobrenatural que ele tinha sobre os planos sírios e por revelá-los aos israelitas. Eliseu se mostra muito tranquilo com o cerco, mas, ao contrário, o seu servo está compreensivelmente apavorado. Eliseu ora pedindo que os olhos do servo sejam abertos; então, ele vê os cavalos e carruagens sobrenaturais que estão ali para protegê-lo e ao seu amo. O que vemos não é tudo o que há. Será uma grande estupidez da parte de Balaão até mesmo pensar em se opor ao propósito divino, na tentativa de amaldiçoar Israel. Forças sobrenaturais invisíveis podem estar envolvidas nos eventos, protegendo o povo de Deus. Uma jumenta pode ver isso, a despeito de Balaão não conseguir ver.

Se você acha difícil crer que uma jumenta seja capaz de falar, pode considerar esse relato como "apenas uma história" e ainda compreender a sua lição. Os israelitas tinham grande familiaridade com esses animais e sabiam que eles não possuem essa capacidade. Essa jumentinha, entretanto, não fala "naturalmente". Deus "abre a sua boca". É Deus quem fala, usando a boca da jumenta. Isso é o que espero que aconteça sempre que eu subo os degraus em direção ao púlpito. Bem mais relevante que a questão sobre se um animal pode falar é a questão quanto a se Deus fala. Caso ache difícil crer nisso também, então há uma questão muito maior para você lidar.

NÚMEROS **23:5-24**
DEUS NÃO VOLTA ATRÁS EM UMA PROMESSA

[5]*Yahweh* colocou uma mensagem na boca de Balaão e disse: "Volte a Balaque e lhe diga isso." [6]Ele voltou para Balaque. Lá estava ele, ao lado de suas ofertas, com todos os líderes moabitas. [7]Ele proferiu o seu poema:

"De Arã, Balaque me trouxe,
o rei de Moabe [trouxe-me] das montanhas do oriente:
'Venha, amaldiçoe Jacó para mim;
venha, condene Israel.'
[8]Como posso amaldiçoar o que Deus não amaldiçoou,
como posso condenar o que Deus não condenou?
[9]Do alto dos penhascos eu os vejo,
das colinas eu o contemplo.

Veja: um povo que vive separado,
que não considera a si mesmo uma das nações.
[10]Quem pode contar o pó de Jacó,
numerar a nuvem de poeira de Israel?
Que eu mesmo morra a morte dos justos;
que o meu destino seja como o deles!"

[11]Balaque disse a Balaão: "O que você me fez? Foi para amaldiçoar os meus inimigos que eu o chamei. Ora, você simplesmente os abençoou!" [12]Ele respondeu: "O que Deus colocou em minha boca é o que tenho o cuidado de falar."

[Balaque leva Balaão a um lugar elevado a fim de olhar para Israel e fazer uma declaração sobre eles, mas Deus, novamente, lhe dá uma mensagem.]

[18]"Levante-se, Balaque, ouça:
dê-me ouvidos, filho de Zipor.
[19]Deus não é uma pessoa humana para enganar,
um ser humano para ceder.
Diria ele e não faria?
Falaria e não cumpriria?
[20]Ora, 'Abençoe', recebi;
quando ele abençoa, não o posso reverter.
[21]Ele não previu causar dano a Jacó,
não visualizou dificuldades para Israel.
Yahweh, o Deus deles, está com eles,
a aclamação de um rei está entre eles."

[Nos versículos 22-24, Balaão amplia mais essa visão.]

Em sociedades tradicionais, as pessoas reconhecem que pode haver um estranho poder sobre bênção e maldição. Um nigeriano me contou a respeito de como as pessoas, em sua sociedade, sabem que os seus inimigos podem fazer uso de maldições para lhes causar danos. Por esse motivo, as religiões tradicionais de sua cultura dão às pessoas amuletos, rituais e encantamentos para impedir essas maldições. Depositar a fé em Jesus traz às pessoas tanto desafio quanto esperança. O desafio está no fato de não poderem mais usar esses dispositivos culturais e, por outro lado, há esperança porque sabem que Deus é muito maior do que qualquer maldição.

Uma dinâmica similar sobre a relação de Israel com Deus está presente na seriedade com que Deus confronta Balaão, enviando o **ajudante**. Balaão manifestou certa ambivalência quanto à sua missão, uma atitude que tem ligação com a ambiguidade quanto ao que faz as coisas acontecerem no mundo. Para os ocidentais modernos, a ambivalência diz respeito ao relacionamento entre o que Deus faz e o que pessoas como os médicos fazem. Que diferença faz se oramos ou não quando alguém está à mercê do bisturi do cirurgião ou da quimioterapia? Para os integrantes de sociedades tradicionais, isso pode envolver a relação entre o que Deus faz e o que as maldições ou as bênçãos fazem. Por um lado, Balaão angariou a reputação de ser eficaz em suas maldições e bênçãos. Eis por que Balaque pagou muito dinheiro para trazê-lo de longe a fim de amaldiçoar os israelitas. Por outro lado, Balaão havia consultado Deus antes de concordar em ir com Balaque, e Deus lhe dissera que ele não deveria amaldiçoar pessoas que, na realidade, são abençoadas. Talvez as pessoas tenham, de fato, o poder de abençoar ou amaldiçoar, mas elas são responsáveis pelo uso adequado desse poder. Se usarem o seu poder de forma indevida, mesmo que seja efetivo ou não, ainda assim terão que lidar com Deus. Balaão disse a Balaque que nem por todo o dinheiro do mundo ele se desviaria, o mínimo que fosse, do que Deus diz, e segue enfatizando esse ponto.

Todavia, ele pode perguntar a Deus se há espaço para uma mudança de pensamento. Certamente, é possível pedir a Deus para ceder ou mudar de ideia quando a intenção divina é causar dificuldades, e ele atender ao pedido. Assim aconteceu com Moisés, no Sinai (Êxodo 32:12-14). Não obstante, tentar fazer Deus mudar de ideia quando a sua intenção é abençoar pessoas é outra questão. Os seres humanos podem fazer promessas e não cumpri-las. Com Deus não é assim, pois contaria como um ato de enganar, ludibriar, e Deus não engana ou ludibria. Há uma ambiguidade positiva sobre o versículo que diz que Deus não visualiza problemas para Israel. Alternativamente, pode significar que Deus não vê nenhum mal em Israel; que ele fecha os olhos aos maus procedimentos de Israel, que tornam a bênção imerecida, mas Deus os abençoa, apesar disso. Ambos são verdade. Deus está no meio de Israel. Os israelitas não possuem um rei como Balaque, mas eles aclamam um Rei maior, e esta é a chave para a sua bênção. Portanto, para a infelicidade de Balaque, não há mudança de mente por parte de Deus; na realidade, ele gastou uma fortuna para piorar ainda mais a situação. O obediente Balaão não pode amaldiçoar Israel, mas apenas abençoá-lo. Deus lhe deu uma visão do destino de Israel, mostrando a nação tão numerosa quanto grãos de areia ou como as partículas em uma nuvem de poeira.

O toque irônico é que os israelitas não têm a mínima ciência desse drama em pleno desenvolvimento nas montanhas. Eles, inocentemente, seguem a sua vida, preparando o jantar, lidando com os filhos e pensando sobre quando entrarão na terra prometida, sem fazer ideia de que algo catastroficamente ameaçador está pairando sobre a cabeça deles. Não temos noção de como eles descobriram o que estava ocorrendo, mas podemos imaginar os futuros israelitas ouvindo a narrativa dessa história. Decerto, os ouvintes se agitariam ao ouvir sobre a nuvem de poeira, porque sabiam que, certa feita, Abraão subiu ao topo das montanhas não muito distante dali e ouviu a promessa divina de que os seus descendentes seriam tão numerosos quanto o pó da terra (Gênesis 13:15). Esse adivinho estrangeiro contemplou a visão do cumprimento dessa promessa por Deus. Quão grande a soberania de Deus é sobre o destino de Israel, bem como sobre a vida e a atividade religiosa de alguém sem laços com Israel! A **Torá**, de tempos em tempos, apresenta essas notas sobre o envolvimento de Deus com estrangeiros, com potencial suficiente para assegurar que os israelitas não pensem que o envolvimento de Deus com o mundo esteja restrito apenas a eles.

NÚMEROS **23:25—24:25**
BELAS TENDAS, JACÓ

25Balaque disse a Balaão: "Não os amaldiçoe ou os abençoe propriamente." **26**Balaão replicou a Balaque: "Não lhe disse: 'Tudo o que *Yahweh* me diz eu tenho que fazer?'" **27**Balaque disse a Balaão: "Você virá para que eu possa levá-lo a outro lugar: Talvez pareça certo a Deus amaldiçoá-los de lá." **28**Então, Balaque levou Balaão ao topo do Peor, de onde se contempla o deserto. **29**Balaão disse a Balaque: "Construa-me sete altares aqui e prepare-me sete touros e sete carneiros." **30**Balaque fez como Balaão disse e ofereceu um touro e um carneiro sobre [cada] altar. **24:1**Mas, porque Balaão viu que era bom aos olhos de *Yahweh* abençoar Israel, ele não saiu, como em outras ocasiões, para descobrir sinais, mas virou o seu rosto para o deserto. **2**Balaão levantou os olhos e viu Israel acampado por seus clãs, e o espírito de Deus veio sobre ele. **3**Ele proferiu o seu poema:

"A profecia de Balaão, filho de Beor,
a profecia de um homem cujo olho é claro.
4A profecia daquele que ouve as palavras de Deus,
daquele que vê a visão de *Shadday*, caindo, mas com os olhos abertos:

[5]Quão belas são as suas tendas, Jacó,
as suas habitações, Israel!
[6]Como vales que se espalham,
como jardins às margens de um rio.
Como aloés que *Yahweh* plantou,
como cedros junto às águas.
[7]Água flui de seus ramos,
suas sementes com muita água.
O rei deles subirá acima de Agague,
e o reino deles se elevará bem alto.
[8]O Deus que os tirou do Egito
é como os chifres de um boi selvagem para eles.
Eles devorarão nações, suas adversárias,
esmagarão os seus ossos, os perfurarão com suas flechas.
[9]Eles se agacham como um leão,
como uma pantera: quem os despertaria?
Abençoadas são as pessoas que os abençoarem,
malditas as pessoas que os amaldiçoarem!"

[Balaque perde o que resta de sua paciência e dispensa Balaão, que, então, profere outra bênção profética.]

[17]"Eu os vejo, mas não é agora;
os contemplo, mas não está perto.
Uma estrela vem de Jacó,
um cetro se levanta de Israel.
Ele esmaga a testa de Moabe,
o crânio de todos os setitas.
[18]Edom se torna uma posse,
Seir, o seu inimigo, torna-se uma posse.
Israel ganha força;
[19]de Jacó, um governará
e destruirá o que for deixado da cidade."

[Balaão prossegue declarando a condenação dos amalequitas, dos queneus e de Quitim; então, ele volta para casa.]

Quando garoto, eu cantava em um coral de catedral. Um dos meus hinos favoritos era "How Goodly Are Thy Tents, O Jacob" [Quão formosas são as tuas tendas, ó Jacó], obra de um compositor vitoriano chamado *sir* Frederick Arthur Gore Ouseley, um professor de música de Oxford, prolífico compositor de música eclesiástica e um cônego de catedral. Ele herdou o título de nobreza de seu pai, um diplomata que atuou na Pérsia e na Índia, notabilizado por publicar a primeira tradução do Novo Testamento no idioma persa. Que dias eram aqueles! O hino era um conjunto musicado das palavras da bênção de Balaão, [extraídas da versão King James em inglês]. Não me lembro o que pensei sobre o significado da letra do hino, nem sei se o compositor sabia que as palavras de Balaão também estão presentes no início de uma oração judaica que é proferida ao entrar na sinagoga. Elas, em geral, são musicadas por compositores judeus (a sentença é, igualmente, utilizada para elogiar acampamentos de verão judaicos).

A sua utilização para declarar a bênção de Deus no contexto da adoração judaica está de acordo com a sua origem. Ao que tudo indica, trata-se das únicas palavras expressas por um gentio que são, usualmente, usadas nas orações judaicas, o que é particularmente revelador à luz da maneira pela qual os cristãos, com frequência, perseguiram os judeus, declarando a maldição divina sobre eles, tal como Balaque desejou, em vez de declarar a bênção de Deus. Também é pertinente que essa bênção gentílica seja proferida perto do fim da história, que leva o povo de Abraão da promessa inicial sobre a posse da terra em **Canaã** até o cumprimento dessa promessa, com a entrada do povo na terra. Lá atrás, em Gênesis 12:3, Deus havia prometido: "Abençoarei os que o abençoarem e amaldiçoarei os que o amaldiçoarem." Agora, de maneira ainda mais enfática, Balaão declara: "Abençoadas são as pessoas que os abençoarem e malditas as pessoas que os amaldiçoarem."

Balaque fez o possível para unir-se à segunda categoria de pessoas, porém Balaão frustrou o seu intento. Balaque ainda tenta, desesperadamente, salvar o seu projeto (a questão sobre as ofertas é a adequação de adorar a Deus antes de proferir a oração, propriamente dita, embora Números possa estar sendo sarcástico ao mencionar quantas ofertas Balaão julga serem necessárias). Balaão sabe que é inútil e inapropriado tentar mais de uma vez com Deus. Ele simplesmente olha para baixo, para onde Israel está entretido em seus afazeres, sem ter a menor ideia desse drama. O **espírito** de Deus vem sobre ele, da mesma forma que os anciãos, em Números 11, e alguns profetas futuros. Trata-se de um sinal do ponto aqui enfatizado; ele somente pode dizer aquilo que Deus permitir, não tendo alternativa. Balaão está sob compulsão, encontra-se nocauteado por Deus, mas os seus olhos interiores permanecem abertos e nítidos em sua visão. Ele vê Israel florescendo como o campo, em contraste com a desolação do deserto no qual os israelitas estão acampados. Israel tem ao seu lado a força de Deus. Eles não serão derrotados por povos que tentam atacá-los ou resistir a eles, no presente e no futuro. Mesmo que Israel seja débil demais para imaginar ser capaz de resistir ou derrotar os seus inimigos, isso não significa que estejam inseguros. Deus irá cuidar da questão.

Para as gerações posteriores de Israel, e para o povo judeu de nossos dias, as palavras de Balaão constituem uma segurança quanto à bênção e à proteção de Deus. Ao longo dos séculos, Deus tem, de fato, impedido os gentios de amaldiçoarem Israel e o povo judeu, o que é corroborado pela continuidade da existência de Israel, enquanto ninguém mais, hoje, afirma ser descendente dos moabitas, amalequitas ou queneus. O termo Quitim, originariamente, refere-se a Chipre, sendo essa referência estendida à **Grécia** e, então, a Roma;

aqui, pode denotar um povo como os filisteus. Com respeito ao drama que se desenrola no cume da montanha acima do acampamento israelita, a história, uma vez mais, lembra aos seus leitores que há mais envolvimento de Deus no mundo, e com Israel ou a igreja, do que podemos ver.

Balaão contempla Israel não meramente como ele é, naquele momento, mas como a nação será. Agague é um rei amalequita nos dias de Saul; os amalequitas atacaram os israelitas em sua saída do **Egito**. A vitória de Israel sobre Moabe e Edom nos leva aos dias de Davi: ele será a "estrela" empunhando o seu cetro (não vejo nenhuma base para ver uma conotação messiânica nessas expressões). Edom e Moabe se mostraram hostis a Israel no estágio final de sua jornada. Caso considere improvável que Balaão estivesse falando de coisas que Deus fará somente dois séculos depois, você inferirá que essas são pseudoprofecias retroprojetadas aos dias de Balaão, embora eu mesmo não veja a necessidade de fazer isso. As profecias jazem atrás do título de Bar Kokhba [Barcoquebas], o "filho de uma estrela", que liderou a derradeira revolta judaica contra Roma.

NÚMEROS 25:1–26:51
COMO TUDO DEU ERRADO (NOVAMENTE)

[1]Enquanto Israel estava vivendo em Acácias, o povo começou a agir imoralmente com as mulheres moabitas, [2]que convidava o povo para sacrifícios ao deus delas. O povo comia e se curvava ao deus delas. [3]Assim, Israel se juntou ao Mestre de Peor, e a ira de *Yahweh* se acendeu contra Israel. [4]*Yahweh* disse a Moisés: "Pegue todos os chefes do povo e os execute para *Yahweh* ao ar livre, para que a chama da ira possa se afastar de Israel." [5]Moisés disse aos líderes de Israel: "Cada um de vocês mate os seus homens que se juntaram ao Mestre de Peor."

[6]Eis que um homem israelita veio e apresentou uma mulher midianita à sua família diante dos olhos de Moisés e de toda a comunidade israelita; eles estavam chorando à entrada da tenda do encontro. [7]Fineias, filho de Eleazar, filho de Arão, viu isso, levantou-se do meio da comunidade, tomou uma lança em sua mão, [8]foi atrás do homem israelita no interior da câmara e perfurou os dois, o homem israelita e a mulher, de lado a lado. E a epidemia foi afastada dos israelitas, [9]mas as pessoas que morreram da epidemia foram 24 mil. [10]*Yahweh* falou a Moisés: [11]"Fineias, filho de Eleazar, filho de Arão, o sacerdote – ele desviou a minha ira dos israelitas ao mostrar a sua paixão no meio deles, de modo que eu não exterminei os israelitas em minha paixão. [12]Portanto diga: 'Agora, estou dando a ele a minha aliança e amizade. Será para ele e a sua descendência depois dele como uma aliança sacerdotal permanente, porque ele foi passional por seu Deus e fez expiação pelos israelitas.'"

[Os versículos de encerramento do capítulo 25 citam o nome da pessoa envolvida e comissionam Israel a derrotar os midianitas por os atraírem ao erro. O capítulo 26, versículos 1-51, relata um recenseamento adicional do povo, paralelo ao de Números 1.]

O livro de Números nos causa certa ansiedade. Com frequência, sinto-me desencorajado pelo número de pessoas em nossa igreja, temendo que ela esteja morrendo (a média de idade é bem elevada). Uma igreja que está encolhendo transmitirá a impressão de ser uma igreja fracassada. Assim, de tempos em tempos, dou uma olhada nos dados de frequência da última década ou um pouco mais atrás e verifico que os dados não são muito diferentes dos atuais. Podemos presumir que uma igreja saudável é uma igreja em expansão, embora, no contexto atual da Europa e dos Estados Unidos, simplesmente permanecer estável já constitui uma proeza. Por outro lado, um pastor amigo logrou expandir a sua igreja de três para quatro algarismos, mas, então, temeu estar à frente de um grande clube social e passou a insistir que os membros se lançassem a atividades menos cômodas, como alcançar as minorias da região, cuidar dos necessitados e sem-teto. Logo, ele viu a igreja encolhendo em número, mas, num outro sentido, poderia se dizer que a igreja crescera.

Há uma razão para esse livro ser chamado de Números, pois ele inicia-se com Deus comissionando Moisés a recensear os israelitas por seus respectivos clãs e, à medida que se aproxima do fim, Deus repete essa ordem. Os totais contabilizados para os clãs individuais, no segundo recenseamento, diferem daqueles números relatados no capítulo 1; alguns clãs encolheram, enquanto outros cresceram, porém o número total de israelitas é praticamente o mesmo do recenseamento anterior. Uma geração passara, e Deus havia acompanhado a morte de toda essa geração, o que pode parecer o prenúncio da morte da comunidade, mas isso não ocorre. A narrativa, portanto, repete um ponto já expresso antes. Lá atrás, no Sinai, Deus primeiro lidou com o problema causado pelo reconhecimento de duas obrigações. Deus estabeleceu o compromisso de ser o Deus de Israel e de permanecer em constante relacionamento com esse povo, por meio do qual a bênção será derramada sobre o mundo. Portanto, a partir de então, Deus teve que agir certo com esse povo. Deus, igualmente, tem o compromisso de fazer o certo num outro sentido, pois não pode simplesmente ignorar as transgressões do povo como se não tivessem importância. Uma das maneiras de Deus ser fiel aos compromissos é punindo os transgressores, mesmo que isso signifique esperar a morte de toda uma geração, para que somente a próxima geração veja a terra prometida. O recenseamento registrado no capítulo 26 comprova que, apesar de a morte correr solta ao longo de Números, Deus se manteve fiel. A população de Israel não cresceu, mas também não encolheu, permanecendo estável, e isso basta.

O perturbador episódio relatado no capítulo 25 se insere nesse contexto. Ele abre uma questão que será recorrente na história de Israel; pode-se novamente imaginar os futuros israelitas lendo esse relato e sabendo o que eles necessitam aprender. Em diferentes contextos, os israelitas estavam convivendo lado a lado com outros grupos étnicos e, às vezes, eles consideravam natural desposar alguém de um desses grupos. Uma das razões pode ser a escassez de mulheres na comunidade israelita; outra, o processo usual pelo qual um homem conhece uma mulher e se apaixona por ela, e o fato de ela pertencer a outra etnia não parece ter relevância.

Caso o envolvimento fique só nessa área, de fato, não é algo preocupante. Ontem, ouvi um colega descrevendo a igreja em que fora criado, na qual um escândalo foi provocado pelo fato de um homem branco namorar uma mulher afro-americana. "Vocês não devem se colocar em jugo desigual", o pastor exortava os membros, citando 2Coríntios 6:14. "Mas essa passagem diz respeito a colocar-se em jugo desigual com um incrédulo", meu colega (que, na época, era apenas um adolescente) arguía. "Não se trata de uma questão racial." A partir de então, ele foi marcado como um jovem perigoso.

O meu colega, claro, estava certo em seu comentário. O apóstolo Paulo está admitindo a convicção expressa aqui em Números (embora o apóstolo não cite, particularmente, essa passagem) sobre o perigo envolvido no casamento com alguém que jura fidelidade a um diferente deus. Números refere-se a esse deus diferente como o **Mestre** de Peor, que era o nome da montanha à qual Balaque levou Balaão, para, do alto, ver o acampamento de Israel e proferir a sua maldição. Assim, "o Mestre de Peor" é Baal-Peor [NVI] como adorado ali (em 31:16, Moisés atribuirá a traição dos israelitas a Balaão).

O casamento entre duas pessoas que servem a diferentes deuses é como colocar sob o mesmo jugo um jumento e um boi para puxar a mesma carroça. Decerto, os animais estão fadados a puxar a carroça de formas distintas. Desposar uma pessoa estrangeira que está preparada e disposta a ser fiel ao seu Deus é positivo. Boaz fez isso ao se casar com Rute. Todavia, se a outra pessoa não está disposta a mudar a sua fidelidade, você e a sua família são implicados na fidelidade do cônjuge. A imoralidade, citada no início do capítulo 25, era sobre o envolvimento com uma pessoa que servia a outro deus, não a respeito da imoralidade sexual comum. O foco da história reside na transgressão religiosa dos homens, pois os seus relacionamentos pessoais os levavam a relações religiosas com outro deus.

Uma vez mais, Deus não pode simplesmente ignorar essa atitude ou tratá-la como algo trivial. Ela constitui uma traição ao que significa ser Israel. Desse modo, Deus insiste na tomada de ação por parte de Moisés. Quando Deus fala em punição, é regularmente possível ao povo arrepender-se e a punição ser cancelada ou amenizada, porém o desenrolar dessa história sugere um atrevimento e uma disposição por parte desses homens que exclui qualquer arrependimento.

Alguns autores rabínicos sentem-se desconfortáveis diante da atitude de Fineias, assim como alguns escritores cristãos. Esse desconforto é justificável? Números prossegue nos contando que Deus concedeu a sua aprovação, o que pressupõe que os israelitas também ficaram incomodados com essa atitude. Não é uma ação expressa para ser tratada como um precedente, embora, claro, os cristãos, com frequência, presumissem ser correto matarem-se mutuamente em nome do que eles consideram como a verdadeira fé. A ação deles, bem como a de Fineias, confrontam-nos com a questão sobre se assumimos, com a devida seriedade, a nossa obrigação de compromisso exclusivo ao Deus único e verdadeiro: um compromisso que, por exemplo, supera a propensão de se apaixonar por alguém que tenha um compromisso diferente.

Como revelado pelo Antigo Testamento, ao nos contar a história posterior de Israel, houve um período no qual o sumo sacerdote não era um sucessor de Fineias, filho de Eleazar, mas de Itamar, irmão de Eleazar. Outra função dessa narrativa é sublinhar como é adequado que Fineias e seus descendentes (no devido tempo, a linhagem de Zadoque) sejam sumos sacerdotes, em sucessão a Arão.

NÚMEROS **26:52—27:11**
CINCO MULHERES PERSISTENTES

[52]*Yahweh* falou a Moisés: [53]"A terra deve ser alocada a este povo como uma parcela de acordo com o número de nomes. [54]A um grupo grande, dê uma parcela grande, e a um grupo pequeno, uma parcela pequena. A cada qual deve ser dada a sua parcela de acordo com o seu recenseamento. [55]Além disso, a terra deve ser alocada por sorte. Pelos nomes dos clãs ancestrais, eles devem receber uma alocação.

[Os versículos que encerram o capítulo 26 fornecem informações sobre os levitas e acrescentam uma conclusão.]

CAPÍTULO 27

[1]Eis que vieram à frente as filhas de Zelofeade, filho de Héfer, filho de Gileade, filho de Maquir, filho de Manassés, dos grupos de parentesco de Manassés, filho de José. Estes são os nomes de suas filhas: Maalá, Noa, Hogla, Milca e Tirza. [2]Elas se colocaram diante de Moisés, de Eleazar, o sacerdote, dos líderes, e de toda a comunidade, à entrada da tenda do

encontro, e disseram: [3]"Nosso pai morreu no deserto. Ele não estava entre o grupo que se juntou contra *Yahweh*, o grupo de Corá, mas morreu por seu próprio pecado. Ele não teve filhos. [4]Por que o nome de nosso pai deveria desaparecer de sua parentela por ele não ter tido um filho? Dê-nos uma propriedade entre os irmãos de nosso pai." [5]Moisés trouxe o caso delas perante *Yahweh*, [6]e *Yahweh* disse a Moisés: [7]"As filhas de Zelofeade estão falando com razão. Dê a elas uma propriedade, uma parcela entre os irmãos de seu pai. Passe-lhes a parcela do pai delas. [8]Você deve dizer aos israelitas: 'Quando um homem morrer e não tiver nenhum filho, vocês devem passar a sua parcela à sua filha. [9]Se ele não tiver nenhuma filha, devem dar a sua parcela aos seus irmãos. [10]Se não tiver irmãos, devem dar a sua parcela aos irmãos de seu pai. [11]Se o seu pai não tiver irmãos, devem dar a sua parcela ao parente mais próximo que ele tiver de seu grupo de parentesco, e ele a possuirá. Esta deve ser uma regra autoritária para os israelitas, conforme *Yahweh* ordenou a Moisés.'"

Por acaso, encontrei a lista de alguém com o nome de cinco estudiosas feministas da Bíblia que mais o influenciaram. A ideia de estudiosas "feministas" da Bíblia é que elas são pessoas que, em seu estudo das Escrituras, estão conscientes de sua identidade particular e de sua experiência como mulheres, sabendo que as mulheres são tão plenamente humanas quanto os homens. Todavia, também sabem que, com frequência, elas não são tratadas dessa maneira. Elas estão cientes de que a erudição bíblica tem sido dominada por homens, que não notam a presença (ou a ausência) de mulheres nas histórias bíblicas, ou de questões específicas suscitadas por mulheres nas Escrituras. (Você não precisa ser uma mulher para estudar a Escritura com essa perspectiva, mas o gênero, com certeza, ajuda.)

As filhas de Zelofeade não são os primeiros personagens feministas na Escritura, mas constituem o tipo de pessoa que você notaria tão logo passasse a ler com base nessa perspectiva. A história delas aparece nessa derradeira seção de Números, quando Israel está hesitando às portas de sua nova terra, embora em termos de número de páginas na **Torá**, eles oscilem ali por um longo tempo, até o início do livro de Josué. Todas as histórias aqui estão relacionadas à entrada na terra, bem como à vida que Israel viverá lá. Como de costume, então, podemos nos beneficiar olhando a narrativa com base na perspectiva da vida das pessoas em **Canaã**, e, como sempre, os leitores ocidentais precisam lembrar quão crucial a terra é para a vida deles.

Os primeiros versículos traduzidos na passagem bíblica anterior encerram o relatório sobre o recenseamento das pessoas e revelam um importante aspecto de seu propósito. Ele fornecerá parte do critério para a distribuição de terra quando eles entrarem em Canaã. Cada parte do território será dada como posse a um dos doze clãs, incluindo Manassés, do qual essas mulheres fazem parte. Cada parcela da terra destinada a um clã será atribuída a um dos grupos de parentesco dentro daquele clã; dentro de Manassés, Maquir é um, com Gileade como uma subdivisão; por seu turno, Héfer é uma subdivisão deste. Assim, a família de Héfer, por exemplo, possui uma parcela particular da terra. Héfer, Gileade e Maquir constituem também os nomes de áreas na terra, certamente áreas nas quais esses grupos de parentesco vivem. O fato de os nomes serem aplicados a lugares, não meramente a pessoas, conecta-se ao sistema que não opera com base exclusiva na etnia. Os não israelitas podem ser adotados por um grupo de parentesco. Essas áreas específicas estão próximas do local no qual a história em questão se desenrola; o clã de Manassés foi assentado na região a leste do Jordão, bem como a oeste, na terra prometida "propriamente" dita, onde está Gileade, logo ao norte da região na qual Israel estava então acampado.

Apesar de Deus ter criado homens e mulheres para que, juntos, eles exercessem a autoridade sobre o mundo, a entrada do pecado neste mesmo mundo levou a uma situação na qual os homens "governam" (Gênesis 3:16). Uma das ilustrações disso é o fato de que homens são designados como os cabeças dos grupos de parentesco e famílias. O líder masculino de uma família, ao morrer, transmite a sua posição para o seu filho. Mas e se ele não tiver filhos homens? A terra de Héfer passaria ao seu irmão ou ao parente do sexo masculino mais próximo, ao longo das linhagens que a história posterior prescreve. Isso significa que a terra será anexada ao outro território de posse daquela família (com as cinco mulheres) e, por conseguinte, que Héfer e sua família cairão no esquecimento.

Não gerar filhos seria uma situação incomum, mas a alta taxa de mortalidade infantil, a realidade da guerra e o preço que isso cobra dos homens poderiam levar a um cenário no qual a ausência de herdeiros não seria rara. Nesse sentido, a narrativa possui atmosfera de "suponha que", como naquela história relatada pelos saduceus sobre uma mulher que se casou com sete irmãos sem ter um único filho (Marcos 12). A narrativa de Marcos faz referência a uma forma de lidar com o problema de um homem não deixar nenhum filho a quem a responsabilidade pela propriedade da família possa ser transmitida. Essa solução, estabelecida em Deuteronômio 25, envolve o casamento de um dos irmãos do falecido com a viúva, na esperança de que ela possa gerar um filho por meio dele como se fosse gerado pelo próprio falecido. As intrépidas filhas de Zelofeade apresentam outra solução. Por que mulheres não assumem essa responsabilidade? No contexto ocidental atual, essa solução não parece tão revolucionária assim, porém seria assim considerada apenas algumas décadas atrás. Pode-se, então, imaginar o alvoroço que envolveu o acampamento israelita quando o povo ouviu o que aquelas notáveis mulheres propunham.

As filhas de Zelofeade enfatizaram que o seu pai não tomou parte na rebelião de Corá (veja Números 16). Caso tivesse participado, teria perdido o seu lugar em Israel e seria merecedor do esquecimento. O texto não esclarece o que elas querem dizer com o comentário de que a morte do pai foi causada por seu próprio pecado. Talvez ele tenha morrido pecador como qualquer outro ou por causa de alguma transgressão específica de sua parte; é possível que a implicação seja a de que o seu pecado é a razão de ele não ter deixado herdeiros para sucedê-lo. No entanto, Moisés e Arão, por exemplo, morreram como resultado de transgressões específicas, de modo que essa não é uma justificativa para o pai ser esquecido ou para as suas filhas perderem a identidade. Elas expressam preocupação somente com o nome do pai e, assim, restringem-se a um argumento com o qual homens como Moisés, Eleazar e outros sacerdotes (homens) se sentissem mais confortáveis. Que as filhas sejam tratadas como se fossem os irmãos de seu pai. O princípio de mulheres herdando de seus pais é bem conhecido em outras culturas do Oriente Médio, mas elas são urbanas, e, no contexto de um povo que ainda enfatiza uma estrutura de clãs e uma preocupação com o que ocorre à terra, este é um pedido corajoso.

Elas, pelo menos, lograram convencer Moisés de que essa é uma possibilidade digna de uma consulta a Deus. Talvez um aspecto do que ocorre, então, é que Moisés consegue uma chance de se acostumar à ideia e de imaginar-se vivendo com suas implicações revolucionárias. É possível imaginá-lo ouvindo a voz de Miriã, a sua irmã mais velha, encorajando-o a aceitar a proposta. Ele também pode ouvir Deus dizendo: "Sim, elas falaram com razão." Isso não se aplica apenas às cinco mulheres, mas explicitamente estabelece um precedente que Israel, daí em diante, seguirá. Outras mulheres serão beneficiadas pelo ato assertivo das cinco filhas de Zelofeade.

A história também estabelece um princípio mais abrangente. Ontem, na igreja, lemos aquela passagem perturbadora em Tiago 3 sobre pessoas que não têm porque não pedem. Falar com Deus sempre valerá a pena. É possível que ele responda negativamente, como é possível que a sua resposta seja afirmativa.

NÚMEROS **27:12-23**
SOBRE A INDICAÇÃO DE UM NOVO LÍDER

[12]*Yahweh* disse a Moisés: "Suba a esse monte, na Região Além, e olhe para a terra que estou dando aos israelitas. [13]Quando tiver olhado para ela, você também se unirá à sua parentela, assim como Arão, o seu irmão, se uniu, [14]assim como você se rebelou contra a minha palavra, quando a comunidade arguiu no deserto de Zim, em relação a me fazer santo aos olhos deles por meio da água." (Estas são as águas da Contenda, em Cades, no deserto de Zim.) [15]Moisés falou a *Yahweh*: [16]"*Yahweh*, o Deus da respiração de toda a humanidade, deve nomear alguém sobre a comunidade, [17]que irá à frente deles e que entrará à frente deles, que os fará sair e que os fará entrar, para que a comunidade de *Yahweh* não seja como um rebanho que não tem pastor." [18]*Yahweh* disse a Moisés: "Tome você mesmo a Josué, filho de Num, um homem que tem espírito nele. Coloque sua mão sobre ele. [19]Leve-o diante de Eleazar e de toda a comunidade e o comissione à vista deles. [20]Você deve colocar sobre ele um pouco de sua dignidade para que toda a comunidade israelita possa ouvir, [21]mas ele deve ficar perante

Eleazar, o sacerdote, e pedirá pela decisão do Urim perante *Yahweh* para ele. À sua palavra, eles sairão e, à sua palavra, eles entrarão, ele e todos os israelitas com ele, e toda a comunidade." [22]Moisés fez como *Yahweh* lhe ordenou. Ele tomou a Josué, colocou-o diante de Eleazar, o sacerdote, e de toda a comunidade, [23]colocou as suas mãos sobre ele e o comissionou, como *Yahweh* falou por meio de Moisés.

A líder de uma igreja que conheço anunciou que pretende se aposentar em alguns meses, e a igreja está em meio ao processo de indicação do novo líder. A líder atual está lá há vinte anos e, nesse período, conduziu a igreja a uma grande expansão. Eles possuem congregações enormes, instalações magníficas e uma ampla gama de ministérios. É um lugar estimulante para se visitar e, mais ainda, de ser um membro. Eu me peguei pensando sobre que missão ingrata é essa. Quem seria estúpido o bastante para querer ser o próximo líder? O que se deve fazer para encontrar uma pessoa que possa liderar a igreja durante a próxima década? Em nossa cultura, a resposta é lançar mão de uma lista de três páginas, contendo as qualidades pessoais e espirituais, qualificações e experiência que o novo líder deve ter, examinar os 118 candidatos à luz dessa lista e, por fim, restringir a lista a três nomes para a entrevista e, por fim, descobrir aquela pessoa única que Deus está chamando para esse ministério.

Imagino que, de tempos em tempos, o comitê de busca suspire, desejando que a vontade de Deus fosse mais clara e que o processo fosse mais parecido com aquele que indicou o sucessor de Moisés. (Por outro lado, quanto mais as pessoas se envolvem no processo de discernimento, tanto mais são responsáveis pelo resultado da escolha, embora, em geral, quando a decisão se mostra equivocada, facilmente nos esqueçamos disso.) Miriã e Arão já não estão mais; somente Moisés precisa desaparecer de vista antes que toda uma nova geração entre em **Canaã** sob um novo líder. Ele deve subir num monte próximo, na "Região Além" do rio Jordão, a região a leste do Jordão, situada "além" do Jordão, com base em uma perspectiva israelita posterior, a Transjordânia (uma área aproximada ocupada modernamente pelo Estado da Jordânia).

Quando Deus reafirma a necessidade da morte de Moisés, a reação dele não é a de pedir a Deus que este mude de ideia; o ato de pedir a reconsideração de Deus deve estar relacionado às intenções de Deus quanto a outras pessoas, não quanto a ele mesmo. Moisés não está preocupado com o próprio destino, mas com o futuro de seu povo. Como de costume, ele não hesita em sugerir o que Deus poderia fazer, recebendo a aprovação divina, sem dificuldades. Como sempre, ele expressa algo sobre Deus que fornece a base para a sua oração. No episódio em questão, ele expressa que Deus é o "Deus da respiração de toda a humanidade". Esse também foi o fundamento que ele usou, em Números 16:22, em sua súplica a Deus para não eliminar toda a comunidade pelo pecado de um só. Aqui, ele sugere uma motivação similar. "Tu és o Deus que nos dá o sopro da vida. Não podes abandoná-los." Anteriormente, Moisés havia protestado sobre as intensas demandas colocadas sobre si por causa de sua posição e liderança. Com uma pitada de ironia, agora ele insiste para que alguma outra pobre pessoa seja designada para essa função.

A justificativa é de que o povo seria como um enorme rebanho desprovido de pastor. A conversa sobre sair e entrar tem relação com essa imagem. Um rebanho não pode permanecer no aprisco o dia inteiro e morrer de fome, mas, quando o rebanho sai em busca de alimento e água, ele precisa de um pastor que conheça a região para conduzi-lo à sua provisão e, então, retornar ao aprisco. Trata-se de uma definição simples de liderança, porque não há nada heroico nessa tarefa. Ela deve assegurar que o povo seja suprido e protegido, uma descrição surpreendente à luz do que fará Josué ser lembrado. Pode-se dizer que isso é, de fato, o que o próprio Moisés tem feito pela geração passada, durante a qual Israel não tem ido a lugar nenhum, apenas passando o tempo. Josué tem uma missão específica de liderança a cumprir, levando o povo a entrar em Canaã, enquanto Moisés tinha uma tarefa específica, qual seja, tirar o povo do **Egito**. No entanto, tanto para Josué quanto para Moisés a tarefa contínua e diária de provisão e proteção é, pelo menos, tão importante quanto aquela.

Essa consideração pode estar relacionada à necessidade de Josué, como o novo líder de Israel, ser alguém com **espírito** em seu interior. O que isso significa? Dois relatos sobre esse novo líder podem nos dar uma pista. Primeiramente, Josué surge como o líder das forças israelitas quando Israel foi atacado pelos amalequitas (Êxodo 17). Então, com Calebe, ele é um dos dois espias israelitas que insistem que o povo pode derrotar os cananeus, porque Deus está com eles (Números 14). Josué é um homem corajoso, outra forma de expressar que ele é um homem com espírito. Como Davi observa, ao se candidatar para lutar com Golias, um pastor necessita de coragem; para suprir o seu rebanho e protegê-lo, ele enfrenta leões e ursos (1Samuel 17). Ele não precisa ser dotado de grandes habilidades de liderança ou de sabedoria (embora Deus lhe conceda esta última). O que ele necessita é de coragem, e Josué é esse tipo de homem.

Assim, Moisés deposita suas mãos sobre Josué, como dizemos — embora o termo em hebraico subentenda uma ação mais vigorosa do que esse versículo implica em nosso idioma, constituindo um sinal de identificação. Moisés está dizendo:

"Eu me identifico com este homem, ele é o meu homem; portanto, ele ocupa o meu lugar e possui a autoridade exercitada por mim no passado." Ele possui algo da dignidade de Moisés; deve ser visto e tratado como eles viam e tratavam Moisés (bem, com exceção dos aspectos negativos). A comunidade deve prestar atenção às palavras de *Yahweh* e, portanto, no futuro, ouvir a Josué, assim como ouviam a Moisés. Ao mesmo tempo, Josué deve permanecer diante do sacerdote para essa cerimônia. Moisés e Arão permaneceram um ao lado do outro; Josué e Eleazar farão o mesmo, um pouco parecido com a rainha da Grã-Bretanha e o arcebispo de Canterbury. Não há diferença aqui entre igreja e Estado, pois Israel é, ao mesmo tempo, igreja e Estado, e Josué é responsável diante de Deus e pela obediência a Deus. O importante é que Josué não é um líder com plenos poderes em Israel. Há uma percepção de que ele é subordinado ao sacerdote. Josué liderará o povo para fora e para dentro, mas, quando agir assim, ele dependerá de Eleazar quanto à orientação de Deus.

NÚMEROS **28:1–29:40**
COMENDO COM DEUS

[1]*Yahweh* falou a Moisés: [2]"Ordene aos israelitas, dizendo-lhes: 'Em seus tempos determinados, vocês devem ter certeza de apresentar diante de mim as minhas ofertas, minha comida, como presentes para mim, um aroma agradável a mim.' [3]Digam-lhes: 'Estes são os presentes que vocês devem apresentar a *Yahweh*: cordeiros inteiros de um ano, dois a cada dia, como ofertas queimadas [4](devem oferecer um cordeiro pela manhã e o segundo, ao entardecer); [5]um décimo de uma medida de farinha fina como uma oferta de cereal, misturada com um quarto de uma medida de azeite batido [6](a oferta queimada regular feita no monte Sinai, um aroma agradável, um presente a *Yahweh*); [7]a sua libação, um quarto de uma medida para

um cordeiro (derramem-na no santuário como uma libação de bebida fermentada a *Yahweh*). [8]Devem oferecer o segundo cordeiro ao entardecer. Devem fazer a mesma oferta de cereal como pela manhã com a sua mesma libação, um presente, um aroma agradável, a *Yahweh*. [9]No dia de sábado: dois cordeiros inteiros de um ano e dois décimos de uma medida de farinha fina como uma oferta de cereal, misturada com azeite, com sua libação, [10]uma oferta queimada para cada sábado em adição à oferta queimada regular e sua libação.'"

[Os demais versículos dos capítulos 28 e 29 fornecem instruções similares para os sacrifícios no início de cada mês; nos festivais da Páscoa, do Pão Asmo e Pentecoste; no primeiro dia do sétimo mês; no décimo dia (Dia da Expiação); e (em grande extensão) no décimo quinto dia e pelos sete dias seguintes (a Festa dos Tabernáculos).]

Uma semana atrás, a nossa igreja promoveu um churrasco de regresso ao lar/colheita. Infelizmente, não pude participar porque já havia sido agendado para estar em outro lugar, mas estive lá, em minha imaginação, em parte porque conheço a qualidade do churrasco que eles fazem. Enquanto escrevo agora, posso imaginar o aroma da linguiça, das costelas e dos pedaços de frango assando na brasa. Para compensar essa perda, no próximo sábado, estarei promovendo um churrasco em celebração ao início do ano escolar com a presença de alguns de meus alunos, e (trapaceando um pouco) devo comprar um pouco de frango já temperado e marinado da loja hispânica do bairro, além de assar na nova churrasqueira do nosso complexo. Como seres humanos, fazemos esse tipo de coisa porque apreciamos comer bem, mas também porque isso traz algo positivo aos relacionamentos pessoais. Não nos encontramos apenas na igreja ou na sala de aula; o ato de comer juntos acrescenta outra dimensão a essas relações.

Isso também é verdadeiro no relacionamento de Israel com Deus, sendo incorporado na maneira pela qual Deus e Israel comem juntos. A esse respeito, o Antigo Testamento é muito ousado em sua maneira de retratar Deus em termos humanos. A começar pela descrição de Deus caminhando no jardim sob o frescor do anoitecer, a **Torá**, com frequência, fala dos sacrifícios como alimentos para Deus, agradando-se do aroma agradável da carne assada. Os cristãos ficam preocupados com essa característica e podem criticá-la como algo "antropomórfico", mas a crítica parece equivocada, pois Deus, no devido tempo, torna-se um ser humano. Não pode haver tanta diferença assim entre ser Deus e ser humano, certamente não a ponto de gerar uma incompatibilidade. Claro que os israelitas sabiam que Deus não comia, de fato, os sacrifícios, embora não haja dúvidas de que muitos poderiam concluir que Deus assim fizesse. Todavia, Deus correu o risco de falar em termos muito humanos. Isso sublinha que Deus é uma pessoa real; não uma pessoa humana, mas verdadeiramente uma pessoa. Ele não é um princípio ou uma teoria, e a fé de Israel não é meramente uma cosmovisão ou um conjunto de obrigações. Deus é uma pessoa, assim como os israelitas; assim, o relacionamento entre eles é pessoal. Dar presentes e comer juntos são atividades inseridas nesse tipo de relação. Assim, os israelitas dão presentes a Deus e fazem refeições com ele.

Evidentemente, o relacionamento deles com Deus não é igualitário como os nossos churrascos, mesmo considerando a diferença entre professor e alunos (embora um dos alunos tenha me lançado na piscina durante um desses eventos). Seus sacrifícios eram mais como um evento realizado na Casa Branca ou no Palácio de Buckingham; o presidente ou o monarca e as pessoas comuns, convidadas para o evento, possuem posições totalmente distintas. Ou são como um banquete oferecido por um rei do Oriente Médio, diante do qual as pessoas se apresentam fazendo reverência e trazendo presentes. Poderíamos chamá-los de triviais, exceto pelo fato de o anfitrião determinar o que você deve trazer. Isso, novamente, sugere um paralelo com um banquete oficial, quando tudo tem que ser feito na mais perfeita ordem, com as pessoas sentando no lugar certo, os talheres colocados corretamente, sem nos esquecermos do traje adequado para a ocasião.

A adoração de Israel, portanto, mesclava a ordem de um banquete e a celebração de um churrasco. Ela também ocorria segundo uma programação, um cronograma. A Torá inclui inúmeros relatos desse calendário; evidentemente, isso funcionou de maneiras diferentes em séculos distintos. Números 28 e 29 elabora paralelamente Levítico 23, preenchendo os detalhes sobre as ofertas e fornecendo material adicional.

Primeiro, os sacrifícios ocorrem todos os dias, de manhã e de noite. Ao amanhecer, o sacrifício expressará a entrega da comunidade a Deus, e a sua busca pela bênção e proteção de Deus durante o dia. Ao cair da noite, ele expressará a ação de graças da comunidade pelo dia e a sua oração por proteção durante a noite. A comunidade como um todo não estaria presente a esses sacrifícios (as pessoas, na maioria, viviam distantes), mas todos sabiam que eles estavam sendo oferecidos e podiam se identificar com eles.

Segundo, existem os sacrifícios extras associados ao fim da semana. A Torá, em geral, não enfatiza o aspecto de adoração do sábado, embora isso, às vezes, seja pressuposto em outras passagens do Antigo Testamento, e somente aqui sacrifícios especiais são prescritos. Na Torá, o ponto principal do sábado é ser um dia de parada, de descanso. Repetindo, a comunidade não estaria presente a esses sacrifícios, porém os israelitas expressariam a sua gratidão pela semana produtiva de trabalho que tiveram, a sua oração pela semana de trabalho que viria, bem como o reconhecimento de que essa data pertence especialmente a Deus. Naturalmente, as ofertas diárias e semanais envolvem carne, pão e vinho.

Terceiro, há sacrifícios associados com o início de cada mês lunar. O primeiro dia do mês não foi mencionado nos relatos anteriores sobre ocasiões de adoração, e aqui as ofertas são mais elaboradas do que aquelas para o sábado. Nessas ocasiões, a cada mês, deve haver uma oferta de **purificação**, o que significaria começar cada mês lidando com os **tabus** acumulados ao longo do mês anterior e, assim, assegurar um reinício puro do relacionamento do povo com Deus naquele novo mês.

Quarto, existem sacrifícios associados com as diferentes ocasiões do ano, isto é, Páscoa, Pão Asmo, Pentecoste, o início do sétimo mês, Dia da **Expiação** e Tabernáculos. Esses sacrifícios lembram Israel do envolvimento de Deus em seu ano agrícola e nos eventos únicos de sua história. A Páscoa e o Pão Asmo recordam Israel da saída do Egito e do que eles comeram então; a Festa dos Tabernáculos recorda o tempo vivido em tendas. Durante os festivais, eles reencenam o próprio evento de alguma forma. O Pão Asmo (colheita da cevada), Pentecoste (colheita do trigo) e Tabernáculos (colheita dos frutos) coincidem com estágios na colheita e constituem ocasiões nas quais Israel reconhece Deus como senhor da colheita. O primeiro dia do sétimo mês marca, agora, o início do ano novo judaico e, talvez, também seja assim em alguns contextos no Israel do Antigo Testamento. O Dia da Expiação é a ocasião anual em que Deus efetua a remoção dos tabus no santuário que poderiam impossibilitar o encontro de Deus com as pessoas ali. A característica notável aqui é a proeminência dada à Festa dos Tabernáculos. O capítulo 29, na maior parte, repete informações similares sobre as ofertas referentes a cada dia desse festival, enfatizando a sua importância como *a* ocasião de adoração do ano.

NÚMEROS **30:1-16**
NEGOCIAÇÕES E CANÇÕES DE AMOR

[1]Moisés falou aos cabeças dos clãs israelitas: "Isto é algo que *Yahweh* ordenou: [2]Quando alguém fizer uma promessa a *Yahweh* ou um juramento para impor uma obrigação sobre si mesmo, ele não deve quebrar a sua palavra. Segundo tudo o que sair de sua boca, ele deve agir. [3]Quando uma mulher fizer uma promessa a *Yahweh* ou assumir uma obrigação e ainda estiver na casa de seu pai, em sua juventude, [4]e o seu pai ouvir a sua promessa ou a obrigação que ela impôs a si mesma e nada lhe falar, todas as suas promessas e todas as suas obrigações permanecem. [5]Mas, se o seu pai a restringir ao ouvir, nenhuma de suas promessas ou obrigações que impôs a si mesma permanece. *Yahweh* a perdoará porque o seu pai a restringiu. [6]Se ela vier a pertencer a um homem quando houver promessas vinculadas a ela ou uma extravagância vinda de seus lábios que ela impôs a si mesma, [7]e o seu marido ouvir e nada lhe falar ao ouvir, então suas promessas e a obrigação que impôs a si mesma permanecem. [8]Mas, se o seu homem a restringir quando ele ouvir e anular a promessa que estava vinculada a ela ou a extravagância vinda de seus lábios que ela impôs a si mesma, *Yahweh* a perdoará. ([9]Mas a promessa de uma viúva ou de uma divorciada, qualquer coisa que ela impor a si mesma, permanecerá.) [10]Se, enquanto estiver na casa de seu homem, ela fizer uma promessa ou impor uma obrigação sobre si mesma por juramento [11]e o seu homem ouvir e nada lhe disser, ele não a restringir, todas as suas promessas permanecem e toda a obrigação que ela impôs sobre si mesma permanece. [12]Mas, caso o seu homem as anule ao ouvir, qualquer coisa que saiu de seus lábios (suas promessas ou uma obrigação sobre si mesma) não permanece. O seu homem as anulou, e *Yahweh* a perdoará.

> [13]Qualquer promessa e obrigação juramentada para disciplinar a si mesma, o seu homem pode confirmar ou anular. [14]Se o seu homem nada lhe disser de um dia para o outro, ele confirma todas as promessas dela ou todas as obrigações que estão sobre ela. Ele as confirma porque nada disse a ela quando ouviu. [15]Se ele as anular, após ouvir, ele carrega a desobediência dela. [16]Essas são as regras que *Yahweh* ordenou a Moisés entre um homem e a sua mulher, [e] entre um pai e a sua filha, em sua juventude, na casa de seu pai."

Cerca de um ano após ter se casado, um de meus alunos mudou-se de Los Angeles para Chicago, indo na direção oposta da recomendada pela canção "Route 66" [Rota 66], a fim de começar um curso universitário. Somente mais tarde, por *e-mail*, é que ele me contou quanto a sua esposa estava hesitante a respeito daquela mudança. "Alguns dias atrás, ela desmoronou e começou a chorar", ele revelou, acrescentando: "Há tantas coisas sobre o casamento que jamais foram realmente discutidas antes! Aprendi que tomar grandes decisões de vida é difícil, muito mais quando duas pessoas decidem juntas."

Nessa passagem, Deus está tentando ajudar os israelitas no processo de tomada de algumas dessas decisões de vida. Não ficaria surpreso se alguém já tivesse dito a esse casal sobre a complexidade envolvida na tomada de decisões em conjunto e o casal tivesse reagido concordando sabiamente. Concordar em teoria e, então, ter de lidar com aquilo na vida real é muito diferente. Da mesma forma, suspeito que Deus esteja estabelecendo essas regras para os israelitas justamente por eles já estarem cientes da necessidade de ajuda. O fato de eles precisarem desse auxílio os torna mais como nós do que, em geral, parecem. As regras pressupõem que somos indivíduos independentes, que tomamos decisões independentes sobre o que planejamos fazer, mas somente em raras circunstâncias é assim.

Em Israel, as coisas podem funcionar como segue. Lucas 2 nos conta sobre a profetisa Ana, que passou quase toda a sua vida no templo, em adoração, jejum e oração. Ela podia fazer isso porque era viúva e não tinha obrigações. (Reconhecidamente, não temos a opinião de sua filha sobre essa questão. Conheço uma ou duas avós, estrelas da música, cujas filhas reclamam que suas mães não têm tempo de cuidar dos netos porque sempre estão ausentes, fazendo algum *show*.) Todavia, suponha haver uma mulher com dons de profecia que almeja dedicar-se a esse tipo de vida, mas que não é viúva. Ainda, imagine uma família organizada para a vida e o trabalho conjunto, com todos tendo um papel a cumprir. Entre eles, há uma garota de dezesseis anos que deseja ir e viver como Ana. Ou, ainda, suponha haver uma jovem mãe ou esposa que deseja o mesmo. Ser parte de uma família na qual nasceu ou à qual passou a pertencer quando se casou significa desfrutar de privilégios, mas também assumir responsabilidades. Você não é livre como seria se estivesse por conta própria. Servir a Deus no santuário, como Ana optou, não é a única forma de alguém desejar assumir um compromisso especial com Deus. Em nosso contexto, podemos imaginar uma pessoa sentindo um chamado ao pastorado. No Antigo Testamento, Ana promete dedicar o seu futuro filho (na verdade, ainda não concebido!) a Deus. A **Torá** apresenta promessas que incluem sacrifícios em conexão com orações, e manter a promessa traria um custo sobre toda a família, não apenas ao indivíduo. Há também histórias infelizes sobre os votos feitos por Jefté e Saul, embora o último deixe explícito que sempre é possível buscar a Deus e tentar renegociar uma promessa (como percebido pelos soldados, embora não por Saul e, tragicamente, não por Jefté). As regras aqui se referem também ao desejo de uma esposa "disciplinar a si mesma". Ela não pode decidir unilateralmente que irá cumprir um dia de jejum e não cozinhar para toda a sua família!

O relacionamento com a sua família envolve negociações, assim como canções de amor (tomando emprestada a linha de uma música reveladora de Paul Simon sobre casamento, chamada "Train in the Distance" [Trem distante]). Deus fornece parâmetros para negociações. De forma alguma, Deus exclui filhas ou mães de fazer promessas a Deus, mas os pais e maridos devem ser incluídos no processo. Eles possuem o direito a voto contrário, e Deus liberará a mulher de cumprir a promessa se eles forem contra. Contudo, eles precisam expressar a sua oposição assim que tiverem conhecimento. É inútil se opor depois de um mês ou um ano. Se eles anularem um compromisso fora do tempo, então Deus os considerará responsáveis pelo compromisso estabelecido e não cumprido.

As regras são expressas em termos patriarcais porque a sociedade funciona dessa forma. (Pelo mesmo motivo, embora haja menção a viúvas e divorciadas que seriam mulheres independentes, não há menção a mulheres adultas e solteiras, porque mulheres nessa condição eram muito raras; praticamente todas as mulheres adultas eram casadas.) O líder masculino da casa é que deve assegurar a viabilidade da família. Caso ele assuma um compromisso imprudente, ele terá de lidar com as consequências; se a sua esposa ou sua filha agirem assim, igualmente ele terá que arcar com as consequências. Em uma sociedade menos patriarcal, as negociações assumirão um formato diferente. Ao mesmo tempo, as regras fazem uso de um modo regular de falar que subverte ou tira a supremacia do patriarcado. O idioma hebraico possui palavras para marido e esposa, as quais, etimologicamente, significam senhor/proprietário e alguém propriedade/servo. Elas, portanto, implicam uma compreensão patriarcal do matrimônio e que a esposa é propriedade de seu marido. O Antigo Testamento raramente usa essas expressões. As palavras hebraicas usualmente traduzidas por marido e esposa são as palavras comuns para homem e mulher. Assim, mais literalmente, "sua esposa" é "sua mulher", e o mesmo ocorre com "seu marido", ou seja, "seu homem" (compare com a música "Bess, You Is My Woman Now" [Bess, você é minha mulher agora]). O marido e a esposa são duas pessoas que pertencem uma à outra. Eles não podem fazer promessas ou assumir obrigações que ignorem esse fato, ainda que sejam a Deus.

NÚMEROS **31:1-54**
NEGÓCIOS INACABADOS

[1]*Yahweh* falou a Moisés: [2]"Exija reparação dos midianitas pelos israelitas; depois, você se reunirá à sua parentela." [3]Moisés falou ao povo: "Alguns homens dentre vocês devem se equipar para uma campanha e ir contra Midiã para trazer reparação a *Yahweh* de Midiã. [4]Devem enviar para a guerra uma divisão de cada clã de todos os clãs israelitas." [5]Assim, das divisões israelitas, para cada clã uma divisão se ofereceu, doze divisões equipadas para uma campanha. [6]Moisés enviou para a campanha mil de cada clã e também Fineias, filho de Eleazar, como o sacerdote para a campanha, com os utensílios sagrados e as trombetas para soar em sua mão. [7]Eles fizeram campanha contra Midiã conforme *Yahweh* ordenou a Moisés, mataram todos os homens [8]e mataram os reis midianitas: assim como os outros que foram mortos, Evi, Requém, Zur, Hur e Reba, os cinco reis midianitas. Também mataram à espada Balaão, filho de Beor. [9]Os israelitas capturaram as mulheres midianitas e os jovens e tomaram como despojo todo o gado deles, todos os

seus rebanhos e toda a sua riqueza. [10]Todas as cidades onde eles viviam e todos os seus assentamentos foram incendiados. [11]Eles tomaram todo o espólio e todos os ganhos, seres humanos e gado, [12]e levaram os cativos, os ganhos e o espólio a Moisés, Eleazar, o sacerdote, e a comunidade israelita, no acampamento nas campinas de Moabe, além do Jordão, perto de Jericó. [13]Moisés, Eleazar, o sacerdote, e todos os líderes da comunidade saíram para encontrá-los fora do acampamento. [14]Moisés ficou furioso com os oficiais do exército, os comandantes sobre os milhares e sobre as centenas, que vieram da campanha militar. [15]Moisés lhes disse: "Vocês deixaram todas as mulheres vivas! [16]Ora, pela palavra de Balaão, foram elas que vieram a ser, para os israelitas, um meio de instigar a transgressão contra *Yahweh*, no caso de Peor, de modo que a epidemia veio sobre a comunidade de *Yahweh*. [17]Assim, agora, matem todos os do sexo masculino dentre os jovens e matem todas as mulheres que já tiveram sexo com alguém, que já dormiram com um homem, [18]mas todas as jovens que ainda não tiveram sexo com alguém, que não dormiram com um homem, deixem-nas viver."

[O restante do capítulo discorre sobre como as pessoas deviam lidar com os espólios para evitar trazer tabu ou contaminação à comunidade, ser justas com os combatentes e não combatentes e reconhecer a necessidade de dar uma proporção a Deus, bem como elas deveriam fazer isso.]

Há dois ou três anos, do nada, recebi um telefonema de um advogado judeu em Los Angeles. Ele autopublicou um livro intitulado *Twenty-six Reasons Why Jews Don't Believe in Jesus* [Vinte e seis razões pelas quais os judeus não creem em Jesus] e queria que eu verificasse se as suas declarações sobre Jesus e a fé cristã eram corretos. Interessei-me em ler o livro e tive poucas críticas quanto aos seus fatos; a diferença entre nós dizia respeito à interpretação deles. A sua obra é um exemplo, no século XXI, de um gênero quase tão antigo quanto a fé cristã. Os que creem em Cristo sempre almejaram persuadir colegas judeus a crer neles (não raramente, os que tentam persuadir são eles mesmos judeus); por seu turno, os judeus que não creem em Jesus sempre buscaram persuadir seus pares judeus a permanecerem fiéis à sua fé tradicional. Ao longo dos últimos quinze anos, tem havido um considerável crescimento no movimento de judeus que passaram a crer em Cristo. Para eles, isso significa tornar-se "judeus plenos", porém outros judeus estão convencidos de que esses traíram as suas origens e que o movimento deles põe em perigo a existência do próprio judaísmo. A crescente secularização dos judeus também representa um risco ao judaísmo, assim como a prevalência de judeus casando-se com gentios.

Um capítulo como Números 31 está entre os textos do Antigo Testamento de aceitação mais difícil por parte das pessoas modernas (cristãos e judeus). Por que Deus falaria a Moisés para matar os midianitas? Por que Moisés diria ao seu exército para tratar mulheres e jovens da mesma maneira? Por outro lado, por que os israelitas imaginariam que Deus havia feito isso e por que, então, Deus não impediu que eles registrassem em seu livro uma história que afirma que ele agiu assim? E como, nesse caso, Jesus poderia ter declarado, por exemplo, que toda a **Torá** pode ser resumida na ideia de tratar os outros como você gostaria de ser tratado (Mateus 7:12)?

Permita-me começar com uma migalha de conforto. Embora a primeira parte desse capítulo termine com a instrução de matar os jovens do sexo masculino e as mulheres de Midiã, o texto não confirma que isso, de fato, ocorreu. Em contraste, o relato prossegue, em grande extensão, descrevendo o que Israel deveria fazer com os despojos da batalha e, então, diz que eles assim obedeceram. A Torá não é reticente em relatar o assassinato de pessoas e, desse modo, dúvidas são levantadas sobre se o extermínio dos midianitas realmente aconteceu. A aparição dos midianitas em pleno vigor, mais adiante no Antigo Testamento (veja Juízes 6–8), seria estranha caso eles tivessem sido aniquilados no deserto. Temos um exemplo aqui de algo que aparece em outras passagens da Torá; a comissão para executar pessoas pode ser mais uma declaração sobre a terrível natureza da ofensa cometida por elas do que uma sentença de morte a ser implementada.

Esse é o ponto dessa narrativa, ligando-se à preocupação daquele advogado judeu de Los Angeles. É crucialmente importante que Israel continue existindo e não assimile o mundo gentílico. Talvez seja essa a razão de Deus falar a Moisés para terminar esse negócio inacabado antes de sua morte. É de vital importância que os israelitas não se envolvam em casamentos mistos com pessoas de outros povos, exceto se esses gentios vierem a compartilhar do compromisso dos judeus a ***Yahweh***. Isso é sobremodo crucial tanto do ângulo de um cristão quanto do de um judeu, porque Deus tornou o destino de todo o mundo dependente de Israel – não do que Israel faria, mas do que Deus faria por meio de Israel. Pode parecer uma ação estranha da parte de Deus, mas é uma ação afirmada pelos dois Testamentos. Como Jesus expressou em João 4:22, a salvação vem dos judeus. Portanto, sem judeus não há salvação. Pode-se compreender isso, pois Jesus é judeu. Sem judeus, sem Jesus. Caso o povo de Israel deixasse de existir, pode-se imaginar Deus começando de novo e trabalhando (digamos) com o povo de Madagascar. Todavia, dentro da Escritura, essa ideia não está no horizonte divino, pois Deus está comprometido a operar por meio de Israel. Outra razão para as pessoas do mundo moderno se sentirem desconfortáveis com um relato desse tipo é a dificuldade em crer que Deus está empenhado em cumprir o destino de todo o mundo por meio de um único povo. Somos inevitavelmente pluralistas em nossas atitudes. Pela instigação de Balaão (isso não nos foi revelado antes, e a história não dá detalhes sobre como isso ocorreu), ambos, Israel e Midiã, puseram em risco essa possibilidade ao se envolver sexualmente. Deus exigiu que Moisés punisse os israelitas por isso; agora, Deus demanda que os midianitas sejam punidos.

Igualmente difícil para as pessoas modernas é acreditar que Deus pune, mas a punição de Deus constitui outro tema que percorre o Antigo e o Novo Testamentos. As traduções, reconhecidamente, tornam esse tema mais espinhoso ao falarem em termos de vingança em vez de reparação ou punição. Embora os fortes sentimentos de Deus sejam associados à vingança, a ideia subjacente à ação de Deus não é a de que Israel deva se vingar por algo feito contra o povo, mas pelo fato de Midiã pôr em risco a própria intenção de Deus, e isso é o que deveria ser punido. Caso isso o faça se sentir melhor, você pode, novamente, inferir que se trata mais de uma declaração de uma verdade teológica do que de um relato sobre o que Deus, realmente, ordenou Israel a fazer. Isso se conecta a outra dificuldade adicional que as pessoas modernas têm em relação a essa história: é difícil acreditar que Deus utiliza agentes humanos para punir. No caso em questão, há uma grande distinção entre os livros inaugurais da Bíblia e os que vêm depois. Deus usou Israel para punir os povos rebeldes em Êxodo, por meio de Josué; Deus dificilmente faz isso posteriormente. Nos Profetas e no Novo Testamento, Deus faz uso de poderes imperiais, sem o conhecimento deles, para punir povos rebeldes. A Bíblia associa Deus usando os israelitas com esse propósito apenas no início da história de Israel. Israel jamais considerou os atos divinos no começo de sua história como precedentes para o que deveria fazer mais tarde. Não há fundamento para, digamos, a Grã-Bretanha ou os Estados Unidos usarem essas narrativas dessa forma, como eles fazem.

É fácil supor que as visões modernas devem estar certas, e as lemos na Bíblia. Uma das funções da Escritura é nos lembrar que, na realidade, elas são apenas as visões de nossa cultura, dentre as quais há algumas que devemos evitar.

NÚMEROS **32:1-42**
SOBRE O APOIO MÚTUO

[1]Ora, os rubenitas e os gaditas tinham rebanhos muito extensos e olharam para as terras de Jazar e Gileade: era um lugar para gado. [2]Então, os gaditas e os rubenitas foram e disseram a Moisés, Eleazar, o sacerdote, e aos líderes da comunidade: [3]"Atarote, Dibom, Jazar, Ninra, Hesbom, Eleale, Sebã, Nebo e Beom, [4]a terra que *Yahweh* derrubou diante da comunidade israelita, é terra de gado, e os seus servos possuem gado." [5]Assim, eles disseram: "Se encontrarmos favor aos seus olhos, possa essa terra ser dada aos seus servos como propriedade. Não nos façam atravessar o Jordão." [6]Moisés disse aos gaditas e rubenitas: "Os seus irmãos irão à batalha enquanto vocês se assentam aqui? [7]Por que vocês desviariam o coração dos israelitas de atravessarem para a terra que Deus lhes tinha dado? [8]Os seus pais fizeram isso quando eu os enviei de Cades-Barneia para examinar a terra. [9]Eles subiram ao vale de Escol e examinaram a terra, mas desviaram o coração dos israelitas para que eles não entrassem na terra que *Yahweh* lhes tinha dado. [10]Então, a ira de *Yahweh* se acendeu, e ele jurou: [11]'O povo que saiu do Egito, de vinte anos para cima, não verá a terra que jurei a Abraão, Isaque e Jacó, porque eles não me seguiram totalmente, [12]exceto Calebe, filho de Jefoné, o quenezeu, e Josué, filho de Num, porque eles seguiram totalmente a *Yahweh*...' [13]A ira de *Yahweh* se acendeu contra Israel, e ele os fez vagar no deserto durante quarenta anos, até que toda a geração que errou aos olhos de *Yahweh* tivesse

terminado. [14]Agora, vocês se levantam no lugar de seus pais como uma ninhada de pecadores para aumentar ainda mais a ira de *Yahweh* contra Israel. [15]Se vocês deixarem de segui-lo e ele, mais uma vez, deixá-los no deserto, vocês destruirão todo esse povo." [16]Eles foram a ele e disseram: "Nós construiremos currais aqui para os nossos rebanhos e cidades para os nossos jovens, [17]mas nos equipararemos como tropas de choque à frente dos israelitas até que os habilitemos a chegar ao lugar deles, enquanto os nossos jovens vivem em cidades fortificadas, por causa do povo que vive na terra."

[Moisés concorda com esse plano, o que significa que Gade e Rúben, assim como metade do clã de Manassés, assentar-se-ão a leste do Jordão, na terra já, acidentalmente, capturada dos amorreus.]

Enquanto escrevo, a minha denominação, a Igreja Anglicana ou Episcopal, vive dias agitados por causa de sua posição em relação ao casamento entre pessoas do mesmo sexo. Embora, por si só, essa seja uma questão complexa, a situação é, pelo menos, tão problemática quanto em seus efeitos sobre a forma pela qual os anglicanos, em diferentes partes do mundo, relacionam-se uns com os outros. No geral, a igreja nos Estados Unidos e no Canadá está convencida de que o casamento entre pessoas do mesmo sexo está correto e que deveríamos abençoar tais casamentos e/ou ordenar pessoas casadas com alguém do mesmo sexo. Por outro lado, as igrejas na África consideram que seja errado e que as igrejas norte-americanas não deveriam proceder dessa maneira. Por conseguinte, elas se sentiram livres para auxiliar na criação de igrejas anglicanas alternativas nos Estados Unidos. O pobre arcebispo de Canterbury está tentando manter o diálogo com os dois lados, bem como a união entre eles, dentro da Comunhão Anglicana.

Pode-se dizer que ele está tentando ser Moisés, embora o líder israelita tivesse mais autoridade que o arcebispo tem e contasse com maior cooperação por parte dos clãs de Israel. Até aqui, nessa história, parecia que a terra a ser herdada pelos israelitas ficasse inteiramente a oeste do Jordão, por este ser uma fronteira natural. Lutar contra os povos situados a leste do Jordão não fazia parte dos planos de Israel, mas alguns desses povos foram tolos o bastante para atacar os israelitas em vez de deixá-los atravessar seus territórios pacificamente. Por essa ação, pagaram com a vida e com o seu território. Entre outras coisas, isso ilustra a maneira pela qual o cumprimento das intenções de Deus interage com as ações humanas. Deus não tinha planos de dar a Israel a região a leste do Jordão, mas, agora, isso se torna parte do "plano".

Moisés é enfático em sua reação contra Gade e Rúben, notadamente por caracterizá-los como "ninhada de pecadores". Ele é quase tão rude quanto João Batista. Isso ilustra o pouco espaço que a Bíblia concede a virtudes ocidentais, tais como polidez e tolerância. Se eu fosse o líder de Gade ou Rúben, responderia à altura; por isso, admiro os clãs por se manterem firmes em seu argumento e ignorar a retórica. Dessa maneira, eles lograram alcançar um acordo. Gade e Rúben, na realidade, assumiram a liderança na invasão israelita a **Canaã** e participaram da tomada do território, assim como os demais clãs se envolveram na posse da terra que esses dois clãs desejam ocupar. Eles, portanto, indicam o reconhecimento de que todo o povo de Deus permanece unido e precisa manter o compromisso de auxílio mútuo. Uma parte não pode dizer a outra: "Eu preciso cuidar do meu destino e fazer o que me capacitará a cumprir o meu chamado" ou "Não preciso de vocês" (1Coríntios 12). Antes, deve estar preparado para argumentar, negociar e se comprometer, não adotando ações unilaterais.

Pode-se imaginar os israelitas ao tempo de, digamos, Elias, questionando: "Por que esses clãs vivem do outro lado do Jordão? Eles realmente contam como Israel? Eles, de fato, pertencem a nós?" Essa história nos fornece a resposta. Igualmente, constituiria um desafio para os clãs, situados no lado oriental, manter o tipo de compromisso que eles assumiram aqui.

NÚMEROS 33:1—34:29
TERRA, PROMESSAS E POLÍTICA

[1]Essa é a rota dos israelitas que saíram do Egito por suas tropas, sob a direção de Moisés e Arão. [2]Moisés escreveu os pontos de partida na rota deles, sob a palavra de *Yahweh*.

[A partir daí, segue-se uma lista de lugares na rota, desde o Egito, via o mar de Juncos, ao Sinai, a Cades e, via o monte Hor, até o lugar no qual eles estão agora.]

[50]Nas campinas de Moabe, junto ao Jordão, defronte a Jericó, *Yahweh* falou a Moisés: [51]"Fale aos israelitas e lhes diga: 'Quando vocês estiverem atravessando o Jordão para Canaã, [52]devem despojar todos os habitantes da terra de diante de vocês, devem destruir todas as suas figuras, todas as suas imagens fundidas e demolir todos os seus lugares de adoração. [53]Devem tomar posse da terra e viver nela, porque eu lhes dei a terra para que tomem posse dela. [54]Devem distribuir a terra por sorteio aos seus grupos de parentesco. Ao maior, faça a sua parte maior e, ao menor, faça a sua parte menor. Onde quer que a sorte saia para um grupo, esse será o lugar em que ficará, quando distribuí-la de acordo com os seus clãs ancestrais. [55]Se não despojarem os habitantes da terra de diante de vocês, aqueles entre os que vocês permitirem permanecer se tornarão farpas em seus olhos e espinhos em seus lados. Eles lhes causarão problemas na terra onde vocês estão vivendo, [56]e o que planejei fazer a eles, farei a vocês.'"

[Em Números 34, Deus estabelece as fronteiras do território israelita, movendo-se no sentido anti-horário, a partir do mar Morto, passando por Cades ao Mediterrâneo, até a costa mediterrânea, ao norte da moderna Beirute, cerca de 160 quilômetros a leste, na Síria, então rumo ao sul e sudoeste para o mar da Galileia, indo para o sul, ao longo do Jordão. Moisés, então, observa que a distribuição dessa terra não precisa considerar Gade, Rúben e metade de Manassés. Deus também nomeia os representantes de cada clã que devem distribuir a terra.]

Eu tenho muito amigos em Beirute, incluindo um antigo aluno que ensina Bíblia em uma universidade cristã (na verdade, foi ele quem, certa ocasião, lançou-me na piscina, como citei, no estudo sobre Números 28–29). Ele enfrenta muitas dificuldades para que seus alunos foquem o Antigo Testamento, pois é sobremodo difícil desvincular o moderno Estado de Israel do antigo povo israelita, principalmente quando o Antigo Testamento fala do tratamento especial dado por Deus a Israel e da hostilidade divina em relação aos povos vizinhos. Esse é um problema para os cristãos na Palestina, cujas fronteiras estão todas dentro dos limites da terra prometida por Deus a Israel. Se os alunos dos meus amigos soubessem que Números 34 descreve os israelitas possuindo um território que inclui grande parte do Líbano moderno e um bom pedaço da Síria, incluindo a sua capital, Damasco, posso imaginar quanto ficariam contrariados.

Uma consideração que nos pode ajudar na reflexão sobre esse tema é que, enquanto o Israel de nossos dias é um Estado poderoso e soberano (ainda que possa parecer vulnerável aos inúmeros países hostis em derredor), o antigo Israel era, usualmente, mais como o Quênia sob o domínio britânico, as Filipinas sob o domínio norte-americano ou os armênios, que, basicamente, não possuem um país de sua propriedade. Os israelitas que liam a **Torá** eram, em geral, pessoas sob a dominação de poderes superiores como a **Assíria**, a **Babilônia**, a **Pérsia** ou a **Grécia**. Eles ou viveram em **Canaã**, sob o domínio desses impérios, ou foram transportados de Canaã para viverem em outras partes do mundo dominadas por essas superpotências. A promessa de Deus sobre a posse da terra pelos israelitas é designada a lhes dar uma esperança na qual possam se apegar. Rever a jornada pela descrição da rota, percorrida por Israel desde o **Egito** até as portas de Canaã, também objetiva produzir esse efeito: "Considerem todo o caminho pelo qual Deus os levou até chegar aqui." Muitos dos lugares mencionados não nos são passíveis de localização, nem mesmo os israelitas seriam capazes disso, mas isso não elimina o efeito; antes, pode até intensificá-lo.

Isso não significa que a promessa de Deus não possui implicações práticas, mas que essas implicações são trabalhadas de acordo com as circunstâncias. Esse relato das dimensões do território reconhece isso. Por um lado, ele estranhamente amplia o território de Israel até o extremo norte, uma região que é, então, ignorada quando a terra é distribuída aos clãs. Por que, então, áreas do Líbano e da Síria são incluídas? Os limites de Canaã, conforme descrito por Números aqui, são as fronteiras de Canaã como uma província do Império Egípcio ao tempo de Moisés. Em outras palavras, detalhar os limites da terra prometida é uma forma de concretamente dizer: "Vocês tomarão posse de toda a Canaã." Contudo, o que "Canaã" significa não é algo fixo durante todo o tempo, pois depende de circunstâncias políticas em diferentes períodos. Constituiria uma particular ironia divina prometer a Israel a posse de uma terra pertencente ao Império Egípcio nessa parte do mundo, pois isso seria reverter a relação entre o Egito e Israel, estabelecida antes do Êxodo. (O ponto será retomado em Deuteronômio, quando esse livro faz referência à terra dos israelitas como abrangendo do rio Eufrates até o mar Mediterrâneo, o que corresponde aos objetivos egípcios em alguns períodos.) Esse cenário amolda-se à forma pela qual a descrição de Deus da terra omite as áreas situadas a leste do Jordão, que foram distribuídas a Gade, Rúben e parte de Manassés. Essas regiões se tornam parte da terra prometida por causa de alguns eventos políticos, isto é, a estupidez dos **amorreus**, que atacaram Israel em vez de deixá-los atravessar a sua terra pacificamente. Contudo, elas não fazem parte da província egípcia de Canaã.

Ambos, a natureza e o cumprimento das promessas de Deus, interagem com as realidades políticas. Uma consequência é que o cumprimento das promessas divinas ao povo judeu, hoje, deve levar em conta essas realidades políticas. Teologicamente, é apropriado ao povo judeu ser livre para viver dentro dos limites de Canaã, como também politicamente necessário que eles tenham um Estado independente, mas não há nenhuma necessidade teológica que Israel inclua, por exemplo, a Cisjordânia ou Gaza, onde seria natural haver um Estado palestino.

Existem também características contextuais para as instruções de Deus concernentes à ocupação de Israel da terra. Elas não incluem a comissão para matar ninguém. Como as instruções precedentes na Torá, elas falam apenas em despojar ou expulsar os habitantes. Números toma por certa a racionalidade dessa instrução. Por seu modo de viver, os povos da terra perderam o direito de viver nela. Deus mata dois passarinhos com uma só estilingada ao expulsá-los como punição e, ao mesmo tempo, entregar a posse da terra a Israel como um meio de avançar em direção ao propósito mais amplo, mais positivo e mais impactante de abençoar as nações. Deus também faz menção ao fato de que os mesmos princípios serão aplicados aos novos habitantes da terra: "O que planejei fazer a eles, farei a vocês."

Para evitar isso, bem como expulsar os cananeus da terra, os israelitas precisavam destruir as suas formas e lugares de adoração. As suas formas de adoração irão levar os israelitas a pensar em Deus da mesma forma que os cananeus; especificamente, eles aceitarão que Deus pode ser representado por meio de imagens. Essa presunção humana comum não funciona com o verdadeiro Deus e leva somente ao engano. Deuteronômio 4 expandirá essa lógica.

Os israelitas também devem destruir os lugares de adoração dos cananeus, o que, em termos mais literais, são os seus "altares idólatras". Podiam ser locações elevadas naturais que eram transformadas em locais de adoração ou plataformas humanamente construídas para o culto aos deuses. Em ambos os casos, os adoradores estariam em locais abertos e elevados. Somente nessa passagem é que a Torá faz menção a eles, embora sejam citados com mais frequência na história posterior de Israel e nos Profetas, o que novamente nos lembra de nos colocarmos na posição dos futuros israelitas, ouvindo a leitura da Torá. Reciclar os locais de adoração dos cananeus era a principal forma de os israelitas se deixarem enganar na adoração aos deuses cananeus, ou mesmo adorar a ***Yahweh*** como se *Yahweh* fosse igual aos deuses deles. Nesse sentido metafórico é que eles serão farpas e espinhos aos israelitas e lhes causarão problemas. Se eles apenas tivessem, realmente, destruído esses locais de adoração...

NÚMEROS **35:1–36:13**
GARANTINDO A JUSTIÇA

[1]Nas campinas de Moabe, junto ao Jordão, defronte a Jericó, *Yahweh* falou a Moisés: [2]"Ordene aos israelitas que deem aos

levitas cidades para eles viverem, da porção que eles possuem, e que deem aos levitas as pastagens ao redor, pertencentes às cidades. [3]As cidades serão deles para viverem e as pastagens para o seu gado, os seus bens e todos os seus animais. [4]As pastagens da cidade que vocês devem dar aos levitas serão do muro da cidade para fora, mil côvados em derredor. [5]Fora da cidade, devem medir dois mil côvados no lado leste, dois mil côvados no lado sul, dois mil côvados no lado oeste, dois mil côvados no lado norte, com a cidade no meio. Essas serão as pastagens da cidade para eles.

[6]As cidades que derem aos levitas serão as seis cidades de asilo que vocês darão à pessoa que tiver matado alguém, um lugar para o qual fugir, mas vocês devem [lhes] dar 42 cidades em adição a elas. [7]Todas as cidades a serem dadas aos levitas serão 48, elas e as suas pastagens. [8]As cidades que derem da parcela dos israelitas: de uma grande, faça-a grande, e de uma pequena, faça-a pequena. Cada um deve dar algumas de suas cidades aos levitas, em proporção à sua parcela.

[O restante do capítulo detalha a maneira de a comunidade utilizar as cidades de asilo ao lidar com casos de homicídio.]

CAPÍTULO 36

[1]Os cabeças ancestrais do grupo de parentesco de Gileade, filho de Maquir, filho de Manassés, um dos grupos de parentesco de José, foram à frente e falaram perante Moisés e os líderes, os cabeças ancestrais dos israelitas. [2]Eles disseram: "*Yahweh* ordenou ao meu senhor para dar a terra aos israelitas em parcelas por sorteio, e meu senhor recebeu de *Yahweh* a ordem de dar a parcela de Zelofeade, nosso parente, às suas filhas. [3]Se elas se tornarem esposas de alguém dos clãs israelitas, a parcela delas desaparecerá de nossa parcela ancestral e será acrescentada ao clã ao qual elas pertencerem; ela desaparecerá de nossa parcela distribuída. [4]Se os israelitas têm um jubileu, a parcela delas será acrescentada à parcela do clã ao qual elas pertencem; da parcela de nosso clã ancestral, a parcela delas desaparecerá."

[5]Então, Moisés ordenou aos israelitas, pela palavra de *Yahweh*: "O clã de José está falando com correção. [6]Isso é o que *Yahweh* ordena quanto às filhas de Zelofeade: 'Elas podem se tornar esposas de quem for bom aos seus olhos, mas devem se tornar esposas de um grupo de parentesco no clã de seu pai.'"

[Os versículos de encerramento do capítulo relatam como elas obedeceram à ordem divina.]

Certo advogado da Flórida comentou este mês que está se tornando cada vez mais comum ouvir relatos de pessoas condenadas por assassinatos em primeiro grau, sentenciadas à morte, e que, muitos anos mais tarde, são libertas, em geral porque os testes de DNA confirmaram a inocência delas. Cerca de cem pessoas têm sido soltas do corredor da morte ao longo dos últimos trinta anos (por volta de mil foram executadas). O advogado descreveu essa estatística como estarrecedora, embora ela possa trazer algum alívio. No mês passado, a agência de notícias *Associated Press* divulgou um desses casos, ocorrido no Texas. Na Grã-Bretanha, inúmeros homens foram isentados após a execução nos anos imediatamente anteriores à abolição da pena de morte em 1969.

A instituição em Israel de cidades de asilo ou refúgio relaciona-se a questões dentro de Israel concernentes à certeza sobre a culpabilidade das pessoas, embora elas funcionem sob uma forma distinta de tratá-las. O administrador de justiça dentro de Israel é radicalmente localizado em vez de centralizado. A responsabilidade reside sobre os grupos de parentesco e as comunidades locais. Haverá motivos práticos para isso, pois os israelitas, na maioria, vivem em vilarejos, e seria impraticável situar a administração da justiça nas cidades ou capitais. Esse sistema também apresenta vantagens: as questões não serão tratadas por advogados profissionais sem rosto. Uma desvantagem é a facilidade de a administração de justiça local ceder ao linchamento.

As cidades de refúgio fornecem alguma salvaguarda. A pessoa responsável pelo homicídio de alguém, ou acusada desse crime, pode ir para uma dessas cidades em busca de segurança e lá permanecer enquanto os ânimos mais exaltados se acalmam e a investigação é realizada. Se, pelo menos, duas testemunhas do incidente testificarem que o crime foi deliberado, o assassino será entregue a um executor dentro do grupo de parentesco ao qual a vítima pertencia. As traduções, em geral, denominam esse executor de "vingador do sangue", mas a palavra é a mesma que, em outras passagens, é traduzida por "redentor". O seu trabalho é **restaurar** o *status quo*, fechar o círculo para a comunidade.

Uma pessoa que matou alguém por acidente permanecerá na cidade de refúgio até a morte do sumo sacerdote, que presumidamente, de alguma forma, purificará a terra da mancha causada pelo homicida. Portanto, o homicídio é visto de duas maneiras. Trata-se de uma ofensa contra a família (eis por que a execução é da responsabilidade de um membro do grupo de parentesco da vítima), bem como algo que mancha a terra perante Deus e põe em risco a presença divina ali. A proibição de transformar a pena pelo homicídio em uma multa (um "resgate") significa que as pessoas ricas não podem comprar o escape das consequências de seus atos, algo impossível a pessoas comuns.

As cidades de refúgio são seis das 48 cidades destinadas aos levitas. Presumivelmente, os levitas devem viver lá para administrar um centro de adoração local, o que, em si, é um fato revelador. O Antigo Testamento, com frequência, é negativo sobre centros de adoração e considera Jerusalém como a única localidade apropriada à adoração. Todavia, as pessoas necessitarão de lugares de adoração locais. Se, dentre as cidades levitas, seis são cidades de refúgio, isso subentende que as pessoas envolvidas no ministério de adoração também estão envolvidas na administração da justiça. Elas devem assegurar que o sistema de refúgio funcione de modo adequado, para que aqueles que as busquem estejam, de fato, sob a proteção de Deus, mas também que Deus seja envolvido na resolução do caso. Êxodo 22 destina-se a pessoas que aparecem diante de Deus quando não conseguem resolver uma disputa envolvendo bens. Os levitas seriam responsáveis pela mediação desses processos longe da localidade na qual o incidente ocorreu e, portanto, longe da influência de ânimos exaltados.

Os próprios levitas não possuem terras, mas dedicam todo o seu tempo ao ministério e, em retorno, recebem a provisão de alimento do povo. No entanto, eles também precisam de um lugar para viver, e conclui-se que eles têm alguns animais, o que lhes dá o direito a pastagens ao redor dessas cidades. A ideia parece ser de que esses direitos se estendem a mil côvados em torno da cidade e, portanto, de dois mil côvados de lado a lado (um côvado corresponde a cerca de meio metro). Isso indica que toda a provisão dessa regra é sobremodo teórica, já que a medição de terra na montanhosa **Canaã** é difícil. Novamente, a **Torá** está determinando uma possibilidade imaginativa. A tarefa da comunidade é fazer algo que incorpore o tipo de preocupação expressada por essas regras imaginárias.

O capítulo derradeiro do livro de Números retoma o tema das cinco filhas de Zelofeade. Os homens precisaram de tempo para se reagrupar e ser capazes de reafirmar a sua autoridade? É como uma decisão tomada em uma reunião cujas falhas são apenas percebidas mais tarde? Ou é uma questão que surge à luz da distribuição da terra, abordada a partir do capítulo 27? À exemplo de muitas decisões, a determinação sobre o caso daquelas mulheres envolve inúmeros princípios que precisam ser salvaguardados, e os homens indicam um deles, que não foi considerado antes. Quando as cinco mulheres se casarem, a implementação da ideia de que elas podem ser herdeiras põe em risco a distribuição de terra feita aos doze clãs. Dessa maneira, é decidido que elas devem se casar com homens dentro de seu próprio clã. Isso, provavelmente ocorreria de qualquer forma, pois qual a probabilidade de uma mulher de Manassés conhecer um homem de Aser ou Simeão?

DEUTERONÔMIO

DEUTERONÔMIO **1:1–45**

MOISÉS COMEÇA O SEU ÚLTIMO SERMÃO

[1]Estas são as palavras que Moisés falou a todo o Israel, do outro lado do Jordão, na campina perto de Sufe, entre Parã e Tofel, Labã, Hazerote e Di-Zaabe. ([2]São onze dias de Horebe, via monte Seir, até Cades-Barneia.) [3]No quadragésimo ano, no primeiro dia do décimo primeiro mês, Moisés falou aos israelitas de acordo com tudo o que *Yahweh* ordenou para eles, [4]depois de haver derrotado Seom, rei dos amorreus, que vivia em Hesbom, e Ogue, rei de Basã, que vivia em Astarote (em Edrei). [5]Do outro lado do Jordão, em Moabe, Moisés se comprometeu a expor o seu ensino: [6]"*Yahweh*, o nosso próprio Deus, nos falou em Horebe: 'Vocês permaneceram nesse monte por longo tempo. [7]Partam, ponham-se em movimento, vão para as montanhas dos amorreus e a todos os seus vizinhos na campina, na terra montanhosa, nas encostas, no Neguebe, na planície costeira (a terra dos cananeus), e ao Líbano, até o Grande Rio, o rio Eufrates. [8]Veja, eu coloquei a terra à sua frente. Vão e tomem posse da terra que *Yahweh* prometeu aos seus ancestrais, Abraão, Isaque e Jacó, para dar a eles e à sua descendência depois deles.'"

[O restante do capítulo relembra a jornada de Israel, do Horebe até Cades.]

No próximo sábado, participarei de uma cerimônia na qual a Diocese Episcopal de Los Angeles expressará o seu arrependimento e contrição pelo tratamento dispensado aos afro-americanos. A igreja à qual pertenço foi fundada para oferecer um lugar para o qual os membros brancos da grande igreja da cidade pudessem enviar os seus empregados negros. Não foi a única igreja na diocese, durante o século XX, a incentivar abertamente as pessoas negras a procurarem outros locais para formar a própria congregação. Praticamente ninguém mais, pessoalmente envolvido nesses eventos, está vivo hoje. Contudo, eles são parte integrante de nossa história, e eu devo ter uma posição a respeito, mesmo porque os seus efeitos persistem sobre o presente. Desse modo, sinto que devo ir e expressar a "minha" contrição pelo que "nós" fizemos um século atrás. Na obra de William Faulkner *Réquiem por uma freira*, mescla de romance e teatro, um de seus personagens afirma: "O passado nunca está morto. Nem mesmo é passado." O mesmo Faulkner lida com temas sobrepostos em um romance anterior, intitulado *Desça, Moisés*. Notadamente, esse romance versa sobre relações raciais nos Estados Unidos. Em um discurso, durante a sua campanha presidencial, Barack Obama abordou esses temas e, com efeito, incentivou o povo dos Estados Unidos a decidir que era chegada a hora de deixar o passado no passado. Naquele que a **Torá** apresenta como o derradeiro, supremo e, certamente, mais longo discurso de toda a sua vida, Moisés começa encorajando Israel a não esquecer o seu passado.

Conta-se que, certa feita, Winston Churchill foi questionado sobre quanto tempo ele dedicava à preparação de um discurso. Depende de quão longo o discurso deve ser, ele respondeu. Para um discurso de dois minutos, ele apreciava ser avisado com dois dias de antecedência. Para um discurso de trinta minutos, bastava avisá-lo meia hora antes. No caso de um discurso de duas horas, ele já estava pronto. Moisés, aqui, começa um discurso final cuja duração, decerto, levaria bem mais de duas horas; é possível que você considere pouco provável que ele, realmente, tenha feito o discurso dessa forma. Trata-se de um relato sistemático da fé e da vida de Israel nesse momento crucial da história, quando Israel está às portas da terra prometida. O discurso sumariza o que significará ser Israel. Como seções anteriores da Torá, ele faz referência a questões futuras que ainda demorarão a surgir, como a escolha de um rei, e distinguir entre profetas verdadeiros e falsos. Às vezes, ele toma outra direção em questões já cobertas na Torá, tais como o devido tratamento aos servos contratados e a celebração dos festivais anuais de peregrinação. Ao longo dos séculos, o Espírito Santo guiou a comunidade na tratativa dos assuntos de maneiras variadas, de acordo com a mudança das circunstâncias, e em resposta a novas questões não presentes ao tempo de Moisés. Essas palavras constituíam formas de compreender a fé e a vida que estavam em concordância com a vida de Israel como ela era no início, nos dias de Moisés. Elas são expressas como se o próprio Moisés as proclamasse, mas Deuteronômio retrata o líder falando aos israelitas "do outro lado do Jordão": em outras palavras, o autor vive "deste lado do Jordão", em **Canaã**.

Na época em que Deuteronômio foi escrito, Israel fazia parte do Império **Assírio**, e a sua expressão sobre a fé e a vida de Israel faz uso de um pouco da experiência daquele período. Os assírios tinham um modelo definido de formular tratados que regiam as relações entre eles e os povos a eles subordinados, e Deuteronômio formula o relacionamento de **aliança** entre Deus e Israel como se fosse um desses tratados. No devido tempo, os tratados passam a declarar a atitude básica que o subordinado deve assumir perante o rei assírio e a apresentar alguns exemplos concretos do que a submissão ao rei envolve; Deuteronômio fará o mesmo quanto às expectativas de Deus em relação a Israel. Antes disso, os tratados trazem um relato das relações no passado recente entre o rei assírio e o subordinado, o que fornece a base para o que virá a seguir. Esse é o modelo seguido por Deuteronômio, que principia-se com um resumo da história, desde o Sinai, estabelecendo o cenário para as expectativas apresentadas nos capítulos subsequentes.

O livro de Deuteronômio refere-se ao conteúdo do discurso de Moisés como "o seu ensino", usando a palavra *torah*. Tradicionalmente, as traduções utilizam o termo *lei*, mas a narrativa inicial do que tem ocorrido no passado indica que a Torá inclui mais do que isso. Poder-se-ia esperar que o relato se iniciasse no passado distante, desde Abraão, Isaque e Jacó, ou desde a saída do Egito. Iniciar a partir da saída do povo do monte Horebe (outro nome para Sinai) tem uma importância particular para o povo prestes a entrar em Canaã, bem como para as pessoas que ouviam a leitura de Deuteronômio, séculos depois. A Torá espera que os israelitas vivam à luz do que Deus fez em Horebe/Sinai, mas eles não estavam presentes lá. Portanto, não ouviram então Deus falar ao povo. Aqui, Moisés estabelece uma ligação entre a geração posterior e a geração do Sinai, como se "Deus tivesse dito a *nós*, em Horebe", que era chegada a hora de partir de lá e iniciar a nossa jornada rumo à terra prometida.

O capítulo inicial de Deuteronômio, portanto, resume a história narrada em Números, embora dê o seu próprio toque a ela, como sempre ocorre quando alguém reconta uma história. O resumo coloca mais ênfase sobre a responsabilidade do povo pelo que ocorreu durante aquela jornada. Moisés, nos versículos 11-18, discorre sobre a pressão que ele tinha sobre si pela carga de conduzir os israelitas e incumbi-los de escolher alguns líderes adicionais (cf. Números 11 e Êxodo 18). Os versículos 19-36 atribuem ao povo a ideia de enviar os espias para reconhecimento da terra (cf. Números 13). O versículo 37 explicita que a pressão colocada pelo povo em Moisés é que o levou a ser alvo da ira de Deus e a consequente declaração divina de que, como os israelitas que saíram do

Egito, ele também não entraria em Canaã. A geração que está às portas de Canaã (e cada geração subsequente) é, portanto, desafiada a aceitar a responsabilidade por sua confiança em Deus. Eles precisam ter consciência de que não podem transferir essa responsabilidade aos seus líderes. Deus estabelece a aliança com a comunidade como um todo; Moisés fala "a todo o Israel" (versículo 1).

Quando o versículo 8 diz "eu coloquei a terra à sua frente", o pronome "eu" parece referir-se a Deus, embora a próxima sentença faça referência a Deus na terceira pessoa. Essa alternância é recorrente em Deuteronômio, assim como é comum nos Profetas. Moisés e os profetas falam por Deus e sobre Deus e podem, facilmente, alternar as duas formas de falar.

DEUTERONÔMIO **1:46–3:29**
NÃO, MAS...

[46][Moisés continuou] "Depois de vocês permanecerem em Cades por longo tempo, [2:1]nós partimos e seguimos em movimento no deserto pelo caminho do mar de Juncos, conforme *Yahweh* me falou. E, por um longo tempo, circundamos a região montanhosa de Seir. [2]Então, *Yahweh* me disse: 'Vocês têm circundado essa região montanhosa por um longo tempo. Partam para o norte.'"

[Nos capítulos 2 e 3, Moisés prossegue resumindo a jornada até a fronteira de Canaã e as vitórias sobre Seom e Ogue.]

CAPÍTULO 3

[21]"Naquela ocasião, eu ordenei a Josué: 'Os seus olhos viram tudo o que *Yahweh*, o seu Deus, fez a esses dois reis. Assim, *Yahweh* fará a todos os reinos pelos quais vocês estão atravessando. [22]Vocês não terão medo deles, porque *Yahweh*, o seu Deus –, batalhará por vocês.' [23]Naquela ocasião, pedi por graça a *Yahweh*: [24]'Meu Senhor *Yahweh*, tu mesmo começaste a

deixar o teu servo ver a tua grandeza e a tua mão forte. Quem é o Deus nos céus ou na terra que faz coisas como os teus poderosos feitos? [25]Posso eu atravessar e ver a boa terra do outro lado do Jordão, essa boa região montanhosa e o Líbano?' [26]*Yahweh* irou-se contra mim por causa de vocês, porque não me ouviram. *Yahweh* disse: 'Isso é o bastante de você. Nunca mais fale comigo sobre esse assunto. [27]Suba ao topo do Pisga, eleve os seus olhos nas direções oeste, norte, sul e leste. Veja com os seus olhos, porque você não atravessará esse Jordão. [28]Ordene a Josué, ajude-o a ser forte e permanecer firme, porque ele é que atravessará à frente deste povo e que os alocará na terra que você verá.' [29]Assim, permanecemos no vale, próximo a Bete-Peor."

No início deste comentário, observei que Ann, a minha esposa, faleceu pouco antes de eu começar a escrevê-lo. Ela sofreu com os efeitos da esclerose múltipla por 43 anos. No domingo seguinte à sua morte, o programa de leituras da Escritura incluía o relato de Paulo, em 2Coríntios 12, sobre a sua súplica para que Deus removesse um "espinho na carne", uma dificuldade com a qual o apóstolo convivia (não sabemos o que era). Deus não atendeu aos seus pedidos, mas prometeu: "A minha graça é suficiente para você. O meu poder é aperfeiçoado na fraqueza." Nos anos iniciais, a enfermidade não afetou Ann de maneira significativa, contudo, mais tarde, progressivamente, ela foi perdendo as suas habilidades físicas, a sua capacidade de memorização e, assim por diante, tornando-se, para a maioria das pessoas na Califórnia, uma figura silenciosa, presa a uma cadeira de rodas. Por mais de três vezes, eu e outras pessoas suplicamos a Deus para remover essa enfermidade de Ann, mas Deus nos respondeu com a mesma palavra. Com base no que foi falado por pessoas, durante a sua vida e mesmo após a sua morte, sei que Ann ministrou silenciosamente a centenas de pessoas. Deus declinou de atender às nossas orações por ela, assim como ocorreu com Paulo, mas Deus não ficou, simplesmente, de braços cruzados.

Moisés passa por essa experiência quando pede permissão para ir com o povo até **Canaã**. Deus responde negativamente à sua oração, mas Moisés não se sentirá frustrado por pedir, porque a sua oração leva Deus a permitir que ele possa contemplar a terra prometida a distância, do cume do Pisga, na região montanhosa próxima. A sua oração alterou os planos divinos quanto ao que deveria acontecer; Moisés não teria tido essa experiência caso não tivesse orado. Talvez a resposta de Deus "Não, mas...", tenha contribuído para Deuteronômio retratar Moisés como alguém que chegou a bom termo com a forma de Deus lidar com ele. A atitude divina não o tornou mais amargo ou ressentido; Moisés concentra-se em sua missão, que é a de assegurar a entrada do povo em Canaã e, portanto, garantir que Josué esteja bem preparado para realizar aquela tarefa que, na realidade, Moisés desejava terminar.

Moisés fez o possível para fugir à convocação de Deus e continuar a sua pacata vida como pastor de ovelhas, mas fracassou. Ele não imagina quanto a sua liderança é monumentalmente importante para a história de todo o mundo. Pelo que podemos constatar, ele atribui a si mesmo um sentido de realização muito pequeno, o que lhe acarreta um grande sofrimento, e é assim que terminará. Números deixa bem claro que foi por sua própria ação que ele perdeu a possibilidade de entrar em Canaã. Uma vez mais, Deuteronômio refina a história. É possível também dizer que é por causa do povo que Moisés foi impedido de pisar na terra prometida. Os israelitas o levaram à sua ação que resultou nesse fim (veja Números 20). Eles já haviam se recusado a ouvir as suas tentativas de fazê-los acreditar que Deus os conduziria à Canaã (Números 13–14). O destino de Moisés está ligado ao deles. A sua missão era tirá-los do **Egito** e levá-los a Canaã. Se a geração que deixou o cativeiro egípcio não irá entrar em Canaã, como pode o líder deles entrar? Deus é firme com Moisés, assim como será com Jesus e com indivíduos como Pedro e Paulo. É extraordinário que Moisés peça por graça e não seja atendido! Deus, regularmente, toma decisões sobre o que fazer não apenas com base no que as pessoas desejam, mas à luz de um quadro maior ao qual elas estão sujeitas. Os líderes não são importantes, mas Deus e o seu povo é que importam.

Tipicamente, o Antigo Testamento estabelece esse ponto ao descrever Moisés não como um líder, mas como um servo — não das pessoas, mas de Deus. Isso fornece o quadro para a oração de Moisés, pois ele ora como um servo ao seu senhor. Isso tanto torna a sua oração possível (os senhores têm obrigações para com os seus servos) quanto estabelece restrições para o que ele pode esperar (no fim, a agenda do senhor é que prevalece). Deus ameniza essa aspereza ao não atender o que Moisés pede, mas, na realidade, ele não dá nada.

Trata-se de uma característica recorrente da reação de Deus diante da transgressão; isso lembra Deus providenciando roupas para Adão e Eva, bem como prometendo proteção ao assassino Caim. Também é uma particularidade recorrente da oração no Antigo Testamento. Deus não responde com um "Sim", "Não" ou "Espere" (como, às vezes, é sugerido); Deus declina de atender ao que a oração pede, mas se compromete a fazer outra coisa. A oração é quase uma espécie de negociação, como, por exemplo, quando Abraão orou por Sodoma. Igualmente, é como um argumento, no qual Deus pode se zangar (Deuteronômio, explicitamente, usa palavras similares para o pedido de Moisés de "atravessar" o Jordão e de Deus ficar “atravessado” com a sua petição). A oração, afinal de contas, envolve falar com o nosso Pai, e os pais, às vezes, zangam-se, porém isso não impede os filhos sábios de lhe fazerem pedidos.

Enquanto o capítulo inicial cobre a jornada do Egito ao Sinai e, então, a Cades, que levou aos quarenta anos de peregrinação errante, os capítulos 2 e 3 focam a etapa de encerramento da jornada, de Cades até a campina de Moabe, especialmente a passagem dos israelitas pelos territórios de seus primos edomitas, moabitas e amonitas, e então as vitórias sobre os reis **amorreus** a leste do Jordão. Apesar da hostilidade deles, Israel não deve tomar posse da terra de seus primos. Moisés, de fato, observa como Deus esteve envolvido na maneira pela qual Edom, Moabe e Amom (e mesmo os filisteus) ganharam a terra deles. A atividade do Deus de Israel não estava restrita apenas a Israel. ***Yahweh*** é o Deus de todas as nações e está envolvido no destino de todas elas. Desse modo, Israel não tinha o direito de tomar posse das terras deles.

Em contraste, Deuteronômio retrata as vitórias sobre os reis amorreus como parte do plano divino (em Números, eles ocorrem puramente em consequência da hostilidade dos amorreus). Eles caíram na armadilha de Deus ao recusarem a proposta de **paz** de Israel. É como se Deus estivesse tentando os amorreus a atacar os israelitas, a ideia expressa ao falar em Deus fortalecendo a vontade deles ou “endurecendo o coração deles”. Isso não significa que Deus os forçou a algo que eles não desejavam fazer. Eles mesmos tomaram a decisão, porém o fizeram em resposta a uma tentação à qual deveriam resistir com sabedoria. Essa ação de Deus era parte do plano divino de trazer julgamento sobre eles por causa de sua transgressão. A ideia de que Deus estava, portanto, julgando os amorreus por sua desobediência ao comissionar os israelitas a derrotá-los remonta à história de Abraão (Gênesis 15:16).

Para os israelitas de gerações posteriores, ao ouvirem a leitura desses capítulos, um ponto adicional emerge. Eles estão acostumados a relações conturbadas com Edom, Moabe e Amom, mas a informação de que os seus ancestrais não deveriam provocá-los ou lutar contra eles faria, certamente, algumas sobrancelhas se erguerem entre os ouvintes. Por outro lado, a informação de que deveriam lutar contra os amorreus não tinha nenhuma importância contemporânea, pois não havia mais nenhum poder amorreu ou cananeu presente em seus dias. Deuteronômio, portanto, não encorajaria a ideia de que Israel deve lutar contra outros povos locais após a entrada em Canaã.

DEUTERONÔMIO **4:1-49**
A ATRAÇÃO DE IMAGENS

[1]"Agora, Israel, ouça as regras e decisões que lhes estou ensinando a guardar, para que vocês possam viver, entrar e tomar posse da terra que *Yahweh*, o Deus de seus ancestrais, está lhes dando. [2]Não acrescentem nada à palavra que estou lhes ordenando, ou dela nada retirem, no cumprimento aos mandamentos de *Yahweh*, o seu Deus, que eu estou exigindo de vocês. [3]Os seus olhos viram o que fiz ao [à cidade do] Mestre de Peor, que *Yahweh*, o seu Deus, eliminou dentre vocês todo indivíduo que seguiu o Mestre de Peor, [4]mas todos vocês que aderiram a *Yahweh*, o seu Deus, estão vivos hoje. [5]Vejam, eu lhes ensinei as regras e as decisões conforme *Yahweh*, o seu Deus, me ordenou para que vocês as observassem na terra em que estão entrando para tomar posse. [6]Tenham o cuidado de observá-las, porque isso será a sua sabedoria e o seu discernimento aos olhos dos povos, que ouvirão sobre todas essas regras e dirão: 'Essa grande nação é, realmente, um povo sábio e discernente.' [7]Pois que grande nação há que possua um Deus próximo como *Yahweh*, o seu Deus, sempre que o chamamos? [8]Que grande nação há

que possua regras e decisões tão fiéis quanto esse ensino que estou apresentando a vocês hoje? [9]Apenas cuidem-se e tenham muito cuidado de não removerem da sua mente as coisas que os seus olhos viram e, assim, elas não se desviem da sua mente por todos os dias de sua vida. Façam-nas conhecidas aos seus filhos e aos seus netos."

[Nos versículos 10-14, Moisés continua a sublinhar esse ponto.]

[15]"Tenham muito cuidado consigo mesmos, porque vocês não viram nenhuma forma no dia em que *Yahweh* lhes falou do meio do fogo, em Horebe, [16]para que não se tornem perversos e façam para si uma escultura modelada (qualquer figura, a forma de um homem ou de uma mulher, [17]a forma de qualquer animal sobre a terra, a forma de qualquer pássaro alado que voe nos céus, [18]a forma de qualquer coisa que se move sobre o solo, a forma de qualquer peixe nas águas abaixo da terra), [19]e, assim, não elevem os seus olhos e vejam o sol, a lua e as estrelas, todo o exército nos céus, e se desviem, se curvem a eles e os sirvam. *Yahweh*, o seu Deus, os distribuiu para todos os povos debaixo dos céus, [20]mas *Yahweh* os tomou e tirou da fornalha de ferro, do Egito, para que sejam um povo para ele, dele mesmo, neste mesmo dia."

[Nos versículos 21-49, Moisés sublinha ainda mais esse ponto, adverte quanto às consequências de ignorá-lo, mas também promete que o povo poderá sempre retornar.]

Há duas ou três semanas, tirei alguns dias de descanso e dirigi de Los Angeles para Monterey, usando a rodovia costeira. Sempre ouvi dizer que era uma rota belíssima e, de fato, é. Na segunda noite, parei em um hotel de beira de estrada e, enquanto regularizava a minha hospedagem com o gerente, percebi que atrás do balcão de atendimento havia um retrato da Madre Teresa de Calcutá, com uma série de imagens de deuses com forma parcialmente humana, mas rotundos e com inúmeros braços. Na manhã seguinte, durante o desjejum, o gerente confirmou que era hindu e me submeteu a um longo sermão, cobrindo grande parte do conteúdo do Sermão do Monte. Isso ficou na minha mente, bem como as imagens dos deuses. O uso de tais imagens na adoração é uma característica regular das religiões, assim como também era na prática religiosa de Israel, mas contra a aprovação do Antigo Testamento.

Deuteronômio, aqui, depois de relembrar os eventos ocorridos nos últimos quarenta anos, citando como o relacionamento entre Deus e Israel estivera funcionando, passa a declarar as expectativas sobre como essa relação deve operar no futuro. Isso, em parte, é construído sobre aquela recordação inicial. Um dos aspectos é que Israel não deve fazer imagens, estátuas, figuras ou formas. A multiplicidade de termos mostra quão abrangente Deuteronômio deseja ser, e a lista de objetos que as pessoas talvez busquem representar possui o mesmo efeito. Não se trata de um banimento da representação artística, embora possa transmitir a visão de que é melhor prevenir do que remediar, e muitos intérpretes judeus têm pensado ser mais sábio manter a máxima distância de uma potencial transgressão do que buscar formas de manter a letra da lei, mas evitando o seu espírito.

O espírito da **Torá** é que a adoração precisa refletir a maneira pela qual Deus tem aparecido a nós e agido entre nós. Israel não viu forma alguma no Sinai – nem humana, nem animal. Eles simplesmente ouviram uma voz falando. Deus é capaz de aparecer em forma humana, como já apareceu diante de Abraão e de Jacó, bem como o Antigo Testamento, algumas vezes, utiliza imagens de animais para descrever Deus (Deus é um leão ou um touro). No entanto, Deus não apareceu sob forma humana no Sinai, muito menos sob forma animal, e representar Deus em forma de estátua, como um homem ou um animal, está fadado a ser uma representação equivocada da Divindade. Os povos entre os quais os israelitas irão viver usavam formas humanas ou animais para representar Deus. Eles também viam os planetas e as estrelas como deuses virtuais, entidades que determinavam o que ocorria na terra. Havia muito mais do que uma tentação na ideia de tentar descobrir o que esses deuses pretendiam fazer e, assim, permanecer do lado certo deles. Deuteronômio também proíbe isso. O Deus que apareceu no Sinai é o único Deus.

No mínimo, esse Deus é o único Deus para Israel. Não se pode culpar os **cananeus** por acreditarem que está certo confeccionar estátuas para representar os seus deuses, nem os **babilônios** por crerem que as estrelas e os planetas governam o que acontece aqui em nosso planeta; eles não estavam presentes no Sinai. Por enquanto, Deus tem deixado esses povos apenas com aqueles recursos religiosos. Somente quando Deus usar Israel para capacitá-los a ver que há coisas maiores a serem ditas sobre Deus é que esses povos poderão ser inseridos em um quadro mais amplo. Então, (Moisés indica) eles estarão em condições de se maravilharem com o discernimento expresso pela Torá, o grande quadro de Deus, e do relacionamento divino conosco que ela oferece.

É fácil pensar que as imagens tornam Deus mais acessível, pois elas oferecem algo concreto com que se relacionar. Deuteronômio vê as coisas de outra forma. A Torá apresenta um retrato maior de Deus e também o apresenta como sempre acessível. É possível falar com esse Deus e obter uma resposta. Deus fará algo quando você precisar da ação divina. Isso não é como falar a uma estátua. As regras sobre a relação com Deus, que ele mesmo instrui, não são restrições negativas, mas expressões da **fidelidade** divina, porque elas possibilitam que esse relacionamento funcione.

Quando Deuteronômio passa da recordação para a exortação, o livro introduz um de seus motivos característicos. Ele não pode decidir se vai falar a toda a comunidade como um todo ou aos seus indivíduos. O livro fala tanto sobre vigiar no individual quanto no coletivo. Ambos são importantes. A comunidade é uma entidade; a igreja é igual. A comunidade deve estar atenta às suas atitudes como um corpo, pois elas afetam e influenciam cada integrante individualmente. Os israelitas também são pessoas individuais, e o mesmo ocorre com os cristãos; eles precisam assumir a responsabilidade por sua conduta. Os membros não podem atribuir essa responsabilidade à comunidade israelita ou ao corpo da igreja para agirem da maneira certa, nem devem usar o corpo da igreja como desculpa por sua má conduta. Deve haver um ciclo de retroalimentação operando entre cada indivíduo e a comunidade, ou seja, a comunidade forma o indivíduo e, por seu turno, o indivíduo forma a comunidade.

Moisés vê a obediência como a chave para a vida. Isso tem sido mal interpretado. Nos tempos do Novo Testamento, havia cristãos propagando que, para se tornar um genuíno cristão, era preciso estar preparado para obedecer fielmente à Torá; caso contrário, a pessoa não se tornaria genuinamente cristã, e a salvação não seria possível. Isso levou Paulo a ser enérgico em sua palavra (veja Romanos 10). Como o apóstolo indica, o Antigo Testamento considera que a graça de Deus e a resposta de confiança é que salva o indivíduo, embora também admita que, uma vez inserido no povo de Deus, fazer o que Deus diz é algo imprescindível para a vida. Esse é o ponto de Deuteronômio. Pelo fato de algumas regras de Deus (como a proibição de imagens) poderem parecer contraintuitivas, é importante que Israel mantenha viva a lembrança delas e assegure que essas regras sejam transmitidas de geração em geração.

DEUTERONÔMIO 5:1-15
NÃO COM OS NOSSOS PAIS

[1]Moisés proclamou a todo o Israel: "Ouça, Israel, as regras e decisões que eu estou lhes apresentando hoje. Aprendam-nas e tenham o cuidado de observá-las. [2]*Yahweh*, o nosso Deus, selou uma aliança conosco, em Horebe. [3]Não foi com os nossos pais que *Yahweh* selou essa aliança, mas conosco, com essas pessoas aqui hoje, todos nós que estamos vivos. [4]Face a face, *Yahweh* falou comigo no monte, do meio do fogo ([5]eu fiquei entre Y*ahweh* e vocês, naquela ocasião, para lhes contar a mensagem de *Yahweh*, porque vocês tiveram medo do fogo e não subiram ao monte): [6]'Eu sou *Yahweh*, o seu Deus, que os tirou do Egito, da casa de servos. [7]Para vocês, não haverá outros deuses além de mim. [8]Não farão para si mesmos uma estátua de qualquer forma nos céus acima, na terra abaixo, ou nas águas debaixo da terra. [9]Não se curvarão a eles ou os servirão. Porque eu, *Yahweh*, o seu Deus, sou um Deus zeloso, que visita a transgressão dos pais sobre os filhos, até a terceira e quarta geração das pessoas que se opõem a mim, [10]mas mantém o compromisso com milhares, para pessoas que se entregam a mim e guardam os meus andamentos. [11]Não elevarão o nome de *Yahweh*, o seu Deus, com respeito a algo vazio, porque *Yahweh* não absolverá alguém que eleva o seu nome a algo vazio. [12]Guardem o dia de sábado, santificando-o como *Yahweh*, o seu Deus, lhes ordenou. [13]Vocês podem servir seis dias e realizar todo o seu trabalho, [14]mas o sétimo dia pertence a *Yahweh*, o seu Deus. Não farão nenhum trabalho, vocês, o seu filho ou a sua filha, os seus servos e as suas servas, o seu boi, o seu jumento, qualquer animal de seu gado, ou o estrangeiro que vive em seu assentamento, para que os seus servos e as suas servas possam descansar como vocês. [15]Devem manter na mente que vocês foram servos no Egito, mas *Yahweh*, o seu Deus, os tirou de lá com mão forte e braço estendido. Eis por que *Yahweh*, o seu Deus, lhes ordenou observar o dia de sábado.'"

Nesta semana, li um *e-mail*, enviado por um aluno que agora está fazendo um trabalho de graduação em outro lugar: "Na segunda-feira, pedi demissão do emprego por estar dormindo, em média, quatro horas por noite e por ter pego dois resfriados nas duas primeiras semanas de escola. Melhor decisão do ano." Na semana passada, durante uma sessão introdutória sobre a vida no seminário aos nossos novos alunos, alguém pediu conselhos sobre como permanecer em boa forma, num sentido mais amplo do que apenas físico. Minha resposta foi: "Tenha um dia de folga." Por motivos financeiros, é muito raro os estudantes não trabalharem sete dias por semana, várias horas por dia, mas, então, ficam exauridos, enfermos e deprimidos. Sabemos que muitos outros, no contexto de vida ocidental, estão na mesma posição. Não sou rígido quanto a cumprir um descanso sabático de 24 horas, mas estou em posição de fechar o computador no sábado à tarde e sair para jantar e ouvir música. Então, sirvo à igreja na manhã de domingo e, depois, vou à praia para um almoço e um bom cochilo. Sou mais inflexível quanto a dedicar a parte inicial de cada dia a um tempo consciente na presença de Deus e parar de trabalhar na hora do jantar (especialmente porque é nessa hora que o meu cérebro desliga), exceto quando tenho aulas noturnas.

A **Torá** fornece inúmeros e diferentes motivos para guardar o sábado, mas, em geral, começa com o mandamento para "santificá-lo". Talvez o verbo fosse melhor traduzido por "deixe que seja santo", porque Deus pessoalmente o santificou, lá atrás, na Criação. Deus declarou que o sábado era um dia especial, pois marcava o fim do processo divino da Criação. Foi o dia em que Deus "parou" (o significado etimológico de "sábado"). Deus, então, o reivindicou; ele pertence a Deus, e as pessoas, portanto, devem se abster dele. Agora, a ideia de Deus criar o mundo durante seis dias e, então, tirar um dia de descanso é uma metáfora, de modo que transferir o dia de parada para outro dia ou distribuir o seu descanso de forma descontínua pode ser aceitável. O ponto é santificar algum tempo de descanso, de render algum tempo a Deus e, por conseguinte, reconhecer que todo o tempo pertence a ele. Pode-se também dizer que guardamos o sábado não porque o descanso nos faz bem, mas porque somos chamados a ser semelhantes a Deus. Parar significa olhar em retrospectiva sobre o que estivemos fazendo e admirar isso, assim como Deus fez. A espiritualidade inaciana elogia a ideia de olhar para o dia passado, na hora de dormir, refletindo sobre o que aconteceu e sobre o que fizemos com o nosso dia. Isso pode levar a alguma confissão, mas esse não é o cerne da reflexão; o cerne é contentamento e gratidão. Pode-se fazer isso ao fim de cada dia ou ao término de cada semana.

Enquanto escrevo, chegam relatos sobre discussões a respeito de proibir o uso de computadores de bordo em caminhões, enquanto eles estão em movimento. Como no caso da utilização de telefones celulares, o uso de computadores durante a condução do veículo aumenta significativamente a probabilidade de acidentes. Portanto, proibir o seu uso parece uma decisão sensata. Contudo, não é assim que pensa a indústria de caminhões. A proibição de computadores de bordo resultará numa grande diferença quanto à produtividade que os caminhoneiros podem alcançar em um dia de operação. O que importa é a produção, o que podemos ganhar. Parar por um dia é contracultural por inúmeras razões. Em relação a isso, Deuteronômio enfatiza a responsabilidade das pessoas dotadas de poder na comunidade, os chefes de família que estão, portanto, à frente dos negócios familiares. Eles devem parar por um dia e assegurarem que suas famílias, participantes do negócio familiar, bem como os seus empregados (e animais!)

tenham um dia de descanso. Tal atitude requer fé, supondo, por exemplo, que isso signifique perder uma oportunidade crucial de arar, semear ou colher? Apenas obedeça, diz Deus. Em vez de pressioná-los a trabalhar mais duro, pressione-os a tirar um tempo para o devido descanso.

A forma do mandamento sobre o sábado, portanto, fornece uma pista da forma pela qual esses dez mandamentos são endereçados a pessoas com poder na comunidade. Delas é a responsabilidade de assegurar que ***Yahweh*** seja o único objeto de adoração da família. Isso, igualmente, requer certa fé: suponha que pareça que os **cananeus** podem obter boas colheitas porque buscam o auxílio do deus deles. Apenas obedeçam, diz *Yahweh*. Desses líderes é a responsabilidade de garantir que, em sua adoração a *Yahweh*, as pessoas resistam à inclinação natural de fazer uma imagem de *Yahweh*; o capítulo 4 sugeriu a razão para essa proibição. Ignorá-la resultará em consequências horríveis, não apenas para o cabeça da família, mas para as duas ou três gerações que vivem na família. Assim, apenas obedeça.

O significado de evitar elevar o nome de Deus com respeito a algo vazio não é de uma obviedade imediata. As pessoas elevariam o nome de Deus ao proferirem promessas, entregarem profecias ou fazerem planos. Suponha que elas não cumpram suas promessas ou que os planos sejam elaborados pela própria mente delas. Anexar o nome de Deus a tais promessas, profecias e planos é o que envolve elevar o nome de Deus com respeito a algo vazio (isso nada tem a ver com "blasfêmia", que não incomoda a Bíblia).

Os dez mandamentos já foram apresentados em Êxodo 20; o mandamento do sábado manifesta a maior diferença entre as duas apresentações. Êxodo expõe a sua razão com base na atividade de Deus na Criação. Deuteronômio acrescenta a razão com base na atividade de Deus que resultou na libertação de Israel do **Egito**. O motivo para o cabeça da família preocupar-se com os seus familiares e também com os seus servos (Deuteronômio 15 mostrará como é equivocado referir-se a eles como escravos) é o fato de Israel saber como é ser um servo maltratado. A posição de liderança jamais deveria levar alguém a se esquecer do que é ser um servo. O resgate de Israel do Egito, por Deus, é uma razão mais geral para os dez mandamentos. O próprio *Yahweh* se autodefine como o Deus que tirou o povo daquela posição. Deus, portanto, pode estabelecer a lei para eles, pois eles lhe pertencem.

"Eu os tirei do Egito." Não é bem assim, pois aqueles israelitas não estavam vivos por ocasião da saída. "Deus selou uma **aliança** conosco, em Horebe." Não é bem assim; nós ainda não existíamos. No entanto, Deus e Moisés declaram com flagrante clareza que foi "com vocês", "conosco". Há uma canção que pergunta: "Were you there when they crucified my Lord?" [Você estava lá quando eles crucificaram o meu Senhor?] A canção convida as pessoas a responderem "Sim", ainda que num sentido literal a resposta seja "Não". Embora a canção e o capítulo convidem as pessoas a um ato de imaginação, eles implicam muito mais do que isso. Se Jesus não tivesse morrido lá atrás, *nós* não seríamos livres. Caso Deus não tivesse resgatado Israel lá atrás, as gerações posteriores de israelitas não estariam livres. Se Deus não tivesse selado uma aliança com Israel lá atrás, as gerações posteriores de israelitas não estariam em uma relação de aliança com Deus. Na realidade, eles estavam lá, no Egito e no Sinai, no ventre de suas mães. Não foi (apenas) com aquela geração que Deus estabeleceu a aliança. Desse modo, eles estão obrigados a aceitar o desafio de guardar as regras de Deus e de viver pelas decisões que Deus tomou sobre o que as pessoas deveriam ou não fazer.

DEUTERONÔMIO 5:16-33
SE APENAS...

[16]"Honrem o seu pai e a sua mãe como *Yahweh*, o seu Deus, lhes ordenou, para que possam viver longamente e ir bem na terra que *Yahweh*, o seu Deus, lhes está dando. [17]Não matarão. [18]Não serão adúlteros. [19]Não furtarão. [20]Não darão um testemunho vazio contra o seu próximo. [21]Não desejarão a esposa do seu próximo. Não ansiarão a casa ou o campo do seu próximo, o seu servo ou a sua serva, o seu boi ou o seu jumento, ou qualquer coisa do seu próximo.

[22]"Essas palavras *Yahweh* falou a toda a sua congregação no monte, do meio do fogo (a nuvem e a escuridão profunda), com alta voz, e não acrescentou nada. Ele as escreveu em duas tábuas de pedra e as deu a mim. [23]Quando vocês ouviram a voz do meio da escuridão, e o monte estava resplandecendo em chamas, vocês se achegaram a mim, todos os cabeças de seus clãs e os anciãos, [24]e disseram: 'Ora, *Yahweh*, o nosso Deus, mostrou-nos a sua honra e a sua grandeza, e ouvimos a sua voz do meio do fogo. Nesse dia, vimos que Deus pode falar com um ser humano e que este pode viver. [25]Então, agora, por que deveríamos morrer, pois esse grande fogo irá nos consumir? Se continuarmos a ouvir *Yahweh*, o nosso Deus, nós morreremos. [26]Pois quem há, de toda a humanidade carnal, que ouviu a voz do Deus vivo falando do meio do fogo, como nós, e viveu? [27]Aproxime-se, você, e ouça tudo o que *Yahweh*, o nosso Deus, diz, e você pode nos falar tudo o que *Yahweh*, nosso Deus, lhe falar, e nós ouviremos e faremos isso.' [28]*Yahweh* ouviu o som de suas palavras quando vocês me falaram.

"*Yahweh* me disse: 'Eu ouvi o som das palavras deste povo que eles lhe falaram. Em tudo, eles falaram bem. [29]Oh, que essa seja a mente deles de, em todo o tempo, me reverenciarem e guardar todos os meus mandamentos, para que possa sempre correr bem para eles e para os seus filhos. [30]Vá, diga-lhes: "Voltem às suas tendas." [31]Mas você fique aqui comigo e eu lhe falarei todo mandamento, as regras e decisões que você deve ensinar a eles, para que as observem na terra que lhes estou dando para dela tomarem posse.' [32]Vocês devem ter o cuidado de fazer conforme *Yahweh*, o seu Deus, lhes ordenou. Não virem para a direita, nem para a esquerda. [33]Devem andar em todo o caminho que *Yahweh*, o seu Deus, lhes ordenou, para que possam viver e tudo ir bem para vocês, e que possam viver por muito tempo na terra da qual devem tomar posse."

Ontem, participei do culto que mencionei em minha abordagem de Deuteronômio 1, no qual a Igreja Episcopal de Los Angeles expressou a sua contrição pelo racismo que a tem caracterizado, encorajando a segregação e tolerando a discriminação no seio da diocese desde a sua fundação, em 1896. Ela também expressou o arrependimento por sua ampla identificação com uma denominação que aceitou a escravidão e tomou a forma da sociedade em vez de agir como um defensor dos oprimidos, não lucrar com a opressão deles. Hoje, parece assustador que igrejas cristãs pudessem ler a Escritura, a cada domingo, bem como os seus membros a lessem, privadamente, a cada dia, sem conseguirem enxergar o conflito entre a mensagem bíblica e a forma de a igreja e a sociedade funcionarem. É possível ouvir e não escutar, ou escutar e, no entanto, não ouvir.

Em Deuteronômio 5, Moisés, Deus e o povo falam muito sobre ouvir. Os israelitas ouviram Deus falar, mas consideram ser perigoso continuar ouvindo. Quão certos eles estão! Ouvir a voz de Deus é tão perigoso quanto não ouvir. Se a voz de Deus pode romper tímpanos, isso constitui um símbolo do conteúdo perigoso daquilo que Deus profere. Deixemos que Moisés ouça a voz de Deus, e nós ouviremos Moisés. Deus diz: "Se apenas." Literalmente, Deus está dizendo: "Quem garante que essa será a mente deles?" Pode-se imaginar que Deus é o único capaz de garantir isso, embora as palavras de Deus sugiram que nem mesmo ele pode forçar as pessoas a agirem da forma correta. É possível elevar a voz ou gritar para fazer as pessoas ouvirem, mas não se pode obrigar as pessoas a darem ouvidos. Deus pode ter se agradado da reverência deles, subentendida no desejo de não serem pessoalmente confrontados pelas palavras divinas e a declarada disposição de ouvir por meio de Moisés e obedecer. Mas isso, de fato, ocorrerá? Existe o ouvir genuíno e o mero escutar. O hebraico, na realidade, utiliza o mesmo termo para ouvir, escutar e obedecer. São três ações distintas; contudo, quando a humanidade está funcionando corretamente, elas são três aspectos da mesma ação. Se apenas.

O culto de ontem enfatizou como a igreja compartilhou dos benefícios econômicos do sistema escravocrata e do contínuo subjugo dos afro-americanos. Não obstante, a cada domingo, a igreja relia os Dez Mandamentos, com seu devastador golpe de misericórdia. "Não desejarás" ou, na versão mais familiar, "Não cobiçarás". A cobiça estava presente no fundamento da escravidão e permanece sendo o alicerce da nossa economia. Se a nação parar de cobiçar e de buscar satisfazer todos os seus desejos, o seu sistema financeiro não consegue sobreviver, pois ele depende do consumo das pessoas, possuam elas ou não o dinheiro ou mesmo a necessidade. Um noticiário recente enfatizou o crescimento exponencial, nos Estados Unidos, do aluguel de espaço ou de depósitos para armazenagem de objetos [*self-storage*]. Segundo o artigo, há, nesse país, metros quadrados suficientes para abrigar toda a população norte-americana. O que as pessoas estão armazenando? Com frequência, armazenam seus móveis antigos, porque ainda estão em boas condições e os proprietários não querem simplesmente jogá-los fora. Mas, então, porque compraram mobílias novas? Na realidade, as pessoas se renderam à pressão constante da cobiça, oriunda dos anúncios da TV ou de alguma outra mídia.

O uso tradicional, nas versões bíblicas, do termo "cobiça" e a sua associação com esposas, casas, campos, serviçais e animais sugerem que a advertência do mandamento quanto ao desejo de um homem pela esposa alheia tem como preocupação algo mais do que o desejo sexual. Uma esposa é um ativo, uma colega na condução do negócio familiar. Provérbios 31 apresenta uma ampla gama de descrições de trabalho para a esposa ideal, e o sexo não está entre essas atividades (embora Provérbios também teça críticas ao adultério). Caso seja o cabeça de uma família, cabe a você cuidar dos negócios familiares. Mas, se você apenas tivesse a esposa daquele homem no fim da rua, que parece muito mais competente...; se você apenas tivesse a casa dele, que, talvez, tenha um telhado com menos goteiras ou mais espaço para os animais...; se você apenas possuísse a terra dele, que parece ter um solo mais fértil que a sua terra...; se você apenas tivesse os servos dele, que parecem trabalhar mais pesado que os seus...; se você apenas tivesse os animais que ele tem, que pareçam mais fortes que os seus...

O que há de tão errado em desejar? O décimo mandamento divide-se em quatro e, ao fazer isso, ele aponta a resposta. Desejar ter os ativos de seu próximo pode não parar apenas no desejo, levando a assassinatos, adultério, roubos e trapaças. Por trás das ações existem condutas, de modo que devemos prestar mais atenção às nossas atitudes se, de fato, queremos viver da maneira correta. Especialmente, aprender a estar contente com o que temos constitui a chave para manter relacionamentos corretos com outras pessoas e com a vida.

O mandamento sobre os pais pode, igualmente, ter ligação com o mandamento sobre a cobiça. Como os demais mandamentos, ele será endereçado a homens responsáveis pela vida da família; ele não se refere à obediência de filhos pequenos (embora Deuteronômio espere que os filhos pequenos obedeçam aos seus pais). À medida que os pais envelhecem, menos contribuem com o trabalho requerido pelo negócio da família. Passam a ser inúteis, embora continuem sendo consumidores dos dividendos daquele trabalho. Seria muito tentador negligenciá-los. Uma vez mais, fazer o bem às pessoas está acima das considerações econômicas. Ou melhor, paradoxalmente, esse compromisso, no fim, fará sentido, economicamente falando. É necessário que você confie que Deus está certo a longo prazo. Deuteronômio não afirma que Deus, pessoalmente, fará as coisas funcionarem assim; antes, implica que há uma estrutura moral na maneira de as coisas funcionarem.

A promessa conectada a esse mandamento aponta para outra reflexão. Em Deuteronômio, dentro do papel dos pais, o ensino da fé aos seus filhos é fundamental (novamente, tanto filhos crescidos quanto filhos pequenos). Honrá-los significa aceitar aquele ensino e fundamentar a vida nele. Repetindo, esta é a chave para uma vida que funcione bem.

DEUTERONÔMIO **6:1-25**
OUÇA, ISRAEL

[1]"Este, pois, é o mandamento (as regras e as decisões) que *Yahweh*, o seu Deus, requereu que seja ensinado a vocês, a ser observado na terra à qual estão atravessando para tomar posse, [2]para que possam reverenciar *Yahweh*, o seu Deus, guardando todas as suas regras e mandamentos que eu estou exigindo de vocês — vocês, seus filhos e seus netos — todos os dias de sua vida, e, assim, possam viver longamente, [3]e possam escutar, Israel, e tomar cuidado para agir de modo que tudo corra bem para vocês e cresçam grandemente conforme *Yahweh*, o Deus de seus ancestrais, lhes falou (uma terra que mana leite e mel). [4]Ouça, Israel: *Yahweh*, o nosso Deus, é o único *Yahweh*. [5]Vocês

devem se entregar a *Yahweh*, o seu Deus, com toda a sua mente, toda a sua pessoa e toda a sua força. [6]Estas palavras que estou lhes ordenando hoje devem estar em sua mente.[7]Imprimam-nas em seus filhos e falem a eles quando estiverem em casa e quando estiverem em uma jornada, quando se deitarem e quando se levantarem. [8]Amarrem-nas como um sinal em sua mão. Elas devem ser faixas entre os seus olhos [9]e devem escrevê-las nos batentes das portas de sua casa e em seus portões.

[10]"Quando *Yahweh*, o seu Deus, levar vocês à terra que eu prometi aos seus ancestrais Abraão, Isaque e Jacó, para lhes dar grandes e belas cidades que vocês não construíram, [11]casas cheias de todas as excelentes coisas que vocês não encheram, poços cavados que vocês não cavaram, vinhas e olivais que vocês não plantaram, e comerem e ficarem satisfeitos, [12]cuidem-se de não tirar *Yahweh* da mente, aquele que os tirou do Egito, a casa de servos. [13]Devem reverenciar *Yahweh*, o seu Deus, servi-lo e fazer promessas em seu nome. [14]Não andarão diante de outros deuses, os deuses dos povos que estão ao seu redor, [15]porque *Yahweh*, o seu Deus, que está no meio de vocês, é Deus zeloso, de modo que a ira de *Yahweh*, o seu Deus, não se acenda contra vocês e os destrua da face da terra. [16]Vocês não testarão *Yahweh*, o seu Deus, como o testaram em [o lugar chamado de] Provação."

[Os versículos 17-25 dão seguimento a essa exortação.]

No presente século, muitas pessoas no Ocidente consideram difícil crer que há apenas uma verdade ou um Deus; acham mais fácil acreditar que existem inúmeras versões da verdade ou ângulos sobre a verdade. Todos nós, então, escolhemos uma "verdade" que faça sentido para nós ou que apreciamos. A vida é como um supermercado. No entanto, ao mesmo tempo, os Estados Unidos (pelo menos) estão dilacerados por violentas guerras culturais entre a direita e a esquerda, entre os liberais e os conservadores, os ateus e os cristãos. Afirmar que a minha verdade é tão boa quanto a sua verdade não sugere a convicção de que a sua verdade também é tão boa quanto a minha.

O desafio "Ouça, Israel: *Yahweh*, o nosso Deus, é o único *Yahweh*" constitui uma expectativa central da fé do Antigo Testamento. No judaísmo, isso é conhecido pela palavra para ouvir: é o "Shemá" (a ênfase reside na segunda sílaba; a pronúncia é, praticamente, "Shma"). Trata-se da afirmação central da fé judaica ortodoxa. Como sentença, "*Yahweh*, o nosso Deus, é o único *Yahweh*" funciona no hebraico, o que não acontece em nosso idioma. O hebraico não tem uma palavra para "é", o que permite ter uma sentença desse tipo sem um verbo. Nesse caso, há algumas possibilidades de inserir "é" e produzir uma sentença adequada em nosso idioma. Independentemente da posição em que o verbo seja colocado na sentença, a ênfase permanece clara. Temos a repetição do nome ***Yahweh***, a declaração de que esse Deus é "o nosso Deus" e, então, a afirmação naquela parte de encerramento, "único".

Seria possível descrever o compromisso com *Yahweh* como monoteísta, mas isso levaria a perder o ponto. A ideia de monoteísmo possui raízes em uma preocupação, debatida frequentemente no antigo pensamento grego, sobre se existe uma unidade para toda a realidade ou por trás de toda a realidade. Crer que há um único Deus fornece base para essa convicção. Quando o pensamento judaico e o evangelho cristão vieram a ser expressos em relação a tais questões, o monoteísmo judaico-cristão nasceu. Contudo, a fé do Antigo Testamento não tinha essa questão em seu cenário. Para Israel, a questão não era se há apenas um Deus, mas quem esse Deus é e se as pessoas reconhecem esse Deus e repudiam todos os outros. Declarar que *Yahweh* é único implica que há apenas um único

Deus, mas o foco da afirmação é que *Yahweh* é Deus e que o deus dos **cananeus**, chamado de Mestre, não é Deus. Tais seres são deuses, porém não são Deus. O Antigo Testamento não contesta a existência de muitos seres sobrenaturais, mas reconhece que *Yahweh* pertence a uma classe singular de ser celestial, constituída de um único membro. *Yahweh* é o criador de todos esses outros seres e o único dotado de soberania sobre eles, sem exceção. Eles são subordinados e **ajudantes** de *Yahweh*, embora nem sempre fiéis.

Disso, segue-se outra importante informação. O capítulo 4 observa que, por enquanto, Deus permite que outros povos cultuem diferentes deuses, que são subordinados e servos do Deus real. Para Israel, isso é impossível. *Yahweh* é o único. O primeiro mandamento básico, no capítulo 5, diz respeito a considerar somente *Yahweh* como Deus. O capítulo 6 reforça esse mandamento. Tanto esse mandamento quanto aquele sobre imagens, no capítulo 4, estão relacionados às tentações que assaltarão Israel ao longo dos séculos vindouros. Próximo ao fim do período do Antigo Testamento, Israel terá obtido a vitória sobre essas tentações, mas isso custará a melhor parte do milênio após os dias de Moisés.

Nas traduções tradicionais, a afirmação prossegue proclamando Israel a “amar” *Yahweh*, mas esse verbo sugere essencialmente emoções. O modo com o qual Moisés qualifica a palavra pressupõe um significado mais amplo. Devemos “amar”, ou nos dedicar, ou nos entregar a Deus, com toda a nossa mente, todo a nossa pessoa e toda a nossa força. A palavra para “mente” é, literalmente, “coração”; todavia, uma vez mais, em nosso idioma o termo “coração” sugere emoções. Usualmente, tanto no Antigo Testamento quanto no Novo, não é assim. O coração significa a pessoa interior como um todo, com uma referência particular a pensar em coisas, formar atitudes e tomar decisões. A palavra para "pessoa", em geral, é traduzida por "alma", porém isso não denota a alma como oposta ao corpo, mas toda a pessoa, com toda a sua vida. O compromisso ao qual Moisés está exortando é uma autoentrega, uma renúncia, que envolve toda a energia e todo o foco da pessoa. É exclusivo em detrimento de qualquer outra lealdade.

Há, no entanto, outra palavra complexa a ser observada. Moisés quer que Israel "reverencie" *Yahweh*. As traduções, com frequência, ao traduzirem essa palavra hebraica, utilizam o verbo "temer"; isso abrange tanto a ideia negativa de ter medo quanto a ideia positiva de reverenciar. Ocasionalmente, isso representa estar com medo de Deus, e o fim da leitura adverte as pessoas de que a infidelidade a Deus dará plenos motivos para terem tal sentimento, mas o Antigo Testamento considera o temor a Deus nesse sentido geralmente desnecessário, enquanto vê a reverência positiva a Deus como importante. Como ocorre com amor (e ódio), então não se trata de uma mera questão de sentimento, mas de ação. A reverência motiva e subentende obediência.

Outras duas palavras importantes nessa passagem são, normalmente, traduzidas por "esquecer" e "lembrar". Uma vez mais, essas palavras sugerem ação, não apenas coisas ocorrendo dentro de nossa cabeça. Esquecer as ações e palavras de Deus significa ignorá-las, ao passo que lembrá-las significa viver à luz delas. Ambos os verbos denotam algo deliberado, não acidental. Esquecer implica tirar da mente; lembrar significa conscientemente manter na mente. Portanto, Deuteronômio encoraja os israelitas a manterem formas de assegurar essa lembrança. Eles devem falar constantemente das ações e palavras de Deus, em casa ou durante as jornadas, pela manhã e à noite (em outras palavras, o tempo todo, independentemente do que estejam fazendo). Além disso, há outras formas de assegurar essa lembrança. Em que pese a possibilidade de as referências a amarrar nos braços, prender entre os olhos e gravar nos batentes das portas serem metafóricas, o povo judeu cumpriu essa instrução de modo literal; a ação prática possui o potencial de encorajar a memória, além de desestimular as pessoas de tirá-las da mente, deliberadamente ou não.

DEUTERONÔMIO **7:1-6**
SOBRE MATAR OS INIMIGOS

[1]"Quando *Yahweh*, o seu Deus, os levar para a terra na qual estão entrando para tomar posse, e derrubar muitas nações diante de vocês (hititas, girgaseus, amorreus, cananeus, ferezeus, heveus e jebuseus, sete nações maiores e mais fortes do que vocês), [2]e *Yahweh*, o seu Deus, as entregar diante de vocês e vocês as derrubarem, deverão devotá-las totalmente. Não selarão uma aliança com elas. Não mostrarão graça a elas. [3]Não se casarão com elas. Não darão as suas filhas aos filhos delas ou tomarão as filhas deles para os seus filhos, [4]porque elas desviarão os seus filhos de me seguir e eles servirão a outros deuses. Então, a ira de *Yahweh*, o seu Deus, se acenderá contra vocês e, rapidamente, ele os destruirá. [5]Antes, façam isso com elas. Derrubem os seus altares. Quebrem os seus pilares. Cortem as suas colunas. Queimem as suas estátuas com fogo. [6]Porque vocês são um povo santo para *Yahweh*, o seu Deus. Foi a vocês que *Yahweh*, o seu Deus, escolheu para se tornarem um povo especial para ele dentre todos os povos sobre a face da terra."

Na era moderna, a forma de o Antigo Testamento falar sobre a destruição dos povos pelos israelitas perturba muitos judeus e cristãos nos Estados Unidos. Isso não ocorria antes do período moderno, nem é considerado muito problemático em outros países. Embora os cristãos norte-americanos justifiquem o seu desconforto pela afirmação de Jesus para amar os inimigos, parece improvável que a origem de seus sentimentos inquietantes resida simplesmente ali (Agostinho comenta que Jesus nos instrui a amar os nossos inimigos, mas não diz para amarmos os inimigos de Deus). No contexto da modernidade, as pessoas passaram a se incomodar com a prevalência de conflitos entre as nações, com o desenvolvimento de sofisticados armamentos, e vieram a gerar a convicção de que as nações deveriam ser capazes de chegar a uma união e eliminar as guerras. O ensinamento de Jesus e o restante da Bíblia sugerem que essa seja uma convicção implausível ("haverá guerras e rumores de guerras"), e a história recente confirma essa previsão. As pessoas, nos Estados Unidos, podem também estar influenciadas pelo fato de viverem em uma nação frequentemente envolvida em conflitos internacionais; a guerra está profundamente arraigada à história norte-americana.

Os ouvintes israelitas de Deuteronômio 7 também podem se sentir chocados ou perplexos em razão dessas palavras de Moisés, por motivos distintos, porém sobrepostos. Não há nenhuma novidade quanto à promessa divina de derrubar os **cananeus**, e o pano de fundo dessa promessa tem sido claramente expresso. Em parte, é um equivalente antigo à dominação iminente ou compra compulsória. Deus quer esse território para dá-lo aos israelitas, porque a intenção de Deus é abençoar o mundo por meio de Israel. No curto prazo, portanto, esses outros povos terão que sair, mas Deus não está simplesmente sendo arbitrário. O Senhor lhes tem dado corda por séculos, e, por fim, eles mesmos se enforcaram, agindo de maneiras abomináveis (o sacrifício infantil é uma das práticas citadas na **Torá**). Assim, esses povos devem ser banidos do território que ocupam, como Caim foi banido de sua terra.

A diferença, em Deuteronômio 7, é que Deus prevê os israelitas derrubando esses povos; até aqui, na Torá, derrotar povos tem sido a especialidade de Deus. A exceção que prova a regra é o comissionamento divino para que os israelitas derrubassem os midianitas, não para ocupar o território deles, mas pelo erro cometido por Midiã. Israel, então, estava sendo usado como agente de Deus, a exemplo das autoridades que Paulo descreve, atuando como "ministro de Deus, trazendo punição como um agente da ira sobre a pessoa que pratica o mal" (Romanos 13:4).

Essa noção perturba muitos judeus e cristãos modernos, por duas razões. A primeira é que preferimos a ideia de um Deus amoroso e misericordioso em detrimento da ideia de um Deus severo com as pessoas. No entanto, Jesus não considera ter amor como característica definidora, incompatível com o envio de trilhões de pessoas para o inferno.

A segunda é o temor de que as nações de hoje possam usar isso como desculpa para fomentar guerras, justificando que estão seguindo apenas o que a Torá disse aos israelitas. Não tenho ciência de países que eram amantes da paz e não propensos a conflitos, mas que decidiram entrar em guerra com base no texto de Deuteronômio. Esse texto bíblico apenas vem à baila quando as pessoas querem dar uma desculpa para o que elas irão fazer de qualquer jeito. A maneira de enfraquecer esse argumento é indicar que o fato de Deus comissionar os israelitas a ter a iniciativa da guerra, em uma ou duas circunstâncias, não implica que o mandamento seja transferível.

Os judeus e cristãos, às vezes, argumentam que a atitude do Antigo Testamento em relação à guerra reflete o seu contexto cultural, o que é, claro, verdade. Assim como é verdade que a nossa atitude quanto à guerra também é reflexo do nosso contexto cultural. O Antigo e o Novo Testamentos não implicam que a Torá estivesse limitada pelas percepções de seu contexto cultural naquilo que transmitiram aos israelitas. Todavia, também não sugerem que a comissão da Torá seja aplicável a outros contextos que não aquele no qual Moisés a expressa.

A Torá segue falando aos israelitas para "devotarem" esses povos. As traduções, em geral, usam termos como "aniquilar" ou "destruir", e essa pode ser a implicação, mas não transmite o ponto distintivo de Moisés. Devotar esses povos significa entregá-los a Deus, não, necessariamente, matá-los. É possível devotar uma terra ou um animal, como um jumento. Ana, com efeito, devotou Samuel. Desse modo, o animal ou o ser humano devotado pertence a Deus e está comprometido a servi-lo. Os israelitas, na realidade, devotaram muitos cananeus ao serviço de Deus dessa maneira; eles eram usados para cortar madeira e extrair água para o **altar**, para as ofertas e os ritos do santuário. Os israelitas já haviam devotado várias pessoas a Deus por meio do assassinato delas, embora Deus jamais lhes tenha dito para fazerem isso. Eles estavam seguindo uma prática conhecida de outros povos. Aqui, Deus lhes diz que façam isso.

Em que sentido Deus está dizendo isso? Após ordenar os israelitas a devotarem os cananeus, Moisés prossegue transmitindo uma série de outros mandamentos. Eles não devem selar **alianças** com os cananeus, nem lhes mostrar graça ou admitirem casamentos mistos (porque, então, os israelitas acabarão servindo os deuses cananeus). Além disso, devem destruir todos os seus elementos de adoração e lugares de culto. A instrução para não mostrar graça, novamente, coloca Israel na posição similar às autoridades em Romanos 13. Os que exercem as funções de juízes e de polícia, com frequência, precisam resistir à tentação de demonstrar graça aos malfeitores. Há momentos em que é necessário ser rígido. Este é um desses.

O estranho com esses outros mandamentos é que devotar os cananeus significará que questões como casamentos mistos não surgirão. Então, por que citá-las?

Jesus diz que os homens inclinados a desejar outras mulheres devem arrancar um olho (Mateus 5:29). Concluímos que ele estava sendo absolutamente sério, mas que não pretendia que sua palavra fosse considerada de forma literal. Do mesmo modo, Deuteronômio é absolutamente sério sobre aniquilar os cananeus, mas não pretende que essa instrução seja obedecida literalmente. Essa percepção estaria de acordo com o lugar ocupado por esse capítulo, isto é, Deuteronômio 4—11, que expõe atitudes básicas. Esse conjunto de capítulos não está estabelecendo regras, mas busca formar condutas. É vital que Israel repudie totalmente a religião dos cananeus. No que tange aos israelitas, os cananeus não devem mais existir. Assim, eles precisam eliminar os cananeus de sua vida. Ou, se Deuteronômio está decretando regras literais, elas residem nos imperativos sobre a proibição aos casamentos mistos e a destruição dos elementos de adoração dos cananeus.

Esses imperativos também sugerem outro aspecto da relevância de Deuteronômio para os seus leitores. O livro constitui a conclusão da Torá e a introdução à história de Josué a Reis. Uma das características dessa história é a forma pela qual Israel falhou em cumprir as instruções presentes em Deuteronômio, o que resultou na expulsão dos israelitas de Canaã, como sucedeu aos cananeus (no caso de Israel, temporariamente). Igualmente, indicava prioridades que o povo, agora, deveria ter, isto é, eles precisavam levar a sério os mandamentos sobre os casamentos mistos e a destruição das formas de culto a outros deuses. De certa maneira, a mensagem de Deuteronômio é: "Se tão somente tivéssemos feito essas coisas, não estaríamos hoje nessa situação difícil." Os leitores de Deuteronômio, às vezes, também se envolveram em guerras, como é normal às nações. A guerra está embutida na noção de nacionalidade. Todavia, essas pessoas jamais concluíram que deveriam literalmente eliminar os povos. Ao que tudo indica, elas sabiam como ler Deuteronômio, enquanto os leitores modernos não.

DEUTERONÔMIO **7:7-15**
SOBRE ELEIÇÃO

[7]"Não foi por serem o maior de todos os povos que *Yahweh* se afeiçoou a vocês e os escolheu, pois vocês eram o menor de todos os povos. [8]Porque *Yahweh* se entregou a vocês e, por causa da promessa que ele fez ao seus ancestrais, ele os tirou com mão forte, os redimiu da casa de servos, da mão do faraó, rei do Egito. [9]Assim, vocês devem reconhecer que *Yahweh*, o seu Deus, é Deus, o Deus que é constante, que mantém a aliança e o compromisso com as pessoas que se entregam a ele e guardam os seus mandamentos, por mil gerações, [10]mas que retribui às pessoas que se opõem claramente a ele com destruição. Ele não é lento com a pessoa que se opõe claramente a ele; ele retribui a ela. [11]Então, vocês devem ter o cuidado de observar o mandamento (as regras e as decisões) que estou exigindo de vocês hoje. [12]Como resultado de atentarem a essas decisões e terem o cuidado de observá-las, por vocês, *Yahweh*, o seu Deus, cuidará da aliança e do compromisso que prometeu aos seus ancestrais. [13]Ele se entregará a vocês, os abençoará e os multiplicará. Ele abençoará o fruto do seu ventre e o fruto da sua terra, o seu cereal, o seu vinho e o seu azeite, a prole do seu gado e as crias do seu rebanho, na terra que ele prometeu aos seus ancestrais dar a vocês. [14]Vocês serão abençoados acima de todos os povos. Não haverá entre vocês homem ou mulher que seja estéril, ou entre os seus animais. [15]*Yahweh* afastará de vocês toda enfermidade, e nenhuma das terríveis doenças do Egito, que vocês conhecem, ele trará sobre vocês, mas as colocará sobre os seus opositores."

Por meio de um *e-mail*, uma antiga aluna incluiu a seguinte informação (claro que disfarcei o material, como de costume): "Desenvolvi uma tola e embaraçosa paixão por um colega de pós-doutorado que ensina uma das línguas semíticas aqui. Ele é atraente, tímido e, socialmente, um pouco estranho. Possui doutorado e está transformando a sua dissertação em um livro. Ele é sobremodo brilhante. Os alunos me provocam o tempo todo enaltecendo o belo casal que formaríamos. Não o conheço bem. Como eu não estudo hebraico e não temos motivos para interagir, faço coisas patéticas, como estudar no grêmio dos estudantes quando ele tem aula, na tentativa de forçar encontros 'casuais'. Essa tática não está dando muito certo. Sim, eu sei que sou patética." O que faz as pessoas se apaixonarem umas pelas outras? Esse é um grande mistério. Cântico dos Cânticos 8:7 comenta como o amor pode dominar um homem e, ao mesmo tempo, torná-lo incapaz de forçar o objeto amado à reciprocidade; um homem pode dar ou oferecer toda a sua riqueza por amor e ser totalmente desprezado. O dinheiro não pode comprar o amor.

O que fez Deus se apaixonar por Israel? Durante uma aula, um aluno me perguntou a razão de Deus ter escolhido Israel, apesar de não ser um povo impressionante. Parece que esse aluno não se deu conta de que as pessoas escolhidas por Deus, usualmente, são as que impressionam menos. Caso Deus não operasse dessa forma, haveria o risco de as pessoas confiarem nos humanamente mais notáveis. Quando Deus opera por meio de pessoas comuns, fica claro que Deus é o único em ação.

Deus não escolheu Israel por ser maior que todos os povos em derredor. Em nosso mundo, poderíamos dizer que Deus não teria escolhido a Grã-Bretanha ou os Estados Unidos, que imaginaram ser povos escolhidos de Deus. Ele teria escolhido o Equador ou Camarões. Israel era insignificante em comparação com os **egípcios** ou mesmo os **cananeus**, sem mencionar os **assírios** ou os **babilônios**. Contudo, Deus "se afeiçoou" a Israel. A palavra sugere apaixonar-se por alguém; Deuteronômio 21 usará esse termo em referência à atração de um homem por uma mulher. Consequentemente, Deus "se entregou" a Israel. Essa é a palavra que o capítulo 6 usou para descrever a relação de Israel com Deus, uma palavra, em geral, traduzida por "amor". Aqui, a palavra diz respeito à atitude de Deus em relação a Israel. O amor é sugerido no sentido da entrega voluntária e no sentido emocional. Então, por que Deus se apaixonou por Israel, por que amou esse povo? Deus apenas revela o que *não* foi a razão. Deus jamais fornece um motivo positivo. Talvez isso aponte para o mistério do amor. O que faz uma pessoa apaixonar-se por outra? Em geral, é difícil expressar uma resposta. Uma pessoa que é amada com fervor pode muito bem se sentir confusa com esse fato. "O que há em mim para motivar tamanho amor?"

O que Deus deixa claro é que jamais podemos explicar a escolha divina por um povo ou por indivíduos com base em suas forças, realizações ou potenciais. As razões residem no íntimo de Deus, e ele não as revela. Talvez seja puro acaso ou Deus tirou cara ou coroa.

Seja qual for o motivo, Deus "escolheu" Israel. A ideia de Deus escolher um povo ou pessoas pode parecer escandalosa por mais de uma razão. Isso é justo? Não, justiça não é uma das prioridades de Deus. Não é justo que algumas pessoas sejam dotadas de mais inteligência, beleza ou força do que outras ou que alguns países tenham mais recursos naturais e um clima mais agradável. Todavia, ser inteligente, forte ou atraente não torna a pessoa feliz, nem viver sob um clima aprazível (sei disso, pois vivo numa região de clima extremamente agradável e encontro muitas pessoas infelizes aqui). O interesse de Deus é quanto ao que as pessoas fazem com seus ativos e passivos. A ideia de escolher uma pessoa ou um indivíduo pode também ser escandalosa na medida em que substitui a liberdade humana. Em certo sentido, não é assim. Israel tem a oportunidade de dizer "não" a Deus, porém é "pegar ou largar"; parece ser uma escolha livre, mas não existe uma opção alternativa real. Quando o professor diz: "Escrevam nessa folha", o aluno pode escolher seguir a instrução ou não, mas sabe que, se decidir pelo não, será reprovado no curso.

O mais próximo que Deus chega na explicação desse amor por Israel é que ele cumpre o compromisso divino assumido, muito tempo atrás, com os ancestrais de Israel. Isso só leva a pergunta ao estágio anterior: por que Deus escolheu Abraão e Sara, um casal que não podia gerar filhos, como a origem de uma numerosa nação? Isso explicita que as ocorrências refletem o poder de Deus, não uma mera potencialidade humana. Também chama a atenção para o contexto mais amplo de Deuteronômio, no qual a escolha divina por Israel foi fundamentada no desejo de Deus de abençoar o mundo por meio dessa nação. O termo técnico para essa escolha por Israel é "eleição", que é designada a ser inclusiva, não exclusiva. Deus realmente escolhe uma pessoa em detrimento de outra, mas o faz não visando excluir as demais, mas com o objetivo maior de incluí-las. Contudo, o próprio foco de Deuteronômio reside no inexplicável amor de Deus por Israel.

A eleição torna Israel um povo santo para Deus. Isso não significa que agora eles são santos no sentido de viver de modo justo e comprometido (como Deuteronômio 9 seguirá lembrando). Quando o Antigo Testamento fala sobre santidade, o faz com referência à condição ou posição do povo, não à sua ética ou espiritualidade. Deus é santo, aquele que é diferente dos seres humanos — sobrenatural, transcendente e eterno. Israel se torna santo porque Deus se apodera desse povo e diz: "Eles são meus; eu os reivindico; doravante eles estão em uma posição distinta dos demais povos. Eles não são livres, mas pertencem a mim em um sentido especial." Os israelitas são especiais no sentido de que Deus confirma esses direitos distintivos sobre eles. Do local onde escrevo agora, posso contemplar o meu pátio. Nele, há um portão que abre para uma área comum de nosso condomínio. Qualquer um pode acessar essa área, porém o pátio é meu. Outras pessoas podem entrar no meu pátio apenas com a minha permissão. Trata-se de minha propriedade especial. Assim é o relacionamento com Israel afirmado por Deus.

Embora a eleição divina não seja fundamentada por nada do que Israel fez, ela precisa ser expressa em coisas que esse povo faz. O amor de Deus é incondicional, no sentido de não ser condicionado a nada do que temos feito, mas ele estabelece demandas absolutas. Embora observe que Israel não ganhou esse relacionamento especial com Deus por algo que tenha feito, o livro de Deuteronômio acrescenta que essa relação funcionará apenas se Israel responder ao compromisso divino com o seu próprio comprometimento.

DEUTERONÔMIO **7:16—9:3**
POUCO A POUCO

[16]"Vocês devem devorar todos os povos que *Yahweh*, o seu Deus, lhes está dando. O seu olho não terá pena deles. Não servirão aos deuses deles, porque isso lhes será uma armadilha. [17]Quando disserem a si mesmos: 'Essas nações são mais numerosas que eu — como serei capaz de despojá-las?', [18]não tenham medo deles. Vocês, resolutamente, devem ter em mente o que *Yahweh*, o seu Deus, fez ao faraó e a todos os egípcios, [19]os grandes testes que os seus olhos viram, os sinais e prodígios, a mão forte e o braço estendido por meio dos quais *Yahweh*, o seu Deus, os tirou. *Yahweh*, o seu Deus, fará o mesmo a todos

os povos dos quais vocês tenham medo. [20]*Yahweh*, o seu Deus, também enviará vespões contra eles até que os sobreviventes, que estão escondidos de vocês, pereçam. [21]Não temerão a eles, porque *Yahweh*, o seu Deus, está no meio de vocês, um Deus grande e assombroso. [22]*Yahweh*, o seu Deus, removerá aquelas nações de diante de vocês, pouco a pouco. Vocês não serão capazes de acabar com elas rapidamente, para que os animais selvagens não se multipliquem contra vocês. [23]Mas *Yahweh*, o seu Deus, as entregará diante de vocês e as lançará em uma grande confusão até a aniquilação delas. [24]Ele entregará os reis delas em seu poder, e vocês eliminarão os seus nomes de debaixo dos céus. Ninguém permanecerá diante de vocês até que os tenham aniquilado. [25]As estátuas dos deuses dessas nações vocês devem queimar com fogo. Não desejarão a prata e o ouro delas e a tomarão para si, a fim de não se enredarem por isso, porque seria uma ofensa a *Yahweh*, o seu Deus. [26]Não trarão algo ofensivo à sua casa, ou, como isso, vocês se tornarão algo a ser devotado. Deverão tratá-lo como totalmente detestável, totalmente ofensivo, porque é algo a ser devotado."

[O capítulo 8 enfatiza a exortação quanto à obediência e à consciência e relembra como Deus liderou, testou e cuidou de Israel durante a jornada do Egito até Canaã.]

CAPÍTULO 9

[1]"Ouça, Israel. Agora, você está atravessando o Jordão para entrar e despojar nações maiores e mais fortes que você: grandes cidades com muralhas até os céus, [2]um povo grande e alto, os enaquins, a quem você mesmo conhece e dos quais já ouviu falar: 'Quem pode ficar em pé diante dos descendentes de Enaque?' [3]Você precisa reconhecer, agora, que *Yahweh*, o seu Deus, está atravessando à sua frente, um fogo devorador. Ele é aquele que irá destruí-los, aquele que os derrubará diante de você, e você os despojará e os fará perecer rapidamente, conforme *Yahweh* lhe disse."

Por meio de um *e-mail* aflito, uma amiga descreveu a si mesma como constantemente frustrada pelo fato de não ser tão madura quanto ela imaginava que deveria ser. “Por que sempre retorno às mesmas velhas batalhas em minha vida espiritual em vez de enfrentar novas? Por que, após morrer milhões de mortes em relação a algo, eu ainda não estou morta e resolvida quanto a isso?” Ela imaginou que, como uma cristã em crescimento, já estaria bem resolvida quanto a sentimentos como a ira ou o orgulho e batalharia contra outros dilemas e defeitos, buscando superá-los. Minha amiga prosseguiu: “Sei que a força de Deus se manifesta em minha fraqueza e que ele é o poderoso salvador, meu libertador forte, aquele que opera a minha santificação, aqui e agora, que ando em comunhão diária com ele e que sou mais do que vencedora por confiar em Jesus para me dar a vitória.” A sua indagação era: Por que havia essa lacuna entre o que ela conhecia e aquilo que experimentava, mesmo após seguir esse caminho por trinta anos. “Em meus primeiros anos, eu nutria a esperança de que as coisas melhorariam à medida que me tornasse mais velha”, ela escreveu, “mas, perto de completar meio século, as coisas não se mostraram muito ‘melhores’.”

Os israelitas, frequentemente, sentiram o mesmo com respeito à posição deles em **Canaã**. Se, por uma razão, o começo desse capítulo parece desconcertante, os seus versículos finais são desconcertantes por outra, embora, quando reunidos, ambos façam sentido. Há toda aquela conversa sobre Deus expulsar os cananeus da terra e entregá-la a Israel, mas, na realidade, os cananeus sobreviveram bem durante séculos após os dias de Moisés. Como os israelitas deveriam entender isso? A parte final do capítulo 7 oferece uma resposta, valendo-se de uma declaração já feita por Deus no Sinai (Êxodo 23:29-30). A eliminação gradual dos cananeus constitui uma espécie estranha de misericórdia. (Não sabemos exatamente o que Deuteronômio quer dizer com "vespões", mas, novamente, o texto deixa claro que a conquista da terra por Israel não é uma simples questão de batalha.)

Há, então, alguma tensão entre aquela misericórdia e as advertências sobre a tentação que as formas de adoração dos cananeus podem exercer sobre Israel. Caso os israelitas caiam na armadilha de adorar dessa maneira, eles serão como pássaros apanhados por uma rede. Suponha que Deus, simplesmente, remova todas as nossas dificuldades e tentações de uma só vez. Isso, claro, resolveria o problema. Seria como estar de volta ao jardim do Éden. Contudo, na realidade, também havia desafios a serem enfrentados ali: um mundo para dominar e uma serpente à qual resistir. As pessoas não crescem em maturidade apenas sentadas à beira da praia, em Malibu. Eu sei; faço isso. Crescemos mediante o enfrentamento e a luta contra as dificuldades. Os cananeus presentes na terra destinada a Israel cumprem um papel semelhante ao da serpente no jardim. Eles tentam e provam os israelitas. Assim, Israel precisa evitar cair na armadilha e, ao fazer isso, pode crescer.

O capítulo 7 encerra-se com uma advertência ainda mais solene. Enquanto, em sua abertura, ele discorre sobre Israel "devotar" os cananeus, em seu desfecho o capítulo fala em Israel se tornar "algo a ser devotado". Isso, de fato, aconteceu, quando Deus permitiu que Jerusalém fosse destruída e o seu povo, levado ao **exílio** (Isaías 43:28). Há um sentido no qual Deus é justo. Embora Deus se sinta livre para abençoar algumas pessoas mais que outras, por se encaixar no propósito divino, Deus não se sente obrigado a isentar da punição pessoas que são, portanto, abençoadas, caso falhem em responder adequadamente àquela bênção. Israel pode ser o agente da "devoção", mas também pode ser vítima disso.

Uma chave para evitar esse destino é diligência ou zelo, um tema relevante em Deuteronômio. Primeiro, Israel precisa estar consciente do que Deus fez ao resgatar o povo do **Egito**: as provações que ele trouxe ao faraó por meio de sinais e prodígios sobre a terra (portanto, não falhe nos testes, como o faraó!) e o poder demonstrado por Deus na remoção dos israelitas do cativeiro egípcio. Quando temerem que Deus não pode conduzi-los ao seu destino, pensem no que Deus realizou ao iniciá-los nessa jornada.

Então (o capítulo 8 diz), estejam conscientes sobre como Deus os levou pelo deserto, do Egito até Canaã. Deus os manteve sob constante provação, permitindo que tivessem fome para, então, alimentá-los, para lhes mostrar que as pessoas não vivem apenas de pão (isto é, no contexto, sobre se eles podem produzir o próprio pão), mas da palavra proferida por Deus que resulta em pão para alimentar. Jesus usa essa afirmação quando é tentado no deserto, citando Deuteronômio 6:13,16 sobre reverenciar e servir a Deus e não o colocar à prova. Todas as respostas de Jesus ao tentador foram extraídas desses capítulos, que descrevem atitudes que Israel deve ter em relação a Deus. Deus se relaciona com Israel como um pai que disciplina o seu filho ou um treinador disciplinando um(a) atleta para obter o melhor rendimento dele ou dela.

Terceiro (o capítulo 8 prossegue), mantenham-se conscientes da provisão de Deus quando desfrutarem da terra prometida e o seu estômago estiver cheio. Vocês podem, novamente, ser tentados a se autocongratularem por suas casas, seu gado, seus rebanhos e suas riquezas, como se os tivessem produzido, esquecendo-se das expectativas daquele que lhes deu a terra. Expressando de outra maneira, a sua vida precisa ser caracterizada pelo louvor. A palavra hebraica para louvor, em Deuteronômio 8, é a mesma palavra para abençoar, no capítulo 7. Deus abençoa Israel com rebanhos, gado e produção; Israel abençoa/louva a Deus em retorno. Deus pode testar Israel pela retirada da bênção a fim de verificar se o povo serve meramente para obter algo em troca; mas dar essas bênçãos a Israel também constitui um teste.

Após a advertência sobre Deus demorar-se na lida com os cananeus, é desconcertante ver Deus, de novo, prometendo agir rapidamente. Isso nos lembra, uma vez mais, a não considerarmos Moisés tão literalmente. A promessa sobre a rapidez divina é para assegurar as pessoas do que Deus *pode* fazer. Nada nem ninguém podem evitar que a vontade de Deus seja cumprida. Os cananeus irão desaparecer na velocidade que Deus decidir. É formidável que a palavra hebraica para "derrubar" seja muito similar ao nome "Canaã". Quando Deus os derrubar, eles se tornarão eles mesmos. Além disso, para a maioria dos leitores israelitas de Deuteronômio, os cananeus (há muito desaparecidos) não eram o problema, mas os **assírios**, os **babilônios** ou os **persas**. Deus também é capaz de eliminá-los.

DEUTERONÔMIO 9:4—10:22
VOCÊ NÃO MERECE ISSO

[4]"Quando *Yahweh*, o seu Deus, os tiver expulsado de sua presença, você não deve dizer a si mesmo: 'Por causa da minha fidelidade é que *Yahweh* me trouxe aqui para tomar posse desta terra.' É por causa da infidelidade dessas nações que *Yahweh* as está despojando da sua presença. [5]Não é por causa da sua fidelidade e da retidão de sua mente que você está entrando para tomar posse da terra deles. Por causa da infidelidade dessas nações é que *Yahweh*, o seu Deus, as está despojando da sua presença e para estabelecer a promessa que *Yahweh* fez aos seus ancestrais, Abraão, Isaque e Jacó. [6]Você deve reconhecer que não é por causa da sua fidelidade que *Yahweh*, o seu Deus,

lhe está dando essa boa terra para tomar posse, pois você é um povo obstinado. [7]Esteja atento, não tire da sua mente que você enfureceu *Yahweh*, o seu Deus, no deserto. Desde o dia em que deixou o Egito até chegar a este lugar, você tem sido rebelde contra *Yahweh*."

[Moisés segue contando a história daqueles quarenta anos com base nesse ângulo, mas concentra o relato na própria rebelião no Sinai.]

CAPÍTULO 10

[12]"Agora, Israel, o que *Yahweh*, o seu Deus, está pedindo a você, exceto que reverencie *Yahweh*, o seu Deus, andando em todos os seus caminhos, entregando-se a ele e servindo a *Yahweh*, o seu Deus, com toda a sua mente e com todo o seu coração, [13]guardando os mandamentos de *Yahweh* e suas regras que estou exigindo de você, hoje, para o seu bem? [14]A *Yahweh*, o seu Deus, pertencem os céus, os mais altos céus, a terra e tudo o que há nela. [15]No entanto, *Yahweh* se afeiçoou aos seus ancestrais, entregando-se a eles e escolhendo a descendência deles, vocês, entre todos os povos, neste mesmo dia. [16]Circuncidem o prepúcio de sua mente. Não endurecerão mais a sua cerviz. [17]Porque *Yahweh*, o seu Deus —, é o Deus dos deuses, Senhor dos senhores, o Deus grande, poderoso e temível, que não mostra parcialidade nem aceita suborno. [18]Ele concede julgamento ao órfão e à viúva e se entrega ao estrangeiro, provendo-lhe alimento e roupas. [19]Assim, vocês devem se entregar ao estrangeiro, porque foram estrangeiros no Egito. [20]*Yahweh*, o seu Deus: vocês devem reverenciá-lo, servi-lo, apegarem-se a ele e jurarem em seu nome. [21]Ele será o seu louvor. Ele será o seu Deus, que lhes fez essas coisas grandiosas e assombrosas, que seus olhos viram. [22]Como setenta pessoas, os seus ancestrais desceram ao Egito, mas agora *Yahweh*, o seu Deus, os fez numerosos como as estrelas nos céus."

Vi um anúncio de divulgação sobre um evento do tipo "Você Merece!", "um dia de qualidade para as mulheres relaxarem, se divertirem, aprenderem coisas novas e passarem um tempo com outras mulheres maravilhosas". A última sentença é um bônus. Ao convidar todas as mulheres a se verem como maravilhosas, isso pressupõe que elas, provavelmente, nem sempre se sintam dessa maneira e que, talvez, possam desfrutar de um dia que as faça sentir-se especiais. Então, deparei com uma agência de viagens chamada "Você Merece" – ou seja, você merece aquelas férias. Ainda, descobri um palestrante motivacional que comercializa um vídeo com os segredos para uma vida feliz, intitulado *Você merece!* O uso dessa expressão fez-me lembrar de um programa de publicidade do McDonald's: "Você merece uma pausa hoje." Essa expressão, "você merece", me faz sentir certo desconforto. O que estamos fazendo uns aos outros, ou o que a vida está fazendo conosco para precisarmos desse encorajamento?

Deus assumiu a posição oposta em relação a Israel. Talvez os israelitas tenham pensado que Deus havia se apegado a eles por merecimento. Nem tanto, afirma Moisés. Sob o reinado de Davi e Salomão, eles podem ter se orgulhado de ser uma nação poderosa. Quando reduzidos a uma diminuta comunidade, não maior do que um condado ou dois, ou por ocasião do **exílio**, eles podem ter deduzido que mereciam aquela situação, e não estariam exatamente errados quanto a essa dedução. Contudo, o relacionamento entre Deus e eles não era baseado no mérito. A **fidelidade** deles não constituía a chave para Deus lhes ter dado a terra, mas a infidelidade dos ocupantes anteriores. Os termos "fidelidade" e "infidelidade" são, em geral, traduzidos por "justiça" e "impiedade", porém as palavras de Deuteronômio são mais específicas; elas sugerem fazer a coisa certa por Deus ou por outras pessoas e, ao contrário, falhar em fazê-la. Como Moisés observa em grande parte desses dois capítulos, a história de Israel no Sinai e a posterior não foram exatamente um modelo de fidelidade. Expressando de outra forma, eles são um povo obstinado. Um fazendeiro, ao tentar conduzir o seu boi na direção correta durante a aragem, utiliza um aguilhão para direcionar o animal, como um cavaleiro que usa as esporas e as rédeas. Todavia, às vezes, o boi enrijece o pescoço e não vira a cabeça na direção que o fazendeiro precisa. Diz-se que o animal é um "pescoço duro", isto é, obstinado. A obstinação de Israel é a quarta realidade da qual o povo necessita estar "consciente", a ser acrescentada às outras três realidades, consideradas em nossa abordagem de Deuteronômio 7:16–9:13.

Moisés segue observando que Israel tem sido mais um modelo de infidelidade. A palavra hebraica não está relacionada ao termo para fidelidade da mesma forma que fidelidade e infidelidade estão relacionadas entre si, mas, em substância, o termo denota um sentido oposto ao de fidelidade. A palavra expressa a maneira pela qual o povo é injusto em seus relacionamentos mútuos e em sua relação com Deus, a forma pela qual prejudicam uns aos outros. Já comentamos sobre o modo terrível de os **cananeus** expressarem a sua infidelidade, ou seja, pela prática do sacrifício infantil aos seus deuses (Deuteronômio 12:31 fará referência a isso). Os Profetas, igualmente, atacam Israel por sua infidelidade e, especialmente, por seguir essa prática. Os cananeus não tinham uma revelação divina especial proibindo procedimentos como o sacrifício de crianças, mas o Antigo Testamento considera não ser necessário receber uma revelação especial para compreender que tais atos são errados. Possuímos uma programação interna para discernir o certo do errado.

A infidelidade dos cananeus dá a Deus motivo para expulsá-los da terra e, por outro lado, as promessas divinas aos ancestrais fornecem outra razão, mas há algo paradoxal sobre essas promessas de Deus. A ele pertence tudo o que há em todos os céus, mesmo os mais elevados e distantes (temos uma ideia melhor de quão impressionante um fato é). Deus também possui tudo o que existe na terra (o que também nos dá a mesma percepção). Não obstante, Deus apegou-se aos ancestrais de Israel; Moisés, de novo, usa aquela palavra para uma afeição emocional ou romântica. Inexiste uma explicação para isso, mas aconteceu. Isso levou Deus a fazer aquelas promessas, e a sua própria fidelidade o compele a cumpri-las.

Israel não merecia nada disso, porém Deus merece uma resposta. Um modo de descrever a resposta apropriada é falar sobre reverência a Deus e entrega pessoal a ele. Com respeito aos termos aqui utilizados, em geral traduzidos por "temer" e "amar", veja os comentários sobre 6:1-25. Embora haja um tipo de medo que o amor expulsa (1João 4:18), existe outro tipo de sentimento quase compatível com o próprio amor. Reverenciar a Deus e entregar-se a ele são totalmente compatíveis.

Outra maneira de descrever a resposta apropriada é falar (ainda que seja um pouco bizarro) sobre circuncidar a mente. O ato da circuncisão envolve cortar uma pele excedente e desnecessária; simboliza a disciplina da sexualidade masculina. Circuncidar a mente sugere uma disciplina análoga do nosso pensamento e de nossa tomada de decisões, uma ação mais abrangente. Moisés fornece um exemplo concreto. É natural querer cuidar de nós mesmos. Em vez disso, sigam o exemplo de Deus, Moisés afirma. Cuidem das pessoas vulneráveis em sua comunidade, das viúvas, dos órfãos e, particularmente, dos estrangeiros. Vocês sabem muito bem o que é ser um estrangeiro, pois ouviram os seus pais falarem sobre isso. Assim, deveriam mostrar compaixão por eles. Sabem que Deus age assim, pois ele agiu para resgatá-los dessa mesma posição. Então, circuncidem a sua mente a fim de agirem da mesma forma. Entreguem-se a essas pessoas como vocês se entregam a Deus. Se vocês se tornarem pessoas "abnegadas", serão assim em ambas as direções. E apeguem-se, agarrem-se ou fixem-se em Deus: a palavra sugere uma resposta apropriada ao "afeiçoamento" de Deus por eles, porque isso também denota a maneira pela qual um homem se apega a uma mulher.

DEUTERONÔMIO **11:1–32**
NUNCA CHOVE NO SUL DA CALIFÓRNIA

1"Assim, entreguem-se a *Yahweh*, o seu Deus, e sempre guardem os seus encargos, as suas regras, as suas decisões e os seus mandamentos. **2**Reconheçam hoje que não foram os seus filhos que conheceram ou viram a disciplina de *Yahweh*, o seu Deus, a sua grandeza, a sua mão forte e o seu braço estendido, **3**os sinais e os feitos que ele fez.

[Os versículos 3b-6 resumem a história desde o Egito até o lugar no qual o povo está agora.]

7Mas foram os seus olhos que viram todos os grandes feitos que *Yahweh* fez. **8**Portanto, vocês devem guardar todos os mandamentos que lhes estou dando hoje, para que possam ser fortes e entrar para tomar posse da terra que estão atravessando para tomar posse, **9**e, assim, possam viver longamente no solo que *Yahweh* prometeu dar aos seus ancestrais e aos descendentes deles, uma terra que mana leite e mel. **10**Porque a terra na qual estão entrando para tomar posse não é como o Egito, que vocês deixaram, no qual semeavam a sua semente e a regavam a pé, como uma horta. **11**A terra que estão atravessando para tomar posse é de montes e vales, que bebe a água da chuva dos céus, **12**uma terra da qual *Yahweh*, o seus Deus, cuida. Os olhos de *Yahweh*, o seu Deus, estão sobre ela continuamente do começo ao fim do ano."

[Os versículos 13-25 sublinham a importância da obediência a Yahweh para que isso funcione.]

[26]"Vejam, estou colocando diante de vocês bênção e menosprezo: [27]bênção porque obedecem aos mandamentos de *Yahweh*, o seu Deus, que eu lhes estou dando hoje, [28]e menosprezo se não obedecerem aos mandamentos de *Yahweh*, o seu Deus, mas afastarem-se do caminho que lhes estou ordenando hoje, para seguir outros deuses que vocês não conheciam. [29]Quando *Yahweh*, o seu Deus, os levar para a terra que estão atravessando para tomar posse, vocês devem colocar a bênção sobre o monte Gerizim e o menosprezo sobre o monte Ebal. [30]Ali eles estão, do outro lado do Jordão, além da estrada para o oeste, na terra dos cananeus, que vivem na campina, perto de Gilgal, junto aos carvalhos de Moré. [31]Porque vocês irão atravessar o Jordão para entrar e tomar posse da terra que *Yahweh*, o seu Deus, lhes está dando para tomar posse. Vocês habitarão nela. [32]Devem ter o cuidado de guardar todas as regras e decisões que estou colocando diante de vocês hoje."

"Nunca chove no sul da Califórnia", diz a letra da canção, embora a música siga comentando como ninguém avisa quanto chove, na realidade. Escrevo numa manhã chuvosa, depois de muitos meses sem chuva, e isso não constitui nenhum problema para mim, um britânico que já presenciou muita chuva, mas sei que a chuva é deveras necessária. Estamos atravessando um longo período de seca. Fomos proibidos de regar os nossos jardins e somos incentivados a tomar banhos breves, que são privações triviais, mas as autoridades anunciaram um problema maior. O governo está ameaçando vetar setecentos projetos de lei, a não ser que o legislativo faça um acordo para reparar o ecossistema de abastecimento estadual e aumente a conservação de água. Nesta manhã, também recebi um *e-mail* de amigos nas Filipinas, que enfrentaram um tufão (na realidade, as nossas chuvas, aparentemente, estão ligadas a essas precipitações no outro lado do Pacífico) que resultou em graves inundações em diferentes regiões daquele país. Parece muito provável que tanto o excesso de água, em alguns locais, quanto a falta dela, em outros, sejam resultantes da mudança climática provocada pelo ser humano. Assim, estamos experimentando as consequências de nossas próprias e equivocadas ações pela forma com que temos tratado o mundo.

O Antigo Testamento reconhece uma ligação entre o modo de vida de Israel e o seu funcionamento. Em outras passagens, ele pode falar da conexão "natural" entre as nossas ações e as suas consequências positivas ou negativas. Aqui, o texto enfatiza o modo com que Deus está envolvido nesse processo. As pessoas que ouvem a leitura de Deuteronômio sabem que, às vezes, os israelitas experimentaram períodos de seca e colheitas ruins, bem como ouviram dos profetas que as ocorrências não eram casuais; Deus retém a chuva a fim de fazê-los recuperar o bom senso. Elas igualmente sabem que não há uma correspondência direta entre fidelidade e bênção, ou entre infidelidade e problemas. Às vezes, uma seca é apenas uma seca; a chuva cai e o sol brilha sobre fiéis e infiéis. No entanto, quando a seca vem, sempre é válido perguntar se ela resulta da ação humana.

A importância da chuva a torna um símbolo adequado para a bênção. Bênção e menosprezo referem-se tanto a palavras quanto a experiências. Deus profere palavras que prometem e comissionam a bênção a pessoas, como também expressa palavras que avisam de problemas ou que trazem problemas sobre elas. "Menosprezar" sugere reduzi-las de tamanho, em palavras e, portanto, em realidade. Quando Abraão chegou em **Canaã**, Deus apareceu diante dele, junto ao carvalho de Moré, perto da cidade de Siquém (a moderna Nablus), no centro do território, e, pela primeira vez, lhe prometeu dar essa terra (Gênesis 12:6-7). Ao entrarem em Canaã, os israelitas irão direto para Siquém, quando, então, simbolicamente, tomam posse da terra em cumprimento àquela promessa. A cidade fica entre dois montes, que Israel deve transformar em lugares que simbolizam as alternativas disponíveis ao povo. Bênção sugere fertilidade. Menosprezo sugere o oposto, ser reduzido a muito menos do que você é e espera ser. Israel escolhe o seu destino. Ao colocar Abraão em sua jornada até Siquém, Deus prometeu que ele seria abençoado, mas também que todo aquele que o menosprezasse seria menosprezado. Israel, novamente, é lembrado de que os mesmos princípios aplicados aos outros povos se aplicam aos israelitas. Israel não sairá impune apenas por ser o povo especial de Deus.

A chuva pode se tornar um sinal por causa da geografia de Canaã. No **Egito**, não fazia diferença haver chuvas ou não. O Nilo é a fonte de abastecimento do povo, e suas águas seguem fluindo. Os egípcios olhavam com desprezo para uma terra como Canaã, que, por não dispor de uma fonte natural como o Nilo, era totalmente dependente da chuva. Deuteronômio vira esse argumento de cabeça para baixo. No Egito, as pessoas se esforçam para irrigar a terra (a referência sobre regar a pé talvez signifique ter de andar com baldes de água). Em Canaã, as precipitações de chuva, convenientemente, caem e irrigam a terra. Uma vez mais, Deuteronômio fala à sua audiência como se ela tivesse pessoalmente experimentado a vida no Egito e o resgate de Deus, embora a geração à qual Moisés está discursando ainda não existisse naquela época, nem a audiência futura de Deuteronômio. Todavia, os seus pais ou seus ancestrais estavam lá, e eles contaram às futuras gerações sobre esse passado, de modo que é como se eles próprios estivessem lá, e devem viver como se assim fosse.

DEUTERONÔMIO 12:1-32
SOBRE NÃO SEGUIR OS SEUS INSTINTOS

[1]"Estas são as regras e as decisões que vocês devem ter o cuidado de guardar na terra que *Yahweh*, o Deus dos seus ancestrais, lhes tem dado para tomar posse, enquanto viverem na terra. [2]Devem destruir totalmente todos os lugares nos quais as nações que vocês irão despojar têm servido aos deuses delas, nos altos montes e colinas e sob qualquer árvore frondosa. [3]Devem derrubar os seus altares, quebrar as suas colunas, queimar os seus pilares a fogo, despedaçar as estátuas de seus deuses e apagar o nome deles daquele lugar. [4]Não servirão a *Yahweh*, o seu Deus, dessa maneira, [5]mas devem recorrer ao lugar que *Yahweh*, o seu Deus, escolher dentre todos os seus clãs para colocar o seu nome, como sua habitação, e ir lá. [6]Devem levar para lá todas as suas ofertas e os seus sacrifícios, os seus dízimos e a oferta de suas mãos, os seus votos e as ofertas voluntárias, e as primícias de seu gado e de seu rebanho. [7]Devem comer lá diante de *Yahweh*, o seu Deus, e regozijarem-se em todo o empreendimento de sua mão (vocês e suas casas) no qual *Yahweh*, o seu Deus, os tem abençoado."

[Os versículos 8-32 acrescentam que as pessoas podem matar animais para consumo próprio sem apresentá-los no santuário, desde que não tratem o alimento como carne sacrificial e drenem todo o sangue deles.]

Amanhã, bem cedo, devo ir à capela do seminário, embora não seja exatamente uma capela, mas um auditório. Ali, em outras ocasiões, tenho proferido palestras, cantado *blues* em *shows*, assistido a concertos de *jazz* e participado de reuniões da faculdade. Às vezes, realizamos cultos em uma grande igreja do século XIX, na extremidade do *campus*, mas, principalmente, usamos aquele local sempre que precisamos de um local com capacidade para algumas centenas de pessoas. Assemelha-se mesmo a uma igreja, o que me faz sentir bem, mas muitos estudantes estranham. Nos demais dias da semana, são realizadas outras reuniões de adoração e louvor que seguem padrões de diferentes denominações e tradições, e não há nenhum controle do seminário sobre elas. No passado, pelo menos, houve a realização de eventos ali que não seriam aprovados por outras tradições (por exemplo, eventos que eram muito pentecostais ou católicos demais). Existem vantagens e desvantagens em possuir um edifício flexível, assim como há vantagens e desvantagens em deixar que as pessoas louvem e adorem da maneira em que se sintam bem.

Os instintos dos israelitas e **cananeus** eram distintos dos nossos, sendo mais parecidos entre si do que com os nossos, mas eles levantavam questões sobrepostas às nossas. Com relação a Números 33:52, observamos a forma de o Antigo Testamento registrar os "lugares de adoração" dos cananeus, literalmente, como "altares idólatras" e a forma pela qual os israelitas deveriam "demolir" esses locais. O Antigo Testamento jamais afirmou que os israelitas obedeceram a essa instrução e, se assim fizeram, então, evidentemente, os reconstruíram, porque há constantes registros da adoração deles nesses lugares. Invariavelmente, isso não expressa uma desaprovação a essa prática. Caso esse "local de adoração" estivesse situado no alto de uma colina na qual havia uma vila ou cidade, continuaria sendo o lugar natural de adoração, como as igrejas cristãs, construídas acima do nível de uma vila, às vezes em antigos lugares de adoração anteriores à era cristã. Aqui, de fato, Deuteronômio faz referência a lugares de adoração nos montes e nas colinas, bem como sob árvores frondosas, que eram, talvez, símbolos de fertilidade. Evidentemente, a adoração era uma atividade ao ar livre. Ela ocorre no mundo, como o batismo no Novo Testamento, não como algo separado do mundo.

Gênesis relata como os ancestrais de Israel também adoravam junto a árvores frondosas conhecidas; de fato, Deuteronômio 11 menciona "os carvalhos de Moré". Com os altares idólatras e essas árvores sagradas, tudo dependeria se o lugar pagão fosse adequadamente "convertido". Isso envolveria a destruição dos acessórios de adoração dos cananeus. Em muitos casos, isso seria imperativo porque algo sobre eles era incompatível com a **Torá**, como as estátuas de divindades, sobre as quais Deuteronômio 4 discorre longamente. Provavelmente, seriam os verdadeiros "pilares", uma vez que a palavra hebraica é suspeitamente similar ao nome de uma deusa, Aserá, a quem os israelitas, às vezes, adoravam como consorte de ***Yahweh***. Da mesma forma, as "colunas" eram provavelmente imagens estilizadas. Por outro lado, muitos **altares** cananeus, assim como outros aspectos do culto cananeu, não eram tão diferentes daqueles aprovados pela Torá, de modo que a sua destruição expressa mais a convicção de que se trata de algo necessário para "apagar o nome" dos deuses cananeus. Ao cultuar, o adorador clama pelo nome de Deus — por *Yahweh* ou por Jesus. Se o nome dele for eliminado, a adoração a ele também o será.

Deuteronômio enfatiza a importância de adorar em um lugar escolhido por Deus. A relevância da escolha divina (o termo teológico é "eleição") percorre esse livro. O nosso instinto humano natural é adorar de acordo com esse instinto, o que significa adorar à luz da cultura à qual pertencemos. Deuteronômio está ciente de que seguir esses instintos resulta em uma assimilação da cultura. A verdade real sobre Deus e, desse modo, a natureza real da adoração, se perde. O livro sabe que as pessoas precisam continuar retornando à revelação especial que receberam por meio da ação de Deus e prosseguir verificando a sua adoração à luz daquela revelação. Êxodo e Levítico sublinham, em detalhes, como o santuário e o seu culto devem seguir a prescrição divina; Deuteronômio coloca a ênfase sobre o lugar no qual as pessoas adoram.

O livro não explicita que deve haver apenas um desses lugares, embora provavelmente presuma isso. Na prática, Israel sempre teve um único santuário central, o lugar no qual estava a habitação móvel com o baú da **aliança**. Ele esteve localizado em vários locais durante os dois ou três primeiros séculos. Então, Davi o moveu para Jerusalém. A vantagem teórica de possuir um santuário centralizado é que os sacerdotes e profetas, que conhecem o que a Torá diz, podem garantir que a adoração ocorra de acordo com a Torá. Por outro lado, os sacerdotes e profetas, com frequência, não eram propensos a seguir a Torá, de modo que a adoração no santuário central se tornou algo detestável e ofensivo. Além disso, restringir a adoração a um único santuário, situado a dias ou semanas de distância do local no qual a maioria das pessoas vivia, as impedia de participar da adoração, com exceção de uma ou duas vezes por ano, quando elas faziam uma peregrinação até lá. Desse modo, os santuários locais de adoração eram uma necessidade prática, e ter alguns deles não seria incompatível com a exigência para as pessoas seguirem a escolha de *Yahweh*.

Deuteronômio, talvez, subentenda que, embora a locação pudesse variar, o santuário central sempre seria o único local no qual os sacrifícios poderiam ser oferecidos. Deuteronômio 12:15-25, então, apresenta a solução para um dos aspectos dessa dificuldade. Para os ocidentais, consumir carne é uma atividade regular, e não pensamos nesse ato como algo que envolva Deus, exceto no sentido de darmos graças antes de uma refeição. Em Israel (como em muitas outras culturas tradicionais), o consumo de carne representa um evento muito mais especial, algo associado a uma celebração, à qual Deus é convidado – ou melhor, Deus é que convida a pessoa a levar a sua celebração à casa de Deus. Em outras palavras, o evento também constitui um sacrifício. Os celebrantes consomem grande parte do animal, mas uma parte dele é entregue a Deus, que, assim, participa da festa.

Para os clãs israelitas, em sua maioria, as dinâmicas dessa prática não podiam ser seguidas caso o único lugar permitido para essa celebração fosse apenas um santuário central. Portanto, a passagem apresenta uma permissão ao povo para celebrar em suas próprias vilas, desde que não transforme a refeição em um sacrifício. O lado negativo disso é que as pessoas perdem a realidade de associar a celebração com a adoração. O lado positivo é que isso remove a necessidade de deslocamento até o santuário local, o que possibilita sacrificar de uma forma que reflita as presunções cananeias sobre o tipo de pessoa que Deus é, bem como o tipo apropriado de culto a ele. A única condição imposta aos aldeões é a regra básica do alimento *kosher*, isto é, deixar o sangue do animal escoar totalmente da carne antes de assá-la. O sangue não deve ser consumido, pois ele é sinal de vida; quando perdemos sangue, morremos. O ato de deixar que o sangue do animal seja drenado do seu corpo é um reconhecimento de que aquela era uma criatura com a vida de Deus nela, um ato de respeito a isso.

Permitir a morte e o consumo de animais nos locais em que as pessoas vivem aplica-se apenas aos chamados sacrifícios de comunhão, compartilhados por Deus e pelas pessoas. Outros sacrifícios e ofertas deveriam ser realizados nos locais escolhidos por Deus.

DEUTERONÔMIO 13:1-18
FALSOS PROFETAS

[1]"Se um profeta ou alguém que tiver um sonho surgir em seu meio, e lhes dar um sinal ou prodígio [2](e o sinal ou prodígio do qual ele lhes falou se cumprir), dizendo: 'Vamos seguir a outros deuses (que vocês não reconheceram) e servi-los', [3]não ouçam as palavras desse profeta ou sonhador, porque *Yahweh*, o seu Deus, os está testando para saber se vocês se entregaram a *Yahweh*, o seu Deus, com toda a sua mente e coração. [4]*Yahweh*, o seu Deus, é o único que vocês seguirão e o único a quem vocês reverenciarão. Vocês guardarão os seus mandamentos e ouvirão a sua voz. Ele é o único a quem servirão e a ele se apegarão. [5]Aquele profeta ou sonhador deve ser morto, porque falou em se voltar contra *Yahweh*, o seu Deus (que os tirou do Egito e os redimiu de uma casa de servos), para afastá-los do caminho que *Yahweh*, o seu Deus, lhes ordenou que seguissem. Assim, vocês eliminarão o mal de seu meio.

[6]"Se o seu irmão, o filho de sua mãe, o seu filho ou sua filha, a esposa que você segura em seus braços ou o seu amigo mais íntimo instigar você secretamente, dizendo: 'Vamos e sirvamos a outros deuses' (que você mesmo e os seus ancestrais não reconheceram, [7]dentre os deuses dos povos que estão ao seu redor, próximos ou distantes de você, de uma extremidade a outra da terra), [8]você não concordará com eles ou lhes dará ouvidos. O seu olho não terá pena deles. Você não os poupará ou os protegerá, [9]mas, simplesmente, mate-os. A sua própria mão será a primeira a levantar-se para matá-los; depois, a mão de todo o povo. [10]Apredeje-os até a morte, porque eles buscaram afastá-lo do caminho de *Yahweh*, o seu Deus, que o tirou do Egito, de uma casa de servos. [11]Então, todo o Israel ouvirá, temerá e não fará novamente algo tão mal em seu meio."

[Os versículos 12-18 aplicam o mesmo princípio a toda uma cidade que tiver se rendido a tal sedução.]

Hoje, de manhã, recebi um *e-mail* de uma amiga angustiada pelo mal no mundo, como, em geral, nos sentimos, questionando por que Deus decidiu criá-lo mesmo "sendo onisciente e, assim, sabendo que haveria maldade, genocídio, fome, ditaduras etc. Certamente, seria melhor que o mundo jamais tivesse sido criado do que ter todo o sofrimento que testemunhamos em derredor. Parece um ato cínico". Antes, ela havia conversado com um pastor sobre o tema que, segundo ela, "supõe que Deus não tinha conhecimento prévio do que iria ocorrer, mas eu não consigo concordar com isso". Em minha resposta, repeti algumas coisas que costumo dizer: eu suspeito que Deus criou o mundo porque criar é simplesmente trazer à existência, para Deus e para nós; penso que o "problema" quanto ao excesso de bondade e beleza que há no mundo é, pelo menos, tão grande quanto o problema do mal; e, para Israel e os cristãos, a atividade de Deus no mundo, em eventos como o Êxodo e a vinda de Cristo, constitui uma grande parte do que torna inevitável seguirmos acreditando na bondade divina. Contudo, foi interessante ler que o pastor havia ponderado se Deus realmente sabia quanto as coisas dariam errado e que a minha amiga "não conseguia concordar" com a ideia do desconhecimento divino.

Deuteronômio, aqui, considera que Deus não sabe se Israel será fiel no caminho que Moisés transmitiu ao povo, embora, mais adiante, o capítulo 31 fale sobre Deus ter ciência de que Israel não será fiel. Qual é a verdade real? Às vezes, dizem que o Antigo Testamento está sendo antropomórfico quando fala que Deus está testando o povo a fim de descobrir algo. A mesma ideia surgiu num contexto diferente, em relação a Números 28. O Antigo Testamento retrata Deus como "em forma humana", como um ser humano. A verdade, então, reside na perspectiva de Deuteronômio 31. Claro que não há nada de errado no fato de a Bíblia retratar Deus em forma humana; esse é o outro lado da moeda por sermos feitos à imagem divina. Por sermos criados à semelhança de Deus, que é uma pessoa, nós amamos, pensamos, planejamos, agimos, nos zangamos, nos regozijamos e sofremos. Se afirmamos que Deuteronômio está sendo antropomórfico sobre Deus não saber, qual seria a base para rejeitar o seu retrato antropomórfico de Deus amando, pensando, planejando e fazendo aqueles outros atos?

As duas perspectivas de Deuteronômio estão nos dizendo algo. Posso dizer que sei que certo aluno irá tirar um A (ou irá falhar), mas isso não significa abandonar o teste que prova isso. Como um resultado do teste, eu "sei" num novo sentido. O livro de Deuteronômio pressupõe que Deus vive com Israel nesse tipo de relacionamento. Ele sabe que Israel será infiel (na realidade, à luz da história até aqui, não é preciso ter um discernimento divino para deduzir isso), mas até que isso ocorra, de fato, o conhecimento é apenas teórico. Quando ocorrer, isso propicia a Deus um tipo de conhecimento diferente. Desse modo, Deus estabelece o teste para descobrir, dando a Israel a oportunidade de fazer o que Deus espera — ou de contrariar a expectativa.

Deus, às vezes, adota uma iniciativa direta, ao estabelecer um teste, como ocorreu com Abraão, em Gênesis 22. Em outras, ele opera por meio de agentes humanos (ou por meio de uma serpente, como em Gênesis 3). Em Deuteronômio 13, os profetas e sonhadores constituem meios pelos quais Deus testa o povo sem que percebam o que estão fazendo. Eles não estão sendo divinamente manipulados para fazer algo que não desejam, porém Deus está fazendo uso do que eles realmente desejam fazer. Quando pensamos em "profetas", usualmente pensamos em homens bons, como Elias e Jeremias, mas os profetas mencionados no Antigo Testamento, em sua maioria, são homens maus que apenas apoiam as instituições ou oferecem ao povo somente mensagens encorajadoras, evitando as ruins e desencorajadoras, ou que agem como os profetas descritos por Deuteronômio 13. A época imediatamente anterior a Jeremias, bem como o período no qual ele viveu, é quando esse tema se mostra mais crítico a Israel, e, provavelmente, Deuteronômio tem esse contexto em mente.

Por que motivo os profetas incentivam a oração a outros deuses? Uma pista reside na referência aos sonhadores. Os sonhos podem ser um meio de descortinar o futuro. Como qualquer pessoa, os israelitas também desejarão saber de forma antecipada o que o futuro lhes reserva a fim de adotarem a ação adequada ou, caso seja uma ameaça, de escapar dela. Outros povos do Oriente Médio possuíam procedimentos de fazer isso; os profetas e sonhadores estariam direcionando as pessoas para os recursos presentes nas religiões dos demais povos, usados para esse fim.

Deuteronômio pressupõe que homens maus também possam operar milagres, assim como os bons; Jesus também considera o mesmo (Mateus 7:22-23). Cristo diz que os tais serão excluídos do reino de Deus. Deuteronômio afirma que eles devem ser executados. Como outras regras sobre a punição capital, Israel não parece ter considerado isso literalmente. O seu ponto objetiva mais enfatizar quão séria uma ofensa é. Encorajar as pessoas a se desviarem de ***Yahweh*** e seguir outros deuses é um mal que deve ser removido do meio do povo. O ponto é reforçado pela exigência com relação a membros da família que se comportam como esses falsos profetas. Repetindo, pelo que sabemos, Israel não considerou isso literalmente, assim como a palavra de Jesus sobre cortar a mão não foi, usualmente, seguida de modo literal por seus seguidores. Ambas as declarações devem ser consideradas muito a sério, mas não literalmente. (Se Israel tivesse obedecido, de modo literal, à última parte do capítulo sobre "devotar" as cidades que seguiam outros deuses, não restariam cidades em Israel!) O ponto é sublinhado, ainda mais, pelo método de execução. Matar alguém por apedrejamento não é asséptico e distanciado da comunidade, mas envolve toda ela. Apenas imaginar iniciar o processo de apedrejamento de um membro da família seria suficiente para levar uma pessoa a pensar duas vezes sobre voltar-se para outro deus.

DEUTERONÔMIO **14:1-29**
VOCÊ É O QUE VOCÊ COME

[1]"Vocês são os filhos de *Yahweh*, o seu Deus. Não se cortarão ou deixarão um espaço calvo entre os seus olhos por uma pessoa morta, [2]porque vocês são um povo santo a *Yahweh*, o seu Deus. *Yahweh* os escolheu para ser dele, um povo especial, de todos os povos na face da terra.

[3]"Vocês não devem comer nada ofensivo. [4]Estes são os animais que vocês podem comer: o boi, a ovelha, o bode, [5]o veado, a gazela, o cervo, o bode selvagem, a cabra dos alpes, o antílope, a ovelha montesa, [6]qualquer animal que tenha um casco dividido (que tenha uma fenda no casco) e que traga de volta o seu alimento para ruminar: vocês podem comê-lo. [7]Por outro lado, estes vocês não comerão: aqueles que tragam de volta o alimento para ruminar ou que tenham um casco dividido (que tenha uma fenda no casco): o camelo, a lebre e o texugo das rochas, porque eles trazem de volta o alimento para ruminar, mas não têm o casco dividido — eles são tabu para vocês; [8]o porco, porque tem o casco dividido, mas não traz de volta o alimento para ruminar, ele é tabu para vocês. Não devem comer a sua carne ou tocar as suas carcaças."

[Os versículos 9-21 estabelecem regras similares sobre criaturas marinhas (as pessoas podem comer somente aquelas que possuam barbatanas e escamas), sobre aves (as pessoas não podem

comer aves como a águia, o abutre e o avestruz), outras criaturas aladas específicas (como o morcego), nem qualquer animal que tenha morrido de causas naturais. Além disso, as pessoas não devem cozinhar um cabrito no leite da sua própria mãe.]

[22]"Cada ano, devem dizimar cuidadosamente de toda a produção de sua semente, que os seus campos produzirem. [23]Diante de *Yahweh*, o seu Deus, no lugar que *Yahweh* escolher ter o seu nome habitando lá, vocês devem comer o dízimo de seu cereal, do vinho e do azeite, e os primogênitos do seu gado e do seu rebanho, para que possam aprender a reverenciar *Yahweh*, o seu Deus, sempre. [24]Se a jornada for grande demais para vocês carregarem o dízimo (se o lugar que *Yahweh* escolher para colocar o seu nome for muito longe para vocês, porque *Yahweh* os abençoa), [25]podem trocá-lo por prata, amarrar a prata em sua mão, ir ao local que *Yahweh*, o seu Deus, escolher, [26]e trocar a prata por qualquer coisa que o seu apetite quiser: gado, ovelha, vinho, licor, qualquer coisa que o seu apetite desejar. Comerão ali, diante de *Yahweh*, o seu Deus, e regozijarão, vocês e a sua casa. [27]E não negligenciem o levita em seu assentamento, porque ele não tem alocação própria com vocês. [28]Ao fim de três anos, trarão todo o dízimo de seu campo naquele ano, mas o deixem em seu próprio assentamento. [29]O levita, que não tem alocação própria com vocês, e o estrangeiro, o órfão e a viúva em seu assentamento, virão e comerão até se fartarem, para que *Yahweh*, o seu Deus, possa abençoar vocês em todo o trabalho de sua mão que empreenderem."

Três noites atrás, senti-me muito mal por um tempo, após jantar fora; comi salada, linguado, arroz e legumes. Sem dúvida, deveria ter reclamado com o restaurante ou reportado o ocorrido às autoridades municipais, mas estava ocupado demais lidando com o meu mal-estar para tratar disso (e, de qualquer forma, a minha indisposição poderia ser consequência da vacina contra gripe que tomei naquela manhã). Na noite passada, durante um jantar de casamento, comi um magnífico churrasco de porco. Comi três porções, um pedaço de bolo de morango e creme, além de consumir muitos copos de chá gelado. Claro que isso resultou em uma noite mal dormida, mas, mesmo assim, encorajei o noivo a se casar uma vez por mês para repetirmos aquele evento. Contribuiu para o sucesso o fato de os convidados serem cristãos; um judeu não poderia participar do jantar (apesar de o cardápio incluir hambúrgueres vegetarianos). Por quê?

As regras de Deuteronômio sobre o que os israelitas podiam ou não comer são, mais ou menos, as mesmas registradas em Levítico 11; duas versões das regras, como foram ensinadas em diferentes contextos em Israel, são reunidas na **Torá**. Embora o consumo de porco possa levar algumas pessoas a passar mal, em geral isso acontece pelo consumo de outras coisas (como eu, se é que a causa foi a comida). Permanecer saudável não é o ponto principal dessas regras, embora seja um deles. O fator econômico pode ser outro ponto, pois criar porcos em uma região montanhosa como o coração de Israel não é muito sensato. Permanecer distinto da vida e da religião dos povos vizinhos de Israel será outro desses pontos, pois os **cananeus**, de fato, comiam porcos. A estratégia original de Deus para alcançar o mundo por meio de Israel envolvia manter Israel como um povo separado, diferente. No devido tempo, Deus mudou essa estratégia e disse aos judeus que tinham crido em Cristo para desistirem de ser diferentes dessa maneira a fim de facilitar a sua inclusão junto aos gentios e a proclamação de Jesus entre eles (veja Atos 10).

Deuteronômio cita o princípio de ser diferente dos povos em derredor, mas o faz em relação às regras de abertura do capítulo sobre flagelar-se e raspar-se por causa de luto.

Estas eram práticas religiosas entre os cananeus, embora seja uma questão de adivinhação quanto ao seu significado exato. O raciocínio específico de Deuteronômio para as regras sobre alimentação é que Israel deveria comer apenas criaturas pertencentes a categorias "apropriadas". Os animais que ou possuíam cascos divididos ou que eram ruminantes, sem apresentarem as duas características, não deviam ser consumidos. O mesmo princípio de proibição é aplicado em relação às criaturas marinhas que ou tinham barbatanas ou escamas, mas não as duas.

A explicação mais completa, em Levítico, aponta mais explicitamente para a ideia de que esse compromisso quanto à alimentação é o modo de Israel viver segundo a ordem da criação; ao criar o mundo, Deus separou as coisas em categorias e, por sua prática, Israel presta testemunho dessa ordem (embora, claro, as criaturas que não se encaixem em categorias também foram criadas por Deus). Há, então, uma ligação com a regra sobre não cozinhar o cabrito no leite de sua própria mãe. O cozimento em leite tornava a carne saborosa, porém o fato de uma família possuir um grande número de cabras aumentaria a probabilidade de usar o próprio leite da mãe no cozimento do pequeno animal. Existe algo desumano sobre os meios de vida, então, associados com a morte da cria da mãe. Tudo isso nos faz pensar sobre a nossa relação com os animais que consumimos; o sistema de produção das fazendas parece contrariar a ideia de que tentamos nos adequar ao modo pelo qual Deus criou o mundo.

As regras sobre os dízimos e primícias relacionam o alimento a Deus de outras formas. Elas expressam o fato de a comida prover de Deus e devolvermos parte a ele, em reconhecimento desse fato. Isso nos auxilia a "reverenciar" a Deus como o grande doador. Entregamos parte a Deus, mas também nos reunimos para o consumo do alimento. Comer na presença de Deus representa a ligação entre Deus e o alimento. Não se pode tomar o alimento como garantido ou permitir que seja parte da vida, sem nenhum vínculo com Deus. Embora o ato de comer esteja, portanto, ligado à reverência, ele é também uma celebração, uma festa, uma ocasião de regozijo; come-se o que quiser, à vontade. Deuteronômio está repleto de regras, mas o livro não considera que elas constituem uma carga que torna a vida solene; antes, usa o termo "regozijo" tão frequentemente quanto qualquer outro livro do Antigo Testamento.

Uma oração comum de gratidão antes das refeições roga a Deus para nos tornar cônscios das necessidades dos outros. Sempre achei que a sugestão de pensar nas pessoas que nada têm para comer, certamente, nos impede de apreciar o nosso próprio alimento. O exemplo de Deuteronômio evita esse dilema, porque considera que convidamos os necessitados a comerem conosco. As pessoas que não possuem terra e, portanto, não podem prover a si mesmas devem tomar parte na celebração da família.

Como ocorreu com a regra para sacrificar somente no santuário central, Deuteronômio tenta refletir sobre a praticidade dessas regras. Seria viável transportar todo o dízimo até lá, dada a magnitude da bênção divina sobre a abundante colheita? Está certo, troque por dinheiro e, então, compre a comida que quiser quando chegar lá. E quanto às necessidades dos levitas, das viúvas e órfãos durante o resto do ano? Tudo bem, a cada três anos, entregue o dízimo do terceiro ano diretamente a eles. A sua oferta é, então, assegurada pela bênção; por ser abençoado, você dá, e, por dar, você é abençoado. Podemos indagar o que esses necessitados comeriam durante os outros dois anos. Talvez a regra pressuponha que as famílias não contariam os anos da mesma forma e sempre haveria famílias para as quais aquele era o terceiro ano, assegurando alimento anualmente. Ou, talvez, a praticidade dessas regras seja apenas aparente. Esse não é o único exemplo de uma regra que suscitaria problemas em sua implementação. Isso nos lembra, uma vez mais, que as "regras" estão mais para ideias imaginativas do que um código de leis. Elas indicam o que é importante e fornecem às pessoas ideias de como implementá-las. As pessoas é que devem desenvolver a praticidade.

DEUTERONÔMIO 15:1-18
AJUDANDO NA RECUPERAÇÃO DAS PESSOAS

[1]"Ao fim de sete anos, vocês devem praticar a liberação. [2]Esta é a natureza da liberação: todo credor deve liberar o que empresta ao seu próximo. Ele não deve pressionar o seu próximo, o seu parente, por isso, porque a liberação de *Yahweh* foi proclamada. [3]Vocês podem pressionar um estrangeiro, mas o que for seu, de sua parentela, devem liberar. [4]Desse modo, não haverá necessitados entre vocês, porque *Yahweh* realmente os abençoará na terra que *Yahweh*, o seu Deus, lhes está dando como sua própria, para tomar posse, [5]se apenas escutarem, realmente, a voz de *Yahweh*, o seu Deus, tomando o cuidado de guardarem todo esse mandamento que estou exigindo de vocês hoje. [6]Porque *Yahweh*, o seu Deus, os abençoará como lhes declarou. Vocês emprestarão a muitas nações, mas vocês mesmos não tomarão emprestado. Governarão sobre muitas nações, mas sobre vocês elas não governarão.

[7]"Se houver uma pessoa necessitada entre vocês, um de sua parentela, em um de seus assentamentos na terra que *Yahweh*, o seu Deus, lhes está dando, não endurecerão a sua atitude ou fecharão a sua mão contra o seu parente que está necessitado. [8]Ao contrário, devem abrir bem a sua mão para ele e livremente emprestarem o suficiente para a falta que ele tem. [9]Tomem cuidado com relação a vocês mesmos para que o pensamento indigno não venha à sua mente: 'O sétimo ano, o ano

da liberação, está se aproximando', de modo que o seu olhar sobre o seu parente necessitado se torne perverso e vocês não lhe deem nada. Ele pode, então, clamar a *Yahweh* contra vocês, de forma que se torne uma ofensa. [10]Deem-lhe generosamente. A sua atitude não deve ser má quando derem a ele, [11]porque os necessitados não cessarão na terra. Portanto, eu lhes ordeno: 'Abram bem a sua mão ao seu parente fraco e necessitado em sua terra.'

[12]"Se alguém de sua parentela, um homem hebreu ou mulher hebreia, vender-se a vocês, ele pode servi-los por seis anos. No sétimo ano, vocês devem mandá-lo embora, como uma pessoa livre. [13]Quando o mandarem embora como uma pessoa livre, não o mandarão de mãos vazias. [14]Abasteçam-no liberalmente de seu rebanho, de sua eira, de seu lagar, com os quais Deus os têm abençoado. [15]Tenham em mente que vocês foram servos no Egito e que *Yahweh*, o seu Deus, os redimiu. Portanto, eu estou ordenando isso hoje. [16]Se ele lhes disser: 'Eu não deixarei você', porque ele tem se dedicado a você e à sua família, porque é bom para ele estar com vocês, [17]peguem um furador e perfurem a orelha dele contra a porta, e ele será o seu servo para sempre. Farão isso também à sua serva. [18]Quando o mandarem embora como uma pessoa livre, isso não deve ser difícil aos seus olhos, porque ele os serviu por seis anos pelo equivalente ao salário de um empregado. E *Yahweh* os abençoará em tudo o que fizerem."

Segundo um registro legal, de 6 de julho de 1773, James Best, um trabalhador, "se coloca voluntariamente como servo do capitão Stephen Jones, mestre do *Snow Sally*" (trata-se de um tipo de veleiro). Jones levaria Best de Londres até a Filadélfia, e, em troca, Best trabalharia lá durante três anos para alguém que o comprou; Best receberia comida, bebida, roupas e abrigo e qualquer outra coisa que ele necessitasse durante três anos. Então, ele seria liberto. Alternativamente, caso Best estivesse em posição de pagar quinze libras em sua chegada na América, ele mesmo, então, poderia comprar a sua liberdade. Um registro legal subsequente, na América, comprova como Best foi devidamente "redimido por" (isto é, vendido a) um certo David Rittenhouse, na Filadélfia (presumidamente, este David Rittenhouse seria o famoso astrônomo e servidor público), que pagou a Jones as quinze libras e assumiu a obrigação de suprir as necessidades de Best, em retorno pelos três anos de serviço. A história de Best é um exemplo típico; talvez as pessoas que migraram da Europa para os Estados Unidos durante os séculos XVII e XVIII, em sua maioria, chegaram como servos contratados dessa maneira. Seria ótimo imaginar que Rittenhouse o tratou dignamente, embora muitos desses servos tenham sido vítimas de maus-tratos durante a viagem e após a chegada deles aos Estados Unidos.

As traduções modernas apresentam Deuteronômio 15 falando de "escravos", mas isso é um equívoco. A escravidão vitalícia na qual a Grã-Bretanha e a América cooperaram após a época de Best é, amplamente, um fenômeno europeu, totalmente desconhecida no Oriente Médio. A KJV, na sua versão em inglês usa, mais apropriadamente, "servos contratados", condição similar à da instituição que foi de importância crucial para que europeus pudessem ter um novo começo na América. Deuteronômio pressupõe uma situação na qual uma família era incapaz de pagar as despesas porque não tinha crescido o suficiente para sobreviver. Isso incorpora a promessa de que tal situação não precisava ocorrer, mas sabe que as pessoas são livres para (por exemplo) serem ineficientes ou preguiçosas como fazendeiros, não apenas azaradas. Ainda, incorpora o reconhecimento realista de que sempre haverá membros necessitados na comunidade. Seja como for, no primeiro exemplo, seria responsabilidade de alguém, na vila, emprestar o que eles necessitassem para o próximo ano. O empréstimo, então, não precisava ter um prazo de sete anos, mas, se a pessoa não conseguisse devolvê-lo até o sétimo ano, o empréstimo deveria ser cancelado. O empréstimo na **Torá**, portanto, não constitui um meio de ganhar dinheiro, mas de auxiliar pessoas necessitadas. Não se deve negar o empréstimo porque a iminência do sétimo ano aumenta as chances de o credor não receber de volta o que emprestou.

Uma característica tipicamente presente em Deuteronômio é que as suas regras se aplicam tanto a mulheres quanto a homens. O texto adiciona alguns incentivos para as pessoas agirem do modo correto. O leitor descobrirá que fazer a coisa certa em resposta à bênção de Deus é o roteiro para ser mais abençoado. Em contrapartida, a pessoa a quem se negar generosidade pode, então, clamar a Deus sobre essa atitude, e a negligência passará a ser um problema entre o negligente e Deus. O israelita deverá se lembrar de que foi servo no Egito e que Deus o redimiu (Deuteronômio, portanto, fala como se Deus fosse um senhor comprando um servo, assim como Rittenhouse); somos chamados a ser semelhantes a Deus. Devemos lembrar que as pessoas necessitadas são nossos parentes, irmãos e irmãs. Elas são membros de nossa família e, desse modo, devemos tratá-las da maneira que tratamos familiares em dificuldades, que é diferente do tratamento dispensado a pessoas de fora. Como Paulo escreveu, devemos fazer o bem a todos, especialmente aos que pertencem à família da fé (Gálatas 6:10). Todavia, a referência a estrangeiros pode sugerir algo como empréstimos comerciais em vez de empréstimos a alguém em necessidade, pois o estrangeiro não podia possuir terras e, assim, não poderia estar na posição subentendida por Deuteronômio. Este tem sido o entendimento judaico da passagem, que liberou os judeus a se tornarem financiadores e homens de negócios na Europa, quando a igreja não permitia emprestar a juros, bem como encorajou o desenvolvimento do sistema de empréstimo do Ocidente. Pode-se dizer que falhamos em fazer a distinção, como Deuteronômio, entre emprestar como um meio de fomentar o desenvolvimento e a criatividade e um meio de ajudar aos necessitados. Por consequência, o uso de empréstimos a pessoas e países em necessidade tornou-se um meio de aumentar a opressão sobre eles.

Imagine-se como um fazendeiro que entrou em uma espiral de confusão financeira tal que um mero empréstimo não será suficiente para você sair dessa situação difícil. Nessas circunstâncias, então, você pode deixar que um membro de sua família, e até você mesmo, se torne servo de outro fazendeiro com recursos para dar um impulso à sua fazenda, algo impossível a você. Assim, você não carrega mais essa responsabilidade, e o outro fazendeiro deve cuidar de você. Repetindo, esse acordo deve ser válido por no máximo sete anos, embora possa se mostrar tão favorável que você não queira mais retornar à "liberdade", mesmo que o seu senhor lhe forneça os meios de um recomeço. O incentivo ao seu senhor para mantê-lo é que ele obtém um serviço melhor de servos que são como membros da família, com as obrigações pertinentes a essa posição e a quem ele deve simplesmente assegurar o sustento, do que de um servo que cumpre uma jornada de oito horas por dia, seis dias por semana e, depois, "cai fora".

Como o restante da Torá, Deuteronômio, portanto, não toma como garantido que a base para o trabalho é que alguém pague a outra pessoa pelos serviços dela, um dos alicerces do nosso sistema ocidental. Na realidade, considera que vender o trabalho é algo estranho a se fazer. A base natural para o trabalho é uma família trabalhando unida em um projeto que constitui o fundamento de sua subsistência comum, e mesmo alguém que deseja permanecer como um servo trabalha dentro desse contexto; um sistema que possui o potencial de funcionar muito melhor do que o sistema de trabalho e emprego (para não dizer de desemprego e pobreza) que utilizamos no Ocidente.

DEUTERONÔMIO 15:19—16:17
O RITMO DA PEREGRINAÇÃO

[Deuteronômio 15:19-23 fornece algumas regras sobre a oferta das primeiras crias dos animais.]

CAPÍTULO 16

[1]"Guardem o mês de abibe e observem a Páscoa de *Yahweh*, o seu Deus, porque em abibe, à noite, *Yahweh*, o seu Deus, os tirou do Egito. [2]Sacrificarão, como a Páscoa de *Yahweh*, o seu Deus, do rebanho e do gado no lugar que *Yahweh* escolher para ser habitação do seu nome. [3]Não comerão nada fermentado com isso. Por sete dias, comerão pão asmo com isso, pão de aflição, porque foi às pressas que vocês saíram do Egito, para que se lembrem do dia que saíram do Egito todos os dias de sua vida. [4]O fermento não aparecerá entre vocês, em nenhuma parte de seu território, por sete dias, e nenhuma carne que vocês sacrificarem na noite do primeiro dia permanecerá até a manhã. [5]Não serão capazes de sacrificar a Páscoa em um dos assentamentos que *Yahweh*, o seu Deus, lhes está dando, [6]mas no lugar que *Yahweh*, o seu Deus, escolher para ser habitação do seu nome vocês sacrificarão a Páscoa, à noite, ao pôr do sol, o tempo que saíram do Egito. [7]Cozinharão e comerão no lugar que *Yahweh*, o seu Deus, escolher, e retornarão às suas tendas pela manhã. [8]Por seis dias comerão pão asmo, e no sétimo dia haverá uma assembleia para *Yahweh*, o seu Deus; vocês não farão nenhum trabalho.

[9]"Contarão sete semanas para vocês mesmos; a partir de quando começarem (a colocar) a foice no cereal em pé, iniciarão a

contagem das sete semanas. [10]Observarão a Festa das Semanas para *Yahweh*, o seu Deus, como uma oferta voluntária apropriada de sua mão, que darão conforme *Yahweh*, o seu Deus, os abençoar. [11]Regozijar-se-ão perante *Yahweh*, o seu Deus, vocês, o seu filho e a sua filha, o seu servo e a sua serva, o levita em seu assentamento, e o estrangeiro, o órfão e a viúva em seu meio, no lugar que *Yahweh*, o seu Deus, escolher para ser habitação do seu nome. [12]Tenham em mente que vocês foram servos no Egito e tomem o cuidado de guardar essas regras.

[13]"A Festa das Cabanas vocês guardarão durante sete dias, quando tiverem recolhido [o produto da] a sua eira e o seu lagar. [14]Regozijar-se-ão em seu festival, vocês, o seu filho e a sua filha, o seu servo e a sua serva, o levita, o estrangeiro, o órfão e a viúva em seu assentamento. [15]Por sete dias, realizarão um festival para *Yahweh*, o seu Deus, no lugar que *Yahweh* escolher, porque *Yahweh*, o seu Deus, os abençoará em toda a sua produção e em todo o trabalho de suas mãos. Vocês estarão apenas regozijando."

[Os versículos 16-17 formam um resumo.]

Há uma igreja episcopal, situada a cerca de oito ou dez quilômetros de minha casa, cuja liderança e congregação decidiram, recentemente, retirar a sua identificação com a Igreja Episcopal nos Estados Unidos, embora mantendo o anglicanismo, num sentido mais amplo. Ela, portanto, tornou-se uma paróquia missionária sob a supervisão de um bispo em outra parte do mundo. Essa é uma das inúmeras paróquias em Los Angeles que adotaram a mesma conduta. Embora a posição da denominação em relação aos casamentos homoafetivos tenha sido um fator motivador da mudança, essas congregações têm uma convicção mais abrangente de que a denominação age de modo irresponsável com a doutrina cristã. Se uma congregação realmente acredita que a igreja central saiu dos trilhos e que não pode mais permanecer associada a ela, é um movimento sábio submeter-se a alguma outra supervisão, em lugar de presumir que tudo, a seu tempo, se ajeitará. (Não estou preocupado em comentar os prós e contras da ação dessas congregações; eu mesmo ainda estou na Igreja Episcopal.) Em contraste, às vezes a igreja central está nos trilhos e a sua tarefa é agir se uma igreja local descarrilhar. Recentemente, os bispos episcopais se recusaram a ordenar bispo um pastor que afirmou ser tanto budista quanto cristão.

Deuteronômio almeja que Israel permaneça nos trilhos, e essa preocupação subjaz em suas instruções distintas que cobrem os três festivais anuais, Páscoa e Pães Asmos, na primavera, Semanas ou Pentecoste, no início do verão, e Cabanas, Tabernáculos ou Tendas, no outono. Trata-se do quarto conjunto de instruções da **Torá** sobre o assunto (compare Êxodo 23, Êxodo 34, bem como Levítico 23). Os três festivais mesclam dois temas. Um deles é a celebração das fases da colheita, que é mais explícito aqui, com Semanas e Cabanas. O outro é uma celebração dos atos pelos quais Deus trouxe Israel à existência como povo, que é mais explícito aqui, com a Páscoa. Os dois temas estão relacionados. Tirar Israel do **Egito** tinha como objetivo levar o povo a uma terra na qual os israelitas cultivarão as suas plantações. O cultivo das próprias plantações é consequência de Deus os haver tirado do Egito e ter lhes dado a terra. A vida diária ou anual dos israelitas, os grandiosos atos por meio dos quais Deus os libertou, bem como o cumprimento das promessas eram aspectos da atividade divina.

Essa é a quarta vez que Deus dá aos israelitas um conjunto de instruções como esse. Uma vez mais, a Torá está reunindo conjuntos de regras dados por Deus a Israel, em diferentes pontos de sua história, e/ou em contextos sociais distintos, e/ou sobre pessoas com históricos diferentes (por exemplo, Levítico 23 reflete mais os interesses dos sacerdotes, enquanto Deuteronômio pode refletir as prioridades dos grandes profetas). É possível comparar as inúmeras e diversificadas formas mediante as quais a adoração na igreja tem sido realizada nos diferentes séculos e em distintas partes do mundo. Situações diferenciadas sugeriam diferentes formas de ajustar as regras, todas elas trabalhando as implicações do que Moisés teria dito caso confrontasse esses diferentes contextos.

Em outras passagens da Torá, a Páscoa e o Festival dos Pães Asmos são próximos no tempo, mas semi-independentes, porque a Páscoa é celebrada nos lares, enquanto a celebração dos Pães Asmos é observada no santuário. Quando há muitos santuários, não deve haver qualquer tensão a respeito, pois, assim como a nossa celebração do Natal, ela pode envolver uma refeição em família ou um culto na igreja. No entanto, Deuteronômio espera que Israel destrua todos os santuários locais e, portanto, celebre tanto a Páscoa quanto o Festival dos Pães Asmos no santuário central, e 2Reis 23:21-23 menciona a celebração, nos dias do rei Josias, como a primeira desse tipo em todo o período da monarquia. Isso seria mais viável em sua época porque, então, a comunidade abrangia apenas **Judá**, que era muito reduzido em tamanho, comparável a um mero condado nos Estados Unidos ou na Grã-Bretanha. A suposição de que a Páscoa será um grande festival central explicará a provisão para o sacrifício de gado, não meramente de ovelhas (o que seria plenamente suficiente para a celebração de uma família estendida).

O contexto na história de Josias ajuda a explicar a lógica de centralizar a observância da Páscoa e de outros sacrifícios. Durante décadas, antes desse reinado, a adoração em

Jerusalém, bem como nos demais santuários locais, havia sido influenciada pelo culto a Baal e/ou explicitamente envolvia a adoração a esse deus. À luz da descoberta de um "livro da **aliança**" no templo, Josias adotou como objetivo profanar os santuários locais e, assim, eliminar o culto nesses lugares de uma vez por todas. Os paralelos entre o que esse rei fez e o que Deuteronômio ordena tornam plausível deduzir que o livro da aliança descoberto no templo fosse Deuteronômio, ou algo similar. A centralização de festivais e sacrifícios em Jerusalém tornou possível assegurar que fossem celebrados e ofertados de forma verdadeiramente honrosa a Deus. Claro que isso funcionaria apenas enquanto houvesse um rei como Josias e um sacerdote como Hilquias; apenas algumas décadas após o reinado de Josias, as coisas em Jerusalém voltaram a se deteriorar. Todavia, se houver uma liderança central fiel, ela pode exercer a supervisão da adoração

DEUTERONÔMIO **16:18—17:13**
JUSTIÇA E SOMENTE A JUSTIÇA (FIDELIDADE ABSOLUTA)

18"Indiquem para vocês oficiais com autoridade em todos os assentamentos que *Yahweh*, o seu Deus, está dando para os seus clãs. Eles devem tomar decisões pelo povo de uma forma fiel. **19**Vocês não devem distorcer a tomada de decisão. Não devem prestar atenção na pessoa [de alguém]. Não devem aceitar presentes, porque os presentes cegam os olhos dos especialistas e distorcem as palavras do fiel. **20**Devem perseguir a fidelidade absoluta para que possam viver e tomar posse da terra que *Yahweh*, o seu Deus, lhes está dando."

[Deuteronômio 16:21—17:3 retorna a algumas proibições com respeito à adoração e, então, à acusação de que alguém tem adorado outros deuses.]

CAPÍTULO 17

[4]"Se lhes for reportado ou ouvirem isso, vocês devem investigar bem. Caso seja, de fato, verdade, a coisa está estabelecida, essa ofensa foi cometida em Israel, [5]vocês devem levar o homem ou a mulher que fez essa coisa maligna aos portões da cidade e os apedrejar até a morte. [6]Pela palavra de duas ou três testemunhas uma pessoa deve ser condenada à morte. Não deve ser condenada à morte pela palavra de uma testemunha. [7]A mão das testemunhas deve ser a primeira contra ela para levá-la à morte e, depois, a mão de todo o povo, e vocês eliminarão o mal do seu meio.

[8]"Se uma questão for difícil demais para vocês decidirem, quanto ao derramamento de sangue, a uma disputa ou a um assalto (questões de conflito em seu assentamento), devem partir e subir ao lugar que *Yahweh*, o seu Deus, escolher [9]e ir aos sacerdotes levitas, à autoridade que estiver ali, no momento, e inquirir. Eles lhes dirão a palavra de decisão, [10]e vocês devem agir de acordo com a palavra que eles disserem do lugar que *Yahweh* escolher. Devem ter o cuidado de agir segundo tudo o que eles lhes ensinarem."

[Os versículos 11-13 resumem as instruções.]

Da última vez que levei um grupo de alunos a Israel, havia, entre os palestrantes da noite, um palestino cristão chamado Naim Ateek; posteriormente, o filho dele veio estudar em nosso seminário. O dr. Ateek nasceu na Palestina durante o Mandato Britânico, e sua família viveu em uma das áreas que foram tomadas por Israel, em 1947-1948. Eventualmente, ele se tornou um dos pastores da Catedral Episcopal, em Jerusalém, vivendo no lado oriental dessa cidade; isso me levou a imaginar que ele estivesse preocupado por caminhar, tarde da noite, na parte antiga de Jerusalém (eu andei sem pestanejar). Em sua dissertação de doutorado, o dr. Ateek procurou refletir sobre a posição teológica do povo palestino. Posteriormente, ele publicou o trabalho em um livro intitulado *Justice, and Only Justice: A Palestinian Theology of Liberation* [Justiça, e somente a justiça: uma teologia da libertação palestina]. O título foi extraído dessa passagem de Deuteronômio; ele foi perspicaz ao utilizar uma passagem de Deuteronômio na discussão dos direitos do povo palestino.

A expressão "justiça, somente a justiça" está presente nas versões Almeida (ARC, ACF) e KJV, que traduzi por "fidelidade absoluta". **Fidelidade** (*sedeq*) denota fazer a coisa certa aos membros de sua comunidade. No filme *Faça a coisa certa*, de Spike Lee, a questão sobre fazer o certo diz respeito às relações raciais, de modo que o contexto não difere muito das relações entre palestinos e israelenses judeus. (O filme termina com duas citações contrastantes. Martin Luther King declara: "A violência como forma de alcançar a justiça racial é tanto impraticável quanto imoral." Malcolm X declara: "Eu não sou contra usar a violência em autodefesa. Nem mesmo chamo de violência quando é autodefesa; chamo de inteligência." Todos, judeus e cristãos (e muçulmanos), pertencem à família de Abraão. Não deveriam eles fazer a coisa certa, a coisa absolutamente fiel, perseguindo a justiça e somente a justiça para a outra pessoa?

Deuteronômio preocupa-se especialmente com fazer a coisa certa no contexto da comunidade. Nas vilas em que a maioria das pessoas vivia, os anciãos eram as pessoas que lidavam com as disputas e os conflitos, incluindo homicídios, portanto tinham a responsabilidade de fazer a coisa certa. Dificilmente, um vilarejo necessitaria de "oficiais", mas, com o desenvolvimento das cidades em Israel, o sistema que funcionava bem nas vilas podia não ser tão eficiente em cidades maiores. Assim, 2Crônicas 19:5 descreve o rei Josafá nomeando "juízes" em todas as grandes cidades. Deuteronômio fornece alguns princípios que são óbvios e básicos, mas que jamais devem ser considerados como garantidos (os Profetas mostram e a nossa própria experiência confirma). Isso, provavelmente, ocorrerá mais nas cidades, nas quais tudo é menos pessoal e as diferenças econômicas são mais profundas. As autoridades ou juízes devem tomar as decisões legais de uma forma absolutamente fiel em relação à comunidade, sem distorcer a tomada de decisão. Eles não devem levar em conta a importância das pessoas envolvidas na disputa, nem devem aceitar presentes. Obviamente, isso se aplica a aceitar presentes de pessoas no meio de uma disputa, porém Deuteronômio não se limita a esse fato. Um juiz pode ser capacitado e fiel, mas aceitar a oferta de alguém para duas semanas de férias em uma propriedade no Mediterrâneo, decerto, dificultará a objetividade do juiz quando ele tiver que julgar um caso futuro da pessoa que o hospedou.

O livro de Deuteronômio prossegue externando a sua preocupação com outro aspecto de fazer justiça: assegurar que a pessoa errada não seja executada. As cidades de asilo, descritas em Números 35, lidam com esse aspecto relacionado ao homicídio, enquanto o texto de Deuteronômio foca a acusação de que alguém tem adorado outros deuses, o que também é uma pena capital (apesar de observarmos que Israel não parece tratar essas instrução como uma "lei", de implementação literal). Uma vez mais, pelo menos duas testemunhas são exigidas para a condenação. Claro que, se é possível contratar uma testemunha, provavelmente pode-se contratar duas, como bem provou o rei Acabe (1Reis 21). Contudo, as testemunhas precisam ser muito audaciosas e inescrupulosas para agir tão dolosamente na execução que Deuteronômio descreve aqui.

Por fim, Deuteronômio institui o equivalente a uma corte superior, quando os oficiais locais não conseguem resolver um caso; ou melhor, ele reformula a regra presente em Êxodo 21. De acordo com a sua política regular, ele requer que ir à presença de Deus signifique ir ao santuário central em vez de permitir que as pessoas recorram a um dos santuários que remontam ao tempo dos **cananeus**. O capítulo 19 de 2Crônicas também descreve o rei Josafá estabelecendo uma corte superior desse tipo e nomeando alguns levitas e anciãos para servir nesse local.

DEUTERONÔMIO **17:14—18:22**
REIS, SACERDOTES, LEVITAS, PROFETAS

[14]"Quando entrarem na terra que *Yahweh*, o seu Deus, lhes está dando para tomar posse, estiverem vivendo nela e disserem: 'Eu pretendo estabelecer um rei sobre mim, como todas as nações ao meu redor', [15]podem, de fato, estabelecer sobre vocês um rei a quem *Yahweh*, o seu Deus, escolher. Do meio de seus irmãos, podem escolher um rei sobre vocês. Não podem colocar sobre vocês um homem que seja estrangeiro, que não seja seu irmão. [16]Além disso, ele não pode multiplicar cavalos para si mesmo, nem pode fazer as pessoas voltarem ao Egito para que possa multiplicar cavalos, pois *Yahweh* lhes disse: 'Nunca mais retornem por aquele caminho.' [17]Ele não pode multiplicar esposas para si mesmo, para que elas não desviem a sua mente. Nem pode ele multiplicar grandemente prata e ouro para si mesmo. [18]Quando ele se sentar em seu trono real, escreverá para si mesmo uma cópia deste ensino em um rolo diante dos sacerdotes levitas. [19]Isso estará com ele e o lerá todos os dias de sua vida para que possa aprender a reverenciar *Yahweh*, o Deus dele, por observar cada palavra desse ensino e dessas regras, por fazê-las, [20]para que a mente dele não se eleve acima de seus irmãos e ele não se desvie do mandamento para a direita ou para a esquerda, a fim de que

possa permanecer por muito tempo sobre o seu reino, ele e seus filhos, no meio de Israel."

[Deuteronômio 18:1-17 abrange o sustento aos sacerdotes por meio das ofertas do povo, o direito dos levitas para ir e viver no santuário central e compartilhar do que for ofertado lá e a importância de o povo buscar orientação somente de Yahweh, *não por outros meios religiosos — o que leva a falar sobre profetas.]*

CAPÍTULO 18

[18]"'Eu produzirei um profeta para eles dentre seus irmãos como vocês. Colocarei as minhas palavras na boca dele, e ele falará tudo o que eu lhe ordenar. [19]A pessoa que não ouvir as palavras que ele falar em meu nome — eu mesmo irei resolver isso com ela. [20]Além disso, o profeta que presumir falar uma mensagem em meu nome que eu não lhe ordenei falar ou que falar em nome de outros deuses, esse profeta morrerá. [21]Se disserem a si mesmos: "Como reconheceremos a mensagem que *Yahweh* nos falou?", [22]o que o profeta falar em nome de *Yahweh*, mas a mensagem não se cumprir ou não se tornar em realidade, essa é a mensagem que *Yahweh* não falou. O profeta a falou presunçosamente. Vocês não terão medo dele.'"

No seminário em que eu lecionava, na Inglaterra, de tempos em tempos havia alguém proferindo uma mensagem profética no meio do louvor. Normalmente, essas mensagens eram encorajadoras e genéricas, prometendo aos presentes o amor, a proteção e a provisão de Deus. Certa feita, um de meus colegas comentou que dois terços dessas mensagens eram triviais, mas que um terço não era ruim. Em algumas ocasiões, recebi promessas que eram mais concretas e que Deus, de fato, honrou. Por outro lado, durante anos houve no seminário um aluno que, regularmente, proferia algumas mensagens duras (porém, vagas) de juízo, cuja avaliação era deveras complexa.

O elemento complicador era o fato de o "profeta" em questão ser uma pessoa irritadiça e amarga e, por isso, sempre havia uma suspeita de que estivesse tentando trabalhar as suas próprias questões. No entanto, Deus opera por meio de personalidades, de modo que esse seria um fundamento perigoso para ignorá-lo.

Naquilo que declara sobre os profetas, Deuteronômio, ao mesmo tempo que encoraja, reconhece esse dilema. O cenário do encorajamento é o desejo humano natural de conhecer previamente o que o futuro reserva, o que leva as pessoas a recorrerem a adivinhos e videntes, em busca de um contato com familiares já falecidos, na presunção de que os mortos detêm um conhecimento especial do futuro. Outras passagens do Antigo Testamento discorrem sobre consultas a estrelas. Assim, é compreensível que outros povos se dediquem a essa prática, diz Deuteronômio, mas Deus os resgata disso ao lhes enviar profetas. Eles são os meios de saber o que Deus deseja que vocês saibam sobre o futuro (e devem aprender a viver em confiança por não conhecerem o que Deus não deseja que vocês conheçam).

Contudo, como sabemos que um profeta está realmente falando da parte de Deus? Levantar essa questão, de novo, reflete como o Espírito Santo está capacitando as pessoas de um século posterior a exercitar o que Moisés diria se estivesse presente aqui e agora. Trata-se especialmente de uma questão relevante ao tempo de Jeremias, o mesmo período no qual Josias está centralizando a adoração em **Judá** (veja os comentários sobre Deuteronômio 16) e o tempo no qual a questão sobre os "falsos profetas" constituía um grande problema em Judá. Eles são um embaraço particular para Jeremias, porque ele é praticamente o único profeta a declarar que Deus irá trazer calamidade sobre Judá. Outros profetas declaram que

Deus é amoroso e que sempre será fiel ao povo. "Vamos ver como as coisas se revelam então", diz Jeremias. "Os eventos estabelecerão quem é o verdadeiro profeta"; e assim ocorreu. Esse é o teste do qual Deuteronômio 18 fala. O livro não afirma que a palavra de um falso profeta jamais se cumprirá; Deuteronômio 13 já reconheceu que isso é possível. Na realidade, ele afirma que, quando a palavra de um profeta não se cumpre, não é preciso se preocupar com ele. Como Jeremias reconhece, esse princípio propicia apenas uma ajuda limitada (Deuteronômio 13 ofereceu outro teste, também de alcance limitado). Não existem testes definitivos, mas eles são de algum auxílio.

Dentre os "seus irmãos" é que Deus produzirá um profeta (talvez eu devesse traduzir por "de seus irmãos e irmãs", já que o primeiro profeta, depois de Deuteronômio 18, é Débora, além do fato de que, na reforma realizada por Josias, Hulda exerceu um papel-chave como profetisa). Trata-se de uma das palavras favoritas de Deuteronômio e desempenha uma função-chave em relação à regra sobre reis que abre a passagem da Escritura que estamos considerando. Ela apresenta alguns significados que, talvez, sejam também aplicáveis aos profetas. O primeiro é que o rei deve ser indicado dentre os de Israel; não pode ser um estrangeiro. Sob a providência e a soberania de Deus, Israel possui recursos internos suficientes para sua liderança e orientação; não é preciso olhar para fora, pois, além de desnecessário, isso é perigoso. Outro significado é que o rei deve ter constantemente em mente que é apenas um do grupo de irmãos; ele não deve cair na armadilha de pensar que é mais importante que os demais. Todavia, é praticamente impossível evitar esse ardil, em parte porque os próprios liderados colocam os seus líderes em pedestais. Deuteronômio também enfatiza que os profetas, igualmente, são apenas irmãos por meio dos quais Deus fala.

Contudo, ao prescrever o que o povo deveria fazer quando desejassem ter um rei, Deuteronômio novamente lida com algo que virá a ser uma questão relevante apenas séculos após os dias de Moisés. Quando esse tema surge, no tempo de Samuel, o Antigo Testamento mostra estar ciente da ambiguidade da ideia de reinado. Ter reis é algo suspeito porque Deus deve ser o rei de Israel. No entanto, quando não há reis humanos em Israel, "as pessoas fazem o que é certo aos seus próprios olhos", levando ao caos moral e social. A perspectiva de Deuteronômio oferece outra posição sobre como lidar com essa ambiguidade. Israel pode ter um rei, mas Deus é que o escolherá, e esse rei precisará evitar a tentação de se entregar à autoindulgência que, usualmente, caracteriza as pessoas em cargos de liderança, que possuem casas maiores e planos de saúde melhores do que os seus liderados. Além disso, o rei deve ter meios de garantir que ele não se torne uma lei em si mesmo. Assim, ele deve fazer para si uma cópia da *lei*, ter o ensino nesse próprio rolo e viver e governar por ela, para que, por exemplo, não se deixe desviar em consequência de seus casamentos políticos. Há certa ironia em tais expectativas, pelo que mostrou a história de Salomão, na época em que Deuteronômio foi escrito.

Ambos, rei e profeta, tornaram-se meios de retratar o redentor que Deus, no devido tempo, enviará a Israel, como o Messias e *o* profeta. Aqui, não há uma sugestão direta de que Israel necessitará de um rei redentor, porém a falha dos reis em viver de acordo com a prescrição de Deuteronômio constitui o pano de fundo que nutre a esperança de Israel por alguém que cumpra esse papel. Igualmente, a fala de Deuteronômio sobre "um profeta como Moisés" não se refere a um único profeta, mas isso, com o tempo, forneceu outra imagem para a figura redentora que Deus enviará (veja, por exemplo, Atos 7:37).

DEUTERONÔMIO 19:1–20:20
COMO FAZER GUERRA (OU COMO TORNÁ-LA IMPRATICÁVEL)

[Deuteronômio 19:1-13 reafirma as regras sobre as cidades de asilo de Números 35.]

CAPÍTULO 19

[14]"Vocês não moverão os marcadores de divisa de seus vizinhos, que as gerações anteriores estabeleceram na propriedade que receberem na terra que *Yahweh*, o seu Deus, lhes está dando para tomar posse.

[15]"Uma testemunha não se levantará contra uma pessoa em relação a qualquer transgressão ou ofensa, com respeito a uma ofensa que ele cometer. Pela palavra de duas ou três testemunhas a declaração prevalecerá. [16]Se uma testemunha criminal se levantar contra uma pessoa para testificar mentiras contra ela, [17]as duas pessoas que têm a disputa aparecerão diante de *Yahweh*, perante as autoridades sacerdotais que estiverem lá, naquele momento. [18]As autoridades investigarão bem, e, se a testemunha testificou falsidade contra o seu irmão, [19]vocês farão a ela o que ela intencionava fazer contra o seu irmão e eliminarão o mal de seu meio, [20]enquanto o resto ouvirá e terá medo, e as pessoas nunca mais agirão dessa forma maligna em seu meio. [21]O seu olho não terá pena: vida por vida, olho por olho, dente por dente, mão por mão, pé por pé.

CAPÍTULO 20

[1]"Quando forem à batalha contra os seus inimigos e virem cavalos e carruagens, um povo maior que vocês, não terão medo deles, porque *Yahweh*, o seu Deus, que os tirou do Egito, estará com vocês. [2]Quando estiverem se aproximando da batalha, o sacerdote irá à frente, falará ao povo [3]e lhes dirá: 'Ouçam, Israel. Vocês estão se aproximando hoje da batalha contra os seus inimigos. Vocês não serão covardes. Não tenham medo, não entrem em pânico, não tenham receio

deles, [4]porque *Yahweh*, o seu Deus, irá com vocês batalhar com os seus inimigos por vocês, para livrá-los.' [5]Então, os oficiais falarão ao povo: 'Quem é a pessoa que construiu uma casa nova e não a dedicou? Ela deve ir e retornar ao seu lar para que não morra em batalha e outra pessoa a dedique. [6]Quem é a pessoa que plantou uma vinha e não a iniciou? Ela deve ir e retornar ao seu lar para que não morra em batalha e outra pessoa a inicie. [7]Quem é a pessoa que noivou com uma mulher e não a desposou? Ela deve ir e retornar ao seu lar para que não morra em batalha e outra pessoa a despose.' [8]Os oficiais falarão ainda ao povo e dirão: 'Quem é a pessoa que está com medo e acovardada? Ela deve ir e retornar ao seu lar para que não faça o coração de seus irmãos se enfraquecer como o dela.' [9]Quando os oficiais terminarem de falar ao povo, eles devem nomear comandantes do exército à frente do povo. [10]Quando se aproximarem de uma cidade para batalhar contra ela, devem proclamar paz a ela."

[Os versículos 11-20 descrevem o que deve acontecer caso a cidade se renda ou não, distinguem o tratamento dos povos locais em Canaã e proíbem a destruição de árvores frutíferas em um cerco.]

Ontem à noite, durante o jantar, uma amiga se exaltou ao comentar sobre um evento ao qual havia comparecido na noite anterior. No evento, havia um ex-fuzileiro naval, que se tornara pacifista, lamentando o equívoco da guerra no Afeganistão com base (segundo ela) numa leitura confusa da história recente e da política e autocompreensão dos Estados Unidos. "Não que eu seja simplesmente a favor de estarmos em guerra no Afeganistão", ela disse. "A situação, o histórico e as políticas apenas requerem uma compreensão muito mais profunda do que a demonstrada por esse pacifista." Uma de minhas colegas colou um adesivo em sua porta com a seguinte mensagem: "Acho que, quando Jesus disse para amarmos os nossos inimigos, provavelmente ele quis dizer que não devemos matá-los." Há lugar para essas declarações diretas e sensatas, bem como de simples compromissos, que prestam um testemunho aos demais, porém também há um papel para as pessoas que se deixam mortificar por essas declarações e compromissos. Todavia, acima de tudo, tais perspectivas divergentes precisam ser mescladas com a devida percepção das complexidades e ambiguidades.

Números 20 e 21, além de Deuteronômio 7, já mostraram como a **Torá** reconhece que a guerra é um negócio complicado. Deuteronômio 20 acrescenta outro ângulo, mais próximo da guerra do que as outras abordagens teológicas e éticas sobre esse tema, que observamos em relação a Números 21, embora muito distinto. Como o restante da Bíblia, o capítulo considera a guerra como uma faceta do mundo como ele é e a forma de as nações se relacionarem umas com as outras. É por meio da guerra que nações como a Grã-Bretanha e os Estados Unidos são o que são. O objetivo de Deuteronômio é restringir a guerra. E o faz, com certa sutileza, de maneiras revolucionárias.

É o povo, como um todo (ou, pelo menos, os homens), que faz a guerra; eles não comissionam apenas pessoas que gostam de lutar ou que não possuem empregos nem perspectiva de vida para ir à batalha pelo povo, permitindo que as demais possam prosseguir em sua vida comum, praticamente intocadas. Além disso, as pessoas que detêm a responsabilidade da guerra não são os generais, mas os sacerdotes e líderes da comunidade. Na realidade, os líderes comunitários nomeiam os generais. Quando a batalha é iminente, os sacerdotes se apresentam diante do exército para uma palavra encorajadora; a seguir, os líderes da comunidade vão à frente e oferecem toda sorte de justificativas para as pessoas deixarem as fileiras e voltar para o lar. Construção de casa, desenvolvimento da fazenda e casamento têm prioridade sobre a guerra. Todo aquele que estiver com medo pode voltar para casa também! Por outro lado, a decisão sobre deflagrar uma guerra não deve estar baseada na possibilidade de vitória, mas no fato de saber que Deus está do seu lado. É isso que fará a diferença, não a avaliação racional sobre o seu poderio militar em comparação com os inimigos. Quando o exército está prestes a atacar uma cidade, primeiro ele deve propor um tratado de **paz** a ela. Pode-se dizer que essa seja uma posição pacífica, baseada no amor aos inimigos; contudo, nesse caso, reconhecidamente, "paz" é apenas um eufemismo para "rendição". Todavia, embora a rendição signifique a perda de independência da cidade, pelo menos os seus habitantes não perderão a vida. Caso a cidade não se renda e os israelenses a sitiem, há limites para a maneira de exercer esse cerco. Regularmente, a guerra devasta o país no qual ela é travada; Deuteronômio diz que é permitido comer o fruto das árvores, porém a destruição delas não é permitida. Essa lista de restrições levaria qualquer general ao desespero.

Assim como muitas pessoas hoje se ofendem com as passagens da Torá sobre a guerra, igualmente nos ofendemos com a instrução de um olho pelo outro. Essa palavra aparece em três contextos diferentes. Aqui, novamente, expressa a sua preocupação com o perjúrio. O primeiro livro de Reis, capítulo 21, relata a terrível história de um homem executado com base em um falso testemunho. Suponha que, como as falsas testemunhas do relato, você receba uma oferta irrecusável para testemunhar falsamente, ou imagine que a família do vizinho possui uma terra melhor que a sua e você fique tentado a mentir com o objetivo de obter essa propriedade. A advertência para não mover o marcador de divisa de seu vizinho e, com isso, aumentar a sua terra, nos faz refletir sobre situações desse tipo.

O livro de Deuteronômio anexa uma assustadora sanção a quem pratica tal ação. O texto discorre poeticamente, assim como Jesus falará sobre o transgressor cortar a sua própria mão, e não temos nenhuma indicação de que alguém compreendeu a fórmula de modo prosaico e literal. A narrativa em 1Reis 21 ilustra o ponto ao seu próprio modo: o casal que comprou o falso testemunho que custou a vida de Nabote não é levado à corte e executado, mas Deus toma providências para que eles percam a vida também. A regra indica que, sempre que você estiver propenso a tentar ludibriar uma pessoa sobre algo, estará também se arriscando a perder algo equivalente ao que espera ganhar, seja o que for. Como a história de Nabote igualmente sugere, é tolice pensar que o seu poder ou os seus recursos lhe podem assegurar distanciamento da transgressão ou o escape da penalidade por aquele ato. Todos devem ser tratados de forma igualitária. Não se deve pensar em poupar alguém pelo que ele é.

DEUTERONÔMIO **21:1-23**
O ASSASSINATO PROFANA A TERRA

[1]"Se uma pessoa morta aparecer no solo que *Yahweh*, o seu Deus, lhes está dando para tomar posse, caída em campo aberto, e não seja conhecido quem a derrubou, [2]os seus anciãos ou as suas autoridades sairão e tomarão as medidas para as cidades ao redor da pessoa morta. [3]A cidade mais próxima da pessoa morta — os anciãos daquela cidade tomarão uma novilha que nunca foi usada no trabalho, que nunca puxou em um jugo. [4]Os anciãos daquela cidade levarão a novilha a um vale de águas correntes e que jamais tenha sido trabalhado ou arado, e eles quebrarão o pescoço da novilha ali, no vale. [5]Os sacerdotes levitas irão à frente, porque *Yahweh*, o seu Deus, os escolheu para ministrarem a ele e abençoarem em nome de *Yahweh*, e toda a disputa ou agressão repousa em sua palavra.

[6]Todos os anciãos daquela cidade que está mais próxima à pessoa morta purificarão as suas mãos sobre a novilha cujo pescoço foi quebrado no vale. [7]Eles declararão: 'As nossas mãos não derramaram este sangue; nossos olhos não viram. [8]Faça expiação por teu povo, Israel, a quem redimiste, *Yahweh*. Não coloques o sangue de uma pessoa inocente no meio do teu povo, Israel.' E o sangue será expiado por eles. [9]Vocês mesmos eliminarão o sangue de uma pessoa inocente do seu meio, porque estarão fazendo o que é certo aos olhos de *Yahweh*.

[10]"Quando saírem à batalha contra os seus inimigos e *Yahweh*, o seu Deus, os entregar ao seu poder e vocês os levarem cativos, [11]e virem entre os cativos uma mulher bela, apegarem-se a ela, tomarem-na como esposa [12]e a levarem para a sua casa, e ela raspar a sua cabeça, cortar as suas unhas, [13]guardar as suas roupas como uma cativa, viver em sua casa, lamentar por seu pai e por sua mãe durante um mês e, após isso, vocês tiverem sexo com ela, tornarem-se o seu marido e ela se tornar a sua esposa: [14]se vocês, então, não a quiserem, devem deixá-la ir para onde ela desejar. Certamente, não a venderão por dinheiro. Não farão o que bem desejam com ela, porque a humilharam."

[O capítulo prossegue abordando três outros assuntos relativos à poligamia, vida familiar e execução.]

Na noite passada, assisti ao segundo episódio de uma fascinante série de TV intitulada, *The No. 1 Ladies' Detective Agency* [A agência nº 1 de mulheres detetives]. De certo modo, trata-se apenas de mais uma série do gênero "Miss Marple", porém essa série possui um encanto especial por ser ambientada em Botsuana. A vida da comunidade mescla características da sociedade tradicional e da moderna, e o primeiro desses elementos está mais próximo da vida do Oriente Médio do que da vida ocidental. Um incidente, ocorrido no primeiro episódio, envolve uma reunião dos anciãos da vila para decidirem um conflito sobre uma cabra desaparecida. A cena é comparável ao tipo de procedimento prescrito pela **Torá**. O episódio de ontem envolvia o desaparecimento de um homem. A detetive provou que ele havia sido devorado por um crocodilo. A viúva não se mostrou tão entristecida como esperado, já que (segundo ela) o falecido era um mulherengo.

A preocupação, em Deuteronômio 21, com respeito a uma morte sem solução começa com um corpo encontrado, não com uma pessoa desaparecida, e apresenta um ponto inicial diferente das regras sobre cidades de asilo (Números 35 e Deuteronômio 19). Aquelas passagens começam com uma consciência de que o homicídio causa conflitos dentro da comunidade e, assim, objetivam uma forma justa de resolver a questão. Em Deuteronômio 21, ninguém conhece a identidade da pessoa encontrada inanimada, do possível assassino ou mesmo à qual família o corpo pertence (ou, caso haja respostas para essas perguntas, a regra não se preocupa com elas). Talvez seja alguém de muito longe, vítima do destino que quase alcançou José nas mãos de seus irmãos. Tudo isso é irrelevante. O ponto aqui é que o assassinato mancha a comunidade e a terra. Em outras passagens, a Torá fala desse ato como um ataque a Deus porque a humanidade é feita à imagem divina ou discorre sobre o sangue da vítima clamar do solo. Desse modo, a mancha precisa ser eliminada, e a comunidade é responsável por essa limpeza. Os membros da comunidade não podem dizer: "Nada temos a ver com isso." Antes, devem dizer: "Nada temos a ver com isso", no sentido de que, como comunidade, não somos responsáveis pelo crime, mas "é assunto nosso", o que significa que assumiremos a responsabilidade de lidar com a questão.

O procedimento é um meio de obter **expiação**, de remover a mancha que caiu sobre o solo e a pessoa por causa do assassinato. Isso não pode ser feito pela condenação do assassino, porém o caso não pode ser simplesmente arquivado como "homicídio não solucionado". A mancha jaz na terra e no povo. A morte do animal contrabalança isso. Não se trata exatamente de um sacrifício, pois o animal não é morto no santuário e de forma que não haja derramamento de sangue, como ocorreria no sacrifício. O animal está em seu estado puro, imaculado, de recém-nascido, assim como a localidade na qual o ritual acontece. Como representantes da comunidade, os anciãos não colocam as mãos sobre o animal para sugerir que se identificam com ele ou que o animal os substitui, mas lavam suas mãos sobre a novilha para que a mancha em suas mãos seja transferida ao animal.

O motivo pelo qual o ritual teria o efeito desejado não é esclarecido, e o fato de Deuteronômio manter silêncio pode sugerir que isso era, de fato, desconhecido. Essa regra lembra procedimentos presentes em outros povos do Oriente Médio, aparentando ser outro exemplo de uma prática que Deus assume e torna um meio de alcançar algo. Aqui é o meio divino de prover expiação para a terra. Assim como não existe precisamente uma explicação lógica para Deus aceitar um sacrifício como compensação de uma transgressão, da mesma forma não há um motivo lógico para ele aceitar a morte de uma novilha como um meio de purificação. No entanto, Deus assim procede. A ideia de Deus fazer expiação sublinha a graça envolvida. Por sua natureza, fazer expiação, fazer algo para corrigir as coisas quando elas estão erradas, é da alçada da pessoa responsável pela ação errônea. Normalmente, os seres humanos é que fazem expiação. Aqui, Deus é quem faz expiação. A comunidade pode relaxar quanto às possíveis consequências desse terrível evento em seu meio; se fizerem o que Deus diz, tudo ficará bem.

A regra sobre o tratamento de uma mulher capturada origina-se realisticamente de outro aspecto do mundo como ele é e objetiva restringir as suas consequências negativas. Ela parte da premissa de que os combatentes acabam se casando com mulheres do povo inimigo, com o qual lutaram, e procura proteger as mulheres capturadas das piores consequências desse fato. Quando um homem se casa com uma cativa, ele pode ter a propensão de tratá-la como inferior a uma esposa real. A regra exige que isso não prevaleça. Se o homem decidir que cometeu um erro, ele não pode simplesmente tratá-la como uma escrava estrangeira a quem comprou. Ela possui o mesmo direito ao divórcio como qualquer outra mulher. Claro que (Deuteronômio considera), idealmente, não deveria haver divórcios, mas eles ocorrem, e, nessas circunstâncias, a pessoa desprovida de poder necessita de proteção.

Uma regra subsequente sobre como tratar os filhos também abrange os direitos dos maridos. Como a regra anterior, ela não se preocupa com questões teóricas sobre se a poligamia deveria ocorrer, pois ela, de fato, acontece. A regra deseja lidar com uma de suas possíveis consequências. Um homem pode decidir tratar o seu segundo filho como se fosse o primogênito (com o *status*, os privilégios e as responsabilidades que acompanham essa posição) apenas porque ele gosta mais da mãe do segundo. Uma regra como essa objetiva preservar a devida ordem na comunidade. A regra seguinte, sobre o filho rebelde, também visa, em parte, à ordem na comunidade. Ela está relacionada a um filho adulto, não a uma criança. Um adulto é capaz de libertinagem e embriaguez que, decerto, envolvem outras pessoas. Essa conduta afeta a comunidade e, portanto, é do interesse dela. Por conseguinte, os pais são responsáveis por levá-lo perante a corte comunitária. A preocupação é que a atitude do filho coloque em perigo toda a família (e, assim, no final da história, a comunidade terá que lidar com a presença de uma família empobrecida em seu meio). Os pais não podem permitir que o filho, simplesmente, esgote os seus recursos. O próprio filho é protegido de ações que os pais possam adotar contra ele, movidos talvez pelo rancor à sua rebeldia. A sanção de apedrejamento mostra a relevância desse assunto.

A última regra do capítulo traça um paralelo com a primeira. Um homem que foi executado pode ficar exposto, para vergonha dele, como ocorreu com Saul. Contudo, o corpo exposto profana a terra; da mesma forma que um assassinato corrompe a terra, assim também ocorre com a pena capital. Existe uma ambiguidade sobre esse ato. Um ato de contaminação não deve ser seguido por outro.

DEUTERONÔMIO **22:1-12**
SOBRE MANTER AS COISAS SEPARADAS

[1]"Vocês não verão o boi ou a ovelha de seu irmão se extraviar e os ignorarão. Vocês os farão retornar ao seu irmão. [2]Se o seu irmão não estiver próximo ou não o conhecerem, leve-os para a sua casa. Eles ficarão com vocês até o seu irmão procurar por eles e os devolvam a ele. [3]Farão isso em relação ao jumento, à túnica ou a qualquer outra coisa perdida por seu irmão que se extravie dele e vocês achem. Não ignorarão isso. [4]Não verão o jumento ou o boi de seu irmão caído na estrada e o ignorarão. Levante-o com ele. [5]As coisas de um homem não estarão sobre uma mulher, e um homem não vestirá roupa de uma mulher, porque qualquer um que faz isso é ofensivo a *Yahweh*, o seu Deus. [6]Quando encontrarem o ninho de uma ave à sua frente na estrada, em alguma árvore ou no solo, com filhotes ou ovos e a mãe junto aos filhotes ou aos ovos, não tomarão a mãe juntamente com a descendência. [7]Certamente, devem deixar a mãe ir, mas podem pegar a descendência para vocês mesmos,

para que as coisas possam ir bem a vocês e tenham uma vida longa. [8]Quando construírem uma casa nova, farão um muro para o seu telhado para que não tragam culpa de sangue sobre a sua casa se alguém cair de lá. [9]Não semearão a sua vinha com dois tipos de sementes ou, então, toda a colheita da semente que você plantou e a produção da vinha se tornam santos. [10]Não lavrarão com um boi e um jumento juntos. [11]Não vestirão uma mistura de algodão e linho juntos. [12]Farão para vocês borlas nos quatro cantos de seu manto com o qual se cobrem."

Certa ocasião, vivemos em uma casa, na Inglaterra, que tinha um pequeno jardim nos fundos com um belo canteiro de rosas, porém nenhum espaço adicional para o cultivo de vegetais (o morador anterior era um excelente jardineiro, mas possuía outro lote para cultivar muitos alimentos comestíveis, de modo que o jardim nos fundos era dominado por gramado e flores). Então, passei a plantar cebolas verdes, rabanetes ou alface debaixo das rosas. Isso sempre pareceu uma coisa estranha de fazer, pois envolvia misturar elementos alheios entre si, mas eu gostava das rosas e queria cultivar cebolas verdes e alface.

Talvez o sentimento instintivo de desconforto sobre mesclar coisas alheias entre si me ajude a compreender um dos instintos subjacentes a alguns desses versículos. Os israelitas não deviam misturar coisas alheias entre si. Isso acarretaria alguns benefícios humanitários; colocar um boi e um jumento sob o mesmo jugo poderia ser desconfortável e prejudicial, pelo menos para o jumento. Essa percepção pode também estar por trás da proibição de pegar a ave mãe (para sacrifício?) e também os seus filhotes e ovos. Todavia, essa consideração não explica as proibições como um conjunto. Como em Deuteronômio 14, um possível princípio abrangente é que as pessoas deveriam viver à luz da maneira em que Deus criou o mundo. Deus fez as coisas diferentes umas das outras e as classificou em categorias, como enfatizado em Gênesis 1. Ignorar isso pode significar comprometer a sua colheita (isto é, ela pode se tornar santa e intocável).

Por sua vez, as diferenças funcionam como outro lembrete da distinção entre Israel e os povos vizinhos. Israel não precisa evitar o contato com outros povos, mas deve manter um estilo de vida diferente para lembrar o lugar distinto que ocupa no propósito de Deus. Não vestir as roupas ou "coisas" do sexo oposto (por exemplo, armas ou ferramentas), similarmente, preserva a distinção entre os sexos, para a mesma finalidade. Se você for uma mulher que gosta de usar calças ou um homem que precisa usar um vestido, na igreja, como eu, tudo bem. Essas regras estão entre aquelas que Deus, em algum momento, alterou, como as regras sobre o que se podia comer ou não (veja os comentários sobre Deuteronômio 14). As borlas ou franjas podem ter sido citadas aqui porque elas formam uma exceção à regra de não misturar as coisas (veja o comentário de Números 15:37-41).

Pode-se ver as instruções de abertura (e a regra sobre ter um parapeito em torno de seu telhado plano, no versículo 8) como ilustrações concretas do significado de amar ao próximo. O contexto do mandamento em Levítico 19 deixa claro que o objetivo é evitar possíveis formas de tratar o seu próximo como inimigo. O mesmo, talvez, seria aplicável aqui. Dificilmente seria necessário alertar para se importar com os animais do vizinho caso as duas famílias convivessem em harmonia. Todavia, se você está irritado com os exercícios noturnos de bateria do filho de seu vizinho, quando tudo o que mais deseja é dormir, talvez pense em olhar para o outro lado ao ver o animal de estimação de seu vizinho em dificuldades. O mesmo princípio se aplica caso não conheça o dono do animal em apuros. Por que você não deveria apenas se importar com os seus próprios assuntos? Para impedi-lo de ter tais reações, Deuteronômio tipicamente descreve essa pessoa não simplesmente como seu vizinho, mas como o seu irmão. As demais pessoas na comunidade são membros da sua família, a família de Israel; trate-as de acordo com isso.

DEUTERONÔMIO 22:13-30
SEXO NA CIDADE

[13]"Se um homem desposar uma mulher, tiver sexo com ela e, então, a repudiar [14]e fizer acusações contra ela, dando-lhe má reputação, dizendo: 'Casei-me com esta mulher, tive sexo com ela e não descobri nela evidência de virgindade', [15]o pai e a mãe da garota obterão evidência da virgindade da garota e a apresentarão aos anciãos da cidade, no portão. [16]O pai da garota dirá aos anciãos: 'Dei a minha filha a este homem como esposa, e ele a repudiou. [17]Ora, ele mesmo tem feito acusações, dizendo: "Não encontrei evidência de virgindade em sua filha." Esta é a evidência da virgindade de minha filha.' Então, eles apresentarão o tecido diante dos anciãos da cidade, [18]e os anciãos daquela cidade pegarão o homem, o castigarão, [19]cobrarão dele cem [siclos] de prata e os darão ao pai da garota, porque ele deu má reputação a uma virgem israelita. E ela será a sua esposa; ele não será capaz de se divorciar dela enquanto viver. [20]Mas, se essa coisa for verdadeira, se a evidência de virgindade não for encontrada para a garota, [21]eles apresentarão a garota à entrada da casa de seu pai e os homens da cidade dela a apedrejarão até a morte, porque ela fez algo ultrajante em Israel, ao ser imoral na casa de seu pai. Vocês eliminarão o mal de seu meio."

[Os versículos 22-30 prosseguem impondo a pena de morte por adultério e para o casal que tiver sexo quando a mulher estiver comprometida com outro homem e for razoável considerar que

ela não resistiu aos avanços dele. Caso ela tenha tentado resistir, a pena de morte se aplica apenas ao homem. Se um homem forçar uma garota descomprometida, ele deve pagar uma compensação ao pai dela e estar preparado a se casar com ela sem direito ao divórcio. Nenhum homem pode desposar a esposa de seu pai.]

Estou lendo um livro que entrelaça a história de três compositoras e cantoras icônicas dos anos 1960 – Carole King, Carly Simon e Joni Mitchell. A chave para a história e a música de Joni Mitchell é algo ocorrido quando ela era uma adolescente e que a tem assombrado desde então. Ela engravidou e, no contexto social e cultural do Canadá de sua juventude, era absolutamente essencial e inescapável que seus pais descobrissem um meio de manter a gravidez em segredo até o parto e, então, entregar a criança para adoção. Um amigo afirmou: "Desde então, ela jamais foi capaz de viver consigo mesma." Joni escreveu uma canção sobre o bebê que quase ninguém foi capaz de interpretar quando, por fim, ela a gravou, muito tempo depois de tê-la composto. Em dado momento, após mais de trinta anos da doação, ela encontrou a filha.

Na Grã-Bretanha ou na Carolina do Norte do terceiro milênio, pode ser difícil imaginar-se vivendo no contexto dos costumes familiares e sexuais do início dos anos 1960. Compreender as regras de Deuteronômio sobre as relações sexuais envolve um esforço imaginativo similar. Muitas dessas regras trazem implícita a importância do grupo de parentesco ou da família estendida no contexto das vilas nas quais a maioria dos israelitas morava. Um vilarejo típico poderia abrigar três grupos de parentesco, cada qual, talvez, constituído por cinquenta pessoas. Esse grupo estaria espalhado em inúmeras residências. O cabeça do grupo familiar seria responsável por assegurar que uma garota de seu grupo fizesse um bom casamento com alguém dentre os demais grupos. Um bom matrimônio será aquele que reforce os laços entre os grupos envolvidos e seja bom para a garota e para o rapaz, embora muitos relatos do Antigo Testamento indiquem que isso não significa que os jovens não tenham voz nessa questão. Será importante manter as relações comunitárias equilibradas, caso contrário a vida da vila como um todo pode implodir. A proibição de um filho se casar com a viúva de seu pai (que não seja a sua mãe) está vinculada a essas considerações. Uma união assim estaria destinada a reforçar a posição do filho: ele está reivindicando o lugar do pai. A regra torna particularmente clara uma presunção cultural sobre o casamento diferente da percepção no Ocidente, no qual o casamento se resume a um relacionamento pessoal, romântico e íntimo.

As vantagens e desvantagens desse conjunto de atitudes e de estilo de vida em comparação com o Ocidente espelham-se mutuamente. Em qualquer lugar no qual a **Torá** fosse implementada, ela significaria que todos tinham um lugar na comunidade, "nenhuma criança seria deixada para trás", ninguém teria escassez de comida quando outros a tivessem em abundância, mas os indivíduos não desfrutavam da mesma independência que os ocidentais.

Reconhecidamente, sempre devemos nos lembrar de que não podemos inferir como a vida israelita realmente era com base nas regras da Torá. Decerto, obteríamos um retrato bizarro da vida nos Estados Unidos com base em uma leitura de seus códigos legais. A lei tem por foco situações marginais, sobre como lidar quando as coisas dão errado. Deuteronômio está certamente fazendo isso (enfatizaremos um comentário de Jesus sobre o tema em nossa abordagem de Deuteronômio 24). Não podemos deduzir das regras da Torá como era a vida regular das pessoas comuns; os relatos em Gênesis ou narrativas posteriores podem dar uma impressão melhor disso.

A natureza da vida em uma vila é o cenário das regras de Deuteronômio relativas a situações errôneas envolvendo o sexo. Como ocorre em muitas sociedades, a virgindade importa. Assim, se um homem se arrepende de um casamento e quer uma desculpa para se livrar de sua esposa, então ele pode pensar em acusá-la de não ter se casado com ele virgem. Deuteronômio 22 a protege. O marido não pode simplesmente acusá-la e dispensá-la. Ele precisa provar a acusação, um desafio complexo. Mesmo que ele esteja certo, não seria difícil lançar dúvidas em sua acusação pela apresentação de um suposto lençol de cama da noite de núpcias manchado de sangue, sugerindo que aquela era a primeira relação sexual dela. As chances de a garota ser condenada e, portanto, sofrer a sanção estabelecida são praticamente nulas.

As regras subsequentes sobre sexo também oferecem à mulher alguma proteção e ao homem certo desencorajamento. Não existe um padrão duplo em relação ao adultério: a mesma sanção é aplicada tanto a homens quanto a mulheres. (Essa regra é uma boa ilustração do equívoco de tentar deduzir como a vida realmente era com base nas regras; o Antigo Testamento não registra casos de adúlteros sendo executados.) Se uma garota que está compromissada e, portanto, "legalmente" casada, tem relações sexuais com outro homem, ela é vista como uma adúltera, assim como teria ocorrido com Maria quando ficou grávida de Jesus, porém a sanção para adultério não é aplicada quando há motivo para suspeitar que ela pode ter sido vítima em vez de uma parceira voluntária. A importância atrelada à virgindade significa que uma garota vítima de estupro poderia ter dificuldades em encontrar um homem com quem casar e, mesmo assim, não se deveria esperar que o homem que concordasse em se casar com ela também apresentasse um dote de casamento impressionante ("preço da noiva" seria um termo equivocado; a Torá não expressa a ideia de uma esposa como alguém a quem o marido "compra" e, portanto, "possui"). Isso não é justo com a mulher, mas Deuteronômio está, uma vez mais, baseando-se em como os costumes realmente são. Assim, o estuprador faz alguma compensação à família da garota e deve estar preparado para desposá-la (a regra, de novo, não implica que ela está obrigada a se casar com o seu estuprador, mas que apenas ele tem a obrigação de se casar com ela).

DEUTERONÔMIO **23:1-25**

ATITUDES EM RELAÇÃO AOS EGÍPCIOS (E OUTROS)

[1]"Ninguém cujos testículos tenham sido esmagados ou cujo pênis tenha sido cortado entrará na congregação de *Yahweh*. [2]Nenhum bastardo entrará na congregação de *Yahweh*; mesmo a sua décima geração não entrará na congregação de *Yahweh*. [3]Nenhum amonita ou moabita entrará na congregação de *Yahweh*; mesmo a sua décima geração jamais entrará na congregação de *Yahweh*, [4]porque eles não foram ao encontro de vocês com comida e água no caminho, quando vocês vieram do Egito e porque [Balaque] contratou Balaão, filho de Beor, de Petor, em Arã-Naaraim, contra vocês, para menosprezá-los, [5](mas *Yahweh*, o seu Deus, não ouviu a Balaão, e por vocês, *Yahweh*, o seu Deus, tornou o menosprezo em bênção, porque *Yahweh*, o seu Deus, se entrega a vocês). [6]Não devem buscar o bem-estar deles ou beneficiá-los, enquanto vocês viverem. [7]Não rejeitarão um edomita, porque ele é seu irmão; não rejeitarão um egípcio, porque vocês foram um estrangeiro em seu país. [8]Filhos nascidos deles, a sua terceira geração, podem entrar na congregação de *Yahweh*."

[Os versículos 9-14 lidam com a necessidade de prover ao acampamento um procedimento para lidar com as poluções noturnas e com as defecações, evitando a impureza.]

[15]"Não entregarão ao seu senhor um servo que escapar de seu senhor e for a vocês. [16]Ele viverá com vocês, em seu meio, no lugar que escolher, em um de seus assentamentos, como lhe agradar. Não o maltratarão. [17]Nenhuma mulher israelita se tornará uma hierodula; nem qualquer homem israelita. [18]O presente de uma mulher imoral e a taxa de um cão não virão à casa de *Yahweh*, o seu Deus, por qualquer voto, porque ambos seriam uma ofensa a *Yahweh*, o seu Deus. [19]Não cobrarão juros de seu irmão, juros sobre dinheiro, comida ou qualquer coisa que possa estar sujeita a juros. [20]De um estrangeiro, vocês podem cobrar, mas não de seu irmão, para que *Yahweh*, o seu Deus, possa abençoá-los em todo o empreendimento de sua mão na terra que estão entrando para tomar posse."

[Os versículos 21-25 encorajam as pessoas a manter as suas promessas a Deus e permitem que provem as uvas ou as espigas de trigo da terra de seus vizinhos, mas apenas para experimentá-las.]

Recentemente, compareci a dois *shows* nos quais a banda incluiu músicos de cidades britânicas distantes uma ou duas horas de minha cidade natal — o cantor Graham Nash e o guitarrista Slash. Ambos vivem em Los Angeles há décadas, e não sei se eles são, agora, cidadãos norte-americanos, mas, caso ainda não sejam, vivem com a singularidade de ser residentes estrangeiros aqui, como eu. Desfrutamos de certos direitos, porém convivemos também com certas inseguranças; jamais podemos considerar a nossa residência como garantida. Mesmo como cidadãos, em certa época, se qualquer um de nós fosse mulher, não teríamos direito ao voto. Então, em outra época, caso fôssemos negros, também não teríamos o direito de votar. Na Grã-Bretanha, os católicos romanos e os judeus, por muito tempo, não tiveram o direito ao voto e, em ambos os casos, esse direito foi concedido às mulheres muito tempo depois.

Aqui, Deuteronômio lida com o *status* de estrangeiros na comunidade israelita. Como as regras sobre as criaturas que podiam ou não ser consumidas, as regras sobre quem pode entrar na congregação de ***Yahweh*** mescla diversas preocupações. Uma das mais recorrentes é sugerida pelo uso da palavra "congregação". Sempre haveria pessoas das nações vizinhas em uma vila ou em grandes cidades, como Jerusalém. Um vislumbre do pano de fundo é a regra subsequente sobre não entregar um servo fugitivo ao seu senhor (outras sociedades do Oriente Médio esperavam uma atitude oposta). Alguns desses estrangeiros seriam refugiados; outros poderiam ser mercadores. Imagine haver **egípcios** vivendo em sua cidade. Que direitos eles possuem? Qual é o *status* deles?

Deuteronômio 15 já observou que em uma vila ou cidade há diferenças entre membros da família e as pessoas não pertencentes a ela. Não se devem cobrar juros sobre empréstimos a familiares, porque o empréstimo não é um meio de ganhar dinheiro como ocorre no mundo moderno, mas uma forma de cuidar dos necessitados e ajudá-los a se colocar em pé novamente. Os estrangeiros estão excluídos da família, não porque as famílias não os admitem (as famílias os recebem como estrangeiros residentes), mas porque eles não se identificam com a comunidade e as famílias que a formam, escolhendo, desse modo, viver como estrangeiros residentes. Talvez sejam mercadores em uma permanência apenas temporária. Nessa condição, se desejarem obter um empréstimo para desenvolver os seus negócios, o credor israelita poderá cobrar juros deles.

Lido separadamente do resto do Antigo Testamento, Deuteronômio 23 pareceria revelar uma total marginalização dos estrangeiros, mas, em outras passagens, a **Torá** expressa claramente que os estrangeiros podem se tornar parte da **aliança** abraâmica e unirem-se à Páscoa caso os homens sejam circuncidados. Deuteronômio não está sendo eticamente exclusivista. Uma de suas preocupações é de cunho religioso. Os estrangeiros que passam a crer em *Yahweh* constituem um caso de inclusão, enquanto aqueles que permanecem adeptos às suas próprias religiões, de exclusão. Pode haver uma ligação com a restrição a pessoas que permitiram ter a sua genitália mutilada, por ser este um ritual presente na prática religiosa de alguns povos. No entanto, é um exemplo típico de uma regra que pode mesclar inúmeras preocupações, já que essas pessoas parecem ter agido contra o propósito criativo de Deus, bem como a preocupação de Israel ser fecundo. (Não sabemos o que está sendo condenado pelo termo "bastardo"; pode ser uma referência a pessoas cujos pais são mistos, ou seja, um israelita e um estrangeiro, cuja lealdade a *Yahweh* seria, portanto, incerta. Ou, talvez, pode ser alguém nascido como resultado de uma das uniões proibidas, em passagens como Deuteronômio 22:30.) Proibir pessoas até a décima geração é, na verdade, bani-las para sempre, embora, caso se tornassem comprometidas com *Yahweh*, isso alteraria essa proibição.

Pode haver também uma ligação com a proibição sobre hierodulas. A palavra é o termo comum para uma pessoa consagrada (etimologicamente, uma hierodula é uma escrava do templo), mas, em passagens similares, o termo denota uma pessoa envolvida em uma observância religiosa vista por Israel como imoral. Não sabemos a implicação dessa atividade, embora a menção a tais pessoas como prostitutas cultuais seja equivocada. Tais pessoas podem ter simplesmente atuado como ministros em outras religiões; para os israelitas ter esse nível de envolvimento, significava infidelidade a *Yahweh* e, portanto, algo análogo à imoralidade sexual.

Os estrangeiros que mantêm a adesão à sua própria religião dificilmente podem ser aceitos como membros da *congregação* israelita. Contudo, em Israel, a igreja e o Estado são entrelaçados (para usar os nossos termos); Israel é mais parecido com a Inglaterra do século XIX do que com os Estados Unidos. Esse entrelaçamento torna difícil estabelecer limites claros entre questões religiosas e políticas (em Deuteronomio 23:6 a NVI apresenta: "Nao façam um tratado de amizade com eles"). Isso sugere um compromisso mútuo entre povos, o que, novamente, interliga a religião e a política. O Antigo Testamento, usualmente, desaprova o estabelecimento de alianças de Israel com outros povos, porque isso conflita com a confiança em Deus e, nesse sentido, as nações citadas, por serem os vizinhos imediatos de Israel, representam quaisquer povos com os quais os israelitas venham a estabelecer alianças.

Ao mesmo tempo, Deuteronômio reconhece haver um sangue ruim entre povos como Amom ou Moabe e Israel. O livro não espera que Israel se comporte como se os atos de inimizade desses povos devessem ser simplesmente ignorados e eles fossem considerados confiáveis. Outro motivo é depositar a confiança em Deus em lugar de confiar nas alianças políticas, um argumento fortalecido pela lembrança sobre o modo com que Deus cuidou de Israel sob a hostilidade deles. Então, surpreendentemente, Deuteronômio assume uma posição mais branda em relação a Edom e ao Egito. Os profetas, com frequência, veem Edom como objeto do juízo divino por seus atos contra Israel; Deuteronômio lembra Israel de que Edom é seu irmão (veja Números 20:14-21 e o comentário relativo a essa passagem). O Egito tornou os israelitas em servos; Deuteronômio volta o seu olhar para o tempo anterior, quando o Egito concedeu hospitalidade à família faminta de Jacó. Em outras palavras, o texto afirma os dois princípios, isto é, tanto que a transgressão está sujeita à punição quanto que Israel deve amar os seus inimigos. Em diferentes contextos, um ou outro podem ter mais prioridade.

DEUTERONÔMIO **24:1-22**
SOBRE A INEFICIÊNCIA SAGRADA

[1]"Se um homem desposar uma mulher e se tornar o seu marido, e ela não encontrar favor aos olhos dele por encontrar algo questionável nela, e ele escrever um documento de divórcio, entregá-lo a ela e a mandar embora de sua casa, [2]e ela deixar a casa dele e vir a pertencer a outro homem; [3]se, porém, o outro homem a repudiar, escrever um documento de divórcio, entregá-lo a ela e a mandar embora de sua casa, ou se o outro homem que a desposou morrer, [4]o primeiro marido dela, que a mandou embora, não poderá desposá-la novamente, após ela ter sido feita tabu, porque isso seria uma ofensa diante de *Yahweh*. Vocês não contaminarão a terra que *Yahweh*, o seu Deus, lhes está dando como sua própria. [5]Quando um homem tomar uma noiva, ele não sairá com o exército, nem se transferirá para ele por coisa alguma. Por um ano ele ficará livre para a sua casa, para trazer felicidade à sua esposa com quem se casou."

[Os versículos 6-18 prosseguem proibindo o sequestro de pessoas a fim de forçá-las à servidão e para transmitir um lembrete sobre como lidar com o tipo de doença de pele que afligiu Miriã (veja Números 12), porém concede mais espaço para declarar várias exigências quanto a atitudes em relação aos necessitados. Não se deve levar as pedras do moinho dos devedores como garantia pelos empréstimos; não se deve invadir a casa de um devedor para tomar à força algum penhor prometido; se ele der o seu manto como penhor, o credor deve devolver o manto à noite; não se deve maltratar um trabalhador, mas pagar-lhe no dia em que ele fizer o seu trabalho; não se deve tomar o manto de uma viúva como garantia.]

[19]"Quando ceifarem a sua colheita em seus campos e ignorarem um feixe de trigo nos campos, não retornarão para apanhá-lo. Isso pertencerá ao estrangeiro, ao órfão e à viúva, para que *Yahweh*, o seu Deus, possa abençoar vocês em todo o trabalho de suas mãos. [20]Quando sacudirem a sua oliveira, não voltarão a ela novamente. Isso pertencerá ao estrangeiro, ao órfão e à viúva. [21]Quando cortarem as uvas de sua vinha, não a escolherão de novo. Isso pertencerá ao estrangeiro, ao órfão e à viúva. [22]Vocês devem ter em mente que foram servos no Egito. Eis por que estou ordenando que façam isso."

Apenas uma vez, em toda a minha vida, fui obrigado a demitir alguém porque era necessário economizar dinheiro no seminário e vimos um cargo que poderíamos eliminar sem grande prejuízo à eficiência. A pessoa em questão havia trabalhado durante muitos anos para o seminário e era um bom amigo, mas eliminar a sua posição parecia algo imperativo. Da campanha presidencial de 1992, nos Estados Unidos, emergiu uma expressão de efeito: "É a economia, estúpido." Em outras palavras, é possível acertar, digamos, na política externa, mas isso não o levará a lugar algum com os eleitores dos Estados Unidos, a não ser que você também acerte na área econômica, isto é, exceto se as pessoas tiverem uma percepção de que estão indo bem, de que conseguem honrar seus compromissos financeiros e que estão vivendo muito melhor do que uma década atrás ou do que seus próprios pais viveram. Trata-se de um exagero afirmar que seja a única coisa que importa ao povo, mas está bem próximo da realidade. Analogamente, toda empresa precisa considerar a sua "meta" como prioridade máxima e sempre buscar "economias" potenciais que possibilitarão ganhar mais dinheiro.

Deuteronômio se mostra absolutamente despreocupado quanto ao resultado. Por duas vezes, o texto fala sobre não cobrar juros sobre empréstimos porque deve-se tratar todos os membros da comunidade como irmãos e irmãs. O objetivo, de forma alguma, deve ser ganhar dinheiro. Aqui, a passagem instrui os fazendeiros a não serem extremamente eficientes em seu processo de colheita. Isso é surpreendente. E se a família necessitar de todo o grão, de todo azeite de oliva e de todas as uvas possíveis na colheita do próximo ano? Na realidade, Deuteronômio apresenta uma compreensão diferente da palavra "economia". Em sua origem, o termo significa algo como "administração doméstica", e Deuteronômio adota uma ampla visão do que isso significa. O livro, com frequência, considera estrangeiros, órfãos e viúvas como partes integrantes de uma família, mas, evidentemente, reconhece que eles nem sempre estarão nessa posição, a exemplo da história de Rute e Noemi. Em situações assim, a família (com a sua fazenda) não pode, pura e simplesmente, ignorar as necessidades dessas pessoas, mas deve, de forma deliberada, evitar ser muito eficiente em sua colheita a fim de deixar algo para elas. Isso é mais relevante do que garantir que cada espiga de milho seja colhida e armazenada em preparação a um ano seguinte potencialmente difícil.

A parte central do capítulo faz suposições análogas, forçando um pouco mais o princípio de que emprestar é um ato de misericórdia, não um meio de ganhar dinheiro. Isso significa continuar sendo misericordioso e atencioso na maneira de lidar com um possível devedor. O credor não deve tratar a pessoa que lhe deve como alguém sobre quem ele possui direitos que lhe permitam entrar na casa dela sem ser convidado. Ainda, o credor não deve tomar como garantia ou penhor coisas necessárias à sobrevivência do devedor, tais como as pedras do moinho, necessárias à confecção de pão, ou o manto de uma viúva. Igualmente, ele não deve tomar para si necessidades da vida como o casaco, que se transforma em cobertor à noite. Caso o devedor tenha que trabalhar para o credor como empregado, ele deve receber o pagamento no mesmo dia, pois necessita daquele dinheiro (lembre-se de que trabalhar por dinheiro é uma situação incomum: somente pessoas necessitadas vendem o seu trabalho). Subjacente a todas essas regras está o conhecimento do que é viver em servidão, o que também constitui uma razão para nem sonhar em sequestrar alguém para vendê-lo como servo ou serva.

O ponto exato da regra de abertura sobre divórcio e casar-se novamente com a mesma pessoa é proibir que um homem despose novamente uma mulher da qual já tenha se divorciado. Talvez o seu objetivo seja evitar o recurso fácil do divórcio (o homem deve pensar duas vezes, pois não será capaz de casar com ela novamente), embora seja incerto por que Deuteronômio precisa estabelecer uma regra que cubra essa situação pouco usual. Não obstante, a passagem apresenta alguns pontos reveladores, e talvez seja essa a razão de aparecer na **Torá**. Enquanto uma vertente atraente e idealista do pensamento passa por essas exortações sobre generosidade, essa regra foca o mundo real em que casamentos são desfeitos. Nessa conexão, ela é retomada em Marcos 10, durante uma discussão entre Jesus e alguns fariseus. A questão é: qual a atitude da Torá quanto ao divórcio? Os fariseus permitem o divórcio à luz dessa passagem. Jesus indica que essa permissão pressupõe uma atitude distinta daquela implícita em Gênesis 1 e 2, que sugere o casamento para toda a vida como a visão de Deus. Deuteronômio 24 concede essa permissão por causa da dureza do coração humano. É certo que os casamentos serão desfeitos, e Deus, então, não abandona as pessoas à própria sorte, sofrendo com as consequências; a Torá incorpora uma regra para auxiliá-las no gerenciamento dessa situação.

Especialmente, Deuteronômio pressupõe um mundo no qual um homem detém o poder de decisão para se divorciar de sua esposa. A referência a "algo questionável" é vaga, e não temos nenhuma base com a qual explicar essa expressão. Uma vez mais, o ponto sobre a regra é ser realista. Algumas vezes, os homens apenas desejam se separar da esposa. Deuteronômio não está endossando que eles devem ter esse poder, mas reconhece que é assim que as coisas são em um mundo patriarcal. Quando um marido inicia um processo de divórcio, ele deixa a esposa numa posição ambígua, e os direitos dela precisam ser protegidos. A instrução para que o marido entregue os papéis de divórcio à sua esposa, deixando claro a condição dela, é uma forma de a Torá tentar oferecer a ela essa proteção. Não há motivos para considerar que uma mulher não tivesse o direito de pedir divórcio de seu marido, embora isso, provavelmente, a colocasse em má situação em seu casamento (como costumava ocorrer às mulheres ocidentais, mais frequentemente do que se imagina), exceto se ela pudesse ver uma forma de lidar com isso, caso abandonasse o marido.

A regra sobre o homem ser liberado de servir no exército, durante um ano após o seu casamento, "para trazer felicidade à sua esposa", constitui uma clara companhia visionária à regra do divórcio. As duas pertencem a mundos distintos, e Deuteronômio se preocupa com ambos.

DEUTERONÔMIO **25:1-19**

MANTENDO O NOME DA FAMÍLIA

[1]"Quando houver uma disputa entre pessoas, e elas vierem para uma decisão, e uma decisão for tomada para elas, e uma for declarada certa e a outra, errada, [2]se a pessoa errada

precisar ser açoitada, o que toma a decisão a fará se deitar e ser açoitada em sua presença com o número que esteja de acordo com a sua transgressão. [3]Ele pode fazer com que ela seja açoitada quarenta vezes, porém não mais, para que ele não açoite além disso (uma grande punição) e o seu irmão não seja menosprezado aos seus olhos.

[4]"Não amordaçarão o boi enquanto ele estiver debulhando.

[5]"Quando irmãos viverem juntos e um deles morrer e não tiver filho, a esposa do homem morto não irá para fora, para um homem que for um estranho. O cunhado dela terá sexo com ela; ele se casará com ela e agirá como um cunhado para ela. [6]O primeiro filho que ela gerar receberá o nome de seu irmão morto, para que o nome dele não seja apagado de Israel. [7]Se o homem não quiser se casar com sua cunhada, a sua cunhada irá ao portão, aos anciãos, e dirá: 'Eu não tenho um cunhado para estabelecer em Israel um nome para o seu irmão. Ele não está disposto a agir como um cunhado para mim.' [8]Os anciãos de sua cidade o convocarão e lhe falarão. Se ele mantiver a sua posição e disser: 'Eu não quero me casar com ela', [9]a sua cunhada virá até ele, à vista dos anciãos, removerá o sapato do pé dele, cuspirá em seu rosto e declarará: 'Isso é o que acontece ao homem que não quer edificar a casa de seu irmão.' [10]Ele será nomeado em Israel: 'Casa do homem que teve a sandália removida.'

[11]"Se homens brigarem entre si e a esposa de um vier resgatar o seu marido das mãos de seu agressor e colocar a sua mão e agarrá-lo por suas partes íntimas, [12]vocês cortarão a mão dela fora. O seu olho não terá piedade."

[Os versículos 13-19 apresentam regras com respeito a medidas honestas e a obrigação de punir os amalequitas por atacarem os israelitas quando eles estavam exaustos, no caminho de fuga do Egito.]

Acabei de ler sobre uma corte britânica condenar uma mulher à prisão por matar outra pessoa em um acidente de carro, provocado por ela estar enviando mensagens de texto ao volante. A mãe da vítima e o promotor estão apelando para aumentar a pena. O noticiário comenta que a prática de enviar mensagens de texto ao volante tem se tornado cada vez mais comum e socialmente aceita, porém o tribunal não tratou essa morte como um acidente trágico e "algo que acontece", mas como um crime hediondo. Em geral, é complicado negociar entre a responsabilidade pessoal, a liberdade individual e a obrigação social e, ainda mais complexo, discernir qual a punição que adequadamente reconhece a "hediondez" de um crime e atua como agente para dissuadir outras pessoas. Ao mesmo tempo, não se deve humilhar em excesso a pessoa exposta publicamente para que outras pensem: "Poderia ser eu no lugar dela."

Duas dessas regras suscitam problemas relacionados. A primeira pressupõe uma disputa entre duas pessoas tal como a posse de um animal ou a responsabilidade por algum dano. O ideal é que a disputa seja resolvida entre os envolvidos ou as suas respectivas famílias, mas, quando isso não funciona, as duas partes devem procurar as autoridades comunitárias para decidir quem tem razão. Ambos se apresentam diante do equivalente a uma corte, que decide quem está em seu direito e quem está mentindo e cometendo perjúrio (sem citar blasfêmia, porque o processo envolveria jurar pelo nome de Deus sobre dizer a verdade), além de impor uma punição física sobre o mentiroso. A preocupação particular da regra é assegurar que a pessoa receba uma punição adequada, mas também que não seja exagerada. Tornou-se costume restringir o açoitamento a 39 chibatadas para estabelecer um limite seguro (cf. 2Coríntios 11:24).

A regra sobre o casamento com o cunhado, uma vez mais, mostra como as regras do Antigo Testamento, em geral, não funcionam como leis, porém mais como obrigações sociais e morais. Isso impõe uma forte obrigação sobre um homem, a ponto de ele ser levado diante dos anciãos (na realidade, levado à corte) por falhar em cumprir essa regra, mas eles não podem, na verdade, fazer nada a respeito. Ele apenas terá que se submeter à humilhação pública. Com frequência, é dito que as sociedades do Oriente Médio eram alicerçadas na vergonha, enquanto a sociedade ocidental não, porém isso pode estar superestimado. A vergonha é relevante também em sociedades ocidentais; os adolescentes e os professores do Antigo Testamento não desejam ser descobertos agindo ou pensando de modo muito diferente do agir e pensar de seus pares. Por outro lado, a vergonha não é o supremo fator desencorajador em Israel. Talvez o homem que tem sobre si a obrigação do cunhado considere que cumprir essa obrigação não seja de seu interesse econômico e decida arcar com a vergonha decorrente de seu descumprimento.

Levítico 18 e 20 proíbem um homem de desposar a sua cunhada. Possivelmente, essas regras de Levítico pertencem a dois contextos diferentes de Deuteronômio 25, ou talvez essa regra seja uma exceção à instrução de Levítico. De qualquer modo, cada regra diz respeito a manter um princípio particular, sendo esse o caso de precisar lidar com diferentes princípios apontando para regras diferentes. Há certa tensão entre o princípio da liberdade pessoal e a lei que exige que os ocupantes de um carro usem o cinto de segurança. É um chamado ao julgamento em situações distintas cujo princípio tem prioridade. O princípio por trás da regra do cunhado é a relevância de manter a alocação tradicional da terra entre as famílias de Israel em vez de determinada faixa de terra vir a pertencer a alguém fora do grupo familiar. A regra pressupõe ser do interesse de uma viúva que o seu cunhado cumpra o seu dever; não se deve supor que a viúva *seja* obrigada a se casar com seu cunhado caso ela não queira, embora, com essa atitude, ela corra o risco de ser motivo de vergonha na comunidade.

O contexto sugere que a questão dos versículos 11 e 12 é traçar um paralelo sobre a obrigação das mulheres quanto aos homens. Uma mulher não deve colocar em perigo a capacidade reprodutiva de um homem. Embora, de novo, essa sanção provavelmente não seja tomada de forma literal, na passagem, ignorar essa regra implica uma consequência quase legal, não apenas algo vergonhoso. É mais uma questão legal do que moral ou social.

A regra humana sobre o boi é, então, sucedida por uma regra puramente moral e social sobre pesos honestos. A exemplo dos **cananeus**, os amalequitas constituem uma nação cujos malfeitos não devem ser esquecidos, não apenas porque foram cometidos contra Israel, mas porque indicaram uma irreverência em relação a Deus. Israel é considerado o meio de Deus punir essas duas nações por seus delitos, embora em nenhum desses casos Israel mostre competência; a leniência com relação aos amalequitas é uma das razões pelas quais Saul foi rejeitado como rei por Deus.

DEUTERONÔMIO **26:1-19**
UM ANDARILHO ARAMEU SE TORNOU UMA GRANDE NAÇÃO

[1]"Quando entrarem na terra que *Yahweh*, o seu Deus, lhes está dando como sua própria, tomarem posse dela e viverem nela, [2]tomarão alguns dos primeiros frutos do solo, que produzirem da terra que *Yahweh*, o seu Deus, lhes está dando, colocarão em uma cesta e irão ao lugar que *Yahweh*, o seu Deus, escolher para ser habitação do seu nome. [3]Vocês irão ao sacerdote que estiver lá, naquele tempo, e lhe dirão: 'Eu declaro hoje a *Yahweh*, o meu Deus, que entrei na terra que *Yahweh* prometeu dar aos nossos ancestrais.' [4]O sacerdote pegará a cesta da sua

mão e a colocará diante do altar de *Yahweh*, o seu Deus. [5]Vocês testificarão diante de *Yahweh*, o seu Deus: 'Meu pai era um refugiado arameu. Ele desceu ao Egito e permaneceu ali, com poucos em número, mas ali se tornou uma nação grande, forte e numerosa. [6]Os egípcios nos causaram problemas, nos oprimiram e colocaram sobre nós uma servidão severa. [7]Clamamos a *Yahweh*, o Deus de nossos ancestrais, e ele ouviu a nossa voz e viu a nossa aflição, o nosso sofrimento e a nossa opressão. [8]*Yahweh* nos tirou do Egito com mão forte e braço estendido, com grandes maravilhas, sinais e prodígios. [9]Ele nos trouxe a este lugar e nos deu esta terra, uma terra que mana leite e mel. [10]Então, agora, aqui, trago os primeiros frutos do solo que tu, *Yahweh*, me deste.' Vocês os colocarão diante de *Yahweh*, o seu Deus, e se curvarão diante de *Yahweh*, o seu Deus, [11]e regozijem em todo o bem que *Yahweh*, o seu Deus, lhes tem dado, a você e à sua casa, você, o levita e o estrangeiro em seu meio.

[12]"Quando terminarem de colocar de lado toda a décima parte de seu campo, no terceiro ano, o ano do dízimo, e derem ao levita, ao estrangeiro, ao órfão e à viúva, e eles comerem em seu assentamento e estiverem cheios, [13]vocês dirão diante de *Yahweh*, o seu Deus: 'Retirei o que era santo de minha casa. Além disso, dei-a ao levita, ao estrangeiro, ao órfão e à viúva, em completa concordância com o mandamento que exigiste de mim. Não transgredi nenhum de teus mandamentos, nem os removi da mente. [14]Não comi dela durante o luto, nada retirei dela enquanto tabu, não dei nada dela a uma pessoa morta. Ouvi a voz de *Yahweh*, meu Deus. Agi de acordo com tudo o que me ordenaste. [15]Olha para baixo de tua santa morada, do céu, e abençoa o teu povo Israel e o solo que nos deste como prometeste aos nossos ancestrais, uma terra que mana leite e mel.'"

[Os versículos 16-19 apresentam um mandamento sobre obediência, encerrando os capítulos 4—26.]

Na sexta-feira passada, no seminário, realizamos a nossa celebração da colheita. Foi, de fato, uma grandiosa ocasião. Havia muita comida feita por pessoas provenientes de diferentes históricos étnicos, jogos para as crianças, passeios em uma carroça de feno, puxada por um cavalo de verdade (parecendo um pouco incongruente com as nossas ruas ladeadas por palmeiras) — tudo com o objetivo de fornecer uma data alternativa ao Dia das Bruxas. Mais tarde, os levemente mais jovens puderam dançar ao som de músicas cheias de energia. Na verdade, o evento teve pouco a ver com colheita, mas pode-se dizer que foi uma criativa adaptação cultural da ideia de celebração da colheita.

A celebração da colheita de Israel faz algo análogo. As pessoas, em geral, apresentam amostras de suas colheitas diante de seus deuses como uma expressão de gratidão. Uma característica especial da versão israelita dessa prática advém de sua consciência de que as suas origens não residem naquele solo do qual obtêm a sua produção. O povo se apresenta diante de Deus com uma percepção de assombro por descender de um mero refugiado arameu, uma pessoa cujas origens estão situadas "mais a leste", que viveu, com sua família, como estrangeiro em **Canaã**. Então, eles nem mesmo puderam permanecer ali por causa de uma onda de fome e acabaram se mudando para o **Egito**. Apesar de terem se transformado numa grande nação ali, eles acabaram reduzidos à servidão, mas Deus os tirou de lá, e aqui eles estão de posse dessa rica terra, com suas colinas para as ovelhas e suas árvores frutíferas (leite e mel). Para Moisés, essas palavras são preventivas; Deuteronômio retrata o líder encorajando os israelitas a se imaginarem dentro da terra em cuja divisa ainda estão, como proprietários da terra, já desfrutando de um ano de cultivo e capazes de agradecer a Deus pela produção da terra, não apenas por estar nela. Deuteronômio convida os seus leitores a imaginarem como seria ter aquele passado inseguro e, então, estar em posição de apresentar a Deus os frutos da terra que, de fato, se tornou deles.

A outra característica da adaptação cultural de Israel da colheita é a forma pela qual Deuteronômio transforma isso em algo celebrado não somente para Deus e o bem da família, mas em benefício dos levitas, dos estrangeiros, dos órfãos e das viúvas. Essas pessoas jamais estarão em posição de encher as suas cestas com o fruto de sua terra, pois, por variados motivos, não a possuem. Na Ação de Graças, os israelitas não têm permissão para fechar a porta de sua casa e desfrutar de uma celebração íntima em família. Ou melhor, eles têm permissão, mas apenas se tiverem estendido o envolvimento da família para incorporar essas outras pessoas.

O compromisso deles com as pessoas de fora do grupo familiar é expresso de outra forma na instituição do dízimo trienal, que constituía uma forma diferente de usar o dízimo no terceiro ano ou era um adicional ao dízimo anual regular. Os anos são divididos em sete, com dois anos regulares, um terceiro ano com sua provisão distinta, a seguir mais dois anos regulares, outro terceiro ano com sua provisão distinta e, então, o ano sabático, após o qual a sequência é reiniciada. No ano do dízimo trienal, o dízimo regular ou o adicional era dado aos grupos necessitados mencionados. Como no relato anterior, em Deuteronômio 14, a ideia levanta questões práticas. Se os grupos carentes recebem esse dízimo apenas a cada três anos, como eles vivem nos outros anos? Ou as famílias tinham diferentes anos de partida na operação do sistema de sete anos? Talvez este seja outro exemplo da percepção de que as regras são mais visões ou ideias imaginativas do que propostas literais. Os israelitas, então, tinham de desenvolver uma organização sensível a fim de incorporar esses princípios implícitos. Caso seja assim, isso os coloca na mesma situação que nós, pois, ao lermos as regras, temos de pensar imaginativamente sobre como podemos incorporar os princípios subjacentes a essas regras em nosso contexto social.

Com o objetivo de sublinhar a obrigação de dar ao necessitado dessa forma, o livro de Deuteronômio trata esse dízimo como algo santo, como se fosse uma oferta a Deus. O consumo dessa produção pelos necessitados seria como comer algo por Deus. Ainda, seria uma grave ofensa desviar parte da produção para usar em rituais designados a facilitar o contato com familiares mortos e divindades associadas à morte, conhecidas por outros povos.

DEUTERONÔMIO **27:1–28:68**
MALDIÇÕES, BÊNÇÃOS E MALDIÇÕES

[1]Moisés e os anciãos israelitas ordenaram ao povo: "Guardem todo o mandamento que estou exigindo de vocês hoje. [2]Assim que cruzarem o Jordão para a terra que *Yahweh*, o seu Deus, lhes está dando, vocês colocarão pedras grandes. Revistam-nas com reboco [3]e escrevam nelas todas as palavras desse ensinamento, quando cruzarem, para que possam entrar na terra que *Yahweh*, o seu Deus, lhes está dando, uma terra que mana leite e mel, como *Yahweh*, o Deus dos seus ancestrais, lhes falou. [4]Quando cruzarem o Jordão, vocês colocarão essas pedras que lhes estou ordenando hoje no monte Ebal. Revistam-nas com reboco [5]e construam um altar ali para *Yahweh*, o seu Deus, um altar de pedras. Não empunharão ferro sobre ele; [6]construirão o altar de *Yahweh*, o seu Deus, de pedras inteiras. Oferecerão sobre ele ofertas inteiras para *Yahweh*, o seu Deus, [7]sacrificarão ofertas de comunhão, comerão ali, se regozijarão diante de *Yahweh*, o seu Deus, [8]e escreverão nas pedras todas as palavras neste ensinamento. Façam isso de modo bom e claro."

[9]Moisés e os sacerdotes levitas falaram a todo o Israel: "Fiquem quietos e ouçam, Israel. Neste dia, vocês se tornaram um povo pertencente a *Yahweh*, o seu Deus. [10]Ouvirão a voz de *Yahweh*, o seu Deus, e guardarão os seus mandamentos e suas regras, que lhes estou ordenando hoje." [11]Moisés ordenou ao povo naquele dia: [12]"Estes permanecerão para abençoar o povo no monte Gerizim, quando vocês cruzarem o Jordão: Simão, Levi, Judá, Issacar, José e Benjamim. [13]Estes permanecerão no monte Ebal para menosprezar: Rúben, Gade, Aser, Zebulom, Dã e Naftali." *[O restante dos capítulos 27–28 descreve as maldições e bênçãos e, então, muito mais maldições que seguirão de acordo com a obediência ou desobediência de Israel.]*

Ontem à noite, desfrutei de um agradável jantar com alguns alunos. Aceitei uma segunda porção de massa e uma segunda taça de vinho, além de comer um magnífico bolo com morangos e sorvete, de sobremesa. A princípio, dispensei o café por temer que essa adição pudesse ultrapassar o limite de meu sistema digestivo. Então, o aroma de café fresquinho, feito pelo anfitrião, que também é barista de meio período, veio da cozinha, inundou o ambiente, e fui rendido. Durante à noite, os meus temores se mostraram corretos (novamente): sobrecarreguei o meu sistema digestivo. Conclusão, não dei muita importância às previsíveis consequências de minha ação, e uma pequena maldição me atingiu. Poderia dar um ou dois exemplos mais graves da minha falha em considerar as prováveis consequências de minhas ações a mim mesmo (sem falar a terceiros), mas sinto vergonha delas, de modo que você terá que usar a sua imaginação ou refletir sobre a sua própria vida e as maldições que atraiu sobre você mesmo.

No início de Deuteronômio, observamos que a maneira de expressar o relacionamento de **aliança** entre Deus e

Israel se sobrepõe à forma pela qual os **assírios** estabeleciam tratados com os seus subordinados. A quantidade de espaço que Deuteronômio dedica ao detalhamento das regras, nos capítulos 12—26, afasta-nos um pouco da natureza característica desses tratados, mas, quando o livro se aproxima de seu encerramento, ele retoma a similaridade com eles. A lealdade significará bênção; a deslealdade resultará em problemas. Se o subalterno ousar ser desleal à superpotência, enfrentará dificuldades. Caso permaneça leal, a superpotência cuidará dele.

Deuteronômio olha para a frente, visualizando a entrada de Israel em **Canaã** e seguindo diretamente a um centro natural daquele território, isto é, Siquém, o primeiro ponto de parada de Abraão, ao chegar àquela terra. Atualmente, é o centro da região norte da Cisjordânia. Aqui, uma rota oeste-leste de grande importância, ligando o Mediterrâneo ao Jordão, cruza a rota norte-sul, ao longo da cadeia montanhosa que corre por **Efraim** e **Judá**. A cidade é ladeada pelos montes Gerizim e Ebal. Ali, no centro da terra, os termos do relacionamento de aliança serão expostos. Moisés também prevê metade dos clãs posicionados em Gerizim e a outra metade, em Ebal — os clãs em Gerizim proferirão bênçãos; os clãs em Ebal, maldições. Não há significado na divisão de quem fica em um monte ou no outro, ou que lado profere bênção ou maldição. Todo o povo precisa estar associado com toda a proclamação.

O primeiro conjunto de maldições, em Deuteronômio 27, inclui referências a quem faz imagens, a quem muda os marcos divisórios de seus vizinhos, aos que enganam uma pessoa cega, bem como a pessoas que se envolvem com diversos tipos de relações sexuais proibidas ou que agem para prejudicar o próximo. Um fio de ligação entre esses diversos delitos é o fato de serem o tipo de ação desconhecida pelos outros. As maldições advertem os israelitas de não pensarem que podem se livrar das consequências desses atos apenas porque são realizados em segredo. Proferir "Maldito é [tal e tal pessoa]" pode ter inúmeras implicações. Uma delas é que as consequências são incorporadas ao modo pelo qual a vida funciona, à forma por meio da qual Deus criou o mundo. O tipo de ação descrito pelas maldições possui um efeito sobre a comunidade; a ação traz tribulação às pessoas que a cometem, bem como às suas vítimas. Outra implicação é que o particípio passado "maldito" requer um agente, que é Deus. Ele age para que esses atos ricocheteiem em seus perpetradores. Não obstante, outra emerge do fato de que "Maldito é [tal e tal pessoa]" sugere "Maldito *seja* tal e tal pessoa". Ao pronunciarmos essas palavras, estamos amaldiçoando a nós mesmos. É preciso ser uma pessoa fria para fazer isso. Na realidade, a vontade de expressá-las equivale a garantir que não se agirá dessa forma.

As bênçãos, na primeira parte de Deuteronômio 28, simplesmente descrevem as coisas boas que sobrevirão à pessoa que vive no caminho de Deus. Enquanto as maldições são relativas a ações individuais, as bênçãos são relativas a experiências da comunidade. As coisas irão bem na cidade e na nação, no lar e na fazenda, na partida e na chegada, na proteção durante um ataque, na provisão de chuva quando necessário e na garantia de prosperidade. Em contrapartida, as maldições na parte final do capítulo advertem quanto ao oposto. As coisas irão muito mal na cidade e na nação, no lar e na fazenda, na partida e na chegada, resultando em epidemias, na retenção de chuva quando ela é mais necessária e na capacitação dos inimigos para derrotá-lo. O capítulo desce a detalhes concretos e horríveis sobre como isso ocorrerá, enfatizando as terríveis consequências da derrota e do **exílio**. Um comentarista judeu observa que as pessoas hesitavam em ler as maldições, ao chegarem no lecionário da sinagoga.

A preponderância das maldições, uma vez mais, são comparáveis aos documentos do Oriente Médio cujo formato Deuteronômio está seguindo. Não causa surpresa o fato de o rei Josias ter rasgado as suas vestes, em aflição, ao ler o rolo de ensinamento descoberto no templo, durante o seu reinado (2Reis 22), que parece ter sido alguma parte do livro de Deuteronômio. E, quando as reformas que ele implementou para trazer uma mudança duradoura na vida de Judá falharam, algo dessas maldições atingiu a comunidade; o livro de Lamentações expressa o sofrimento por causa disso.

Nem sempre a vida funciona tão ordenadamente quanto Deuteronômio 27 e 28 descrevem. Mediante a sua história, relatada em 2Reis, Josias fornece um exemplo; ele sofre uma morte prematura, apesar da sua vida corajosa e fiel. Deuteronômio expressa que isso não deveria desviar o nosso foco da maneira pela qual as bênçãos, frequentemente, seguem a fidelidade, nem que devemos perder a fé em Deus, para o cumprimento delas, muito menos que falhemos em manter um adequado e solene reconhecimento de que as más decisões resultam em consequências más.

DEUTERONÔMIO **29:1—30:20**

O MISTÉRIO DA OBEDIÊNCIA E A DESOBEDIÊNCIA

[1]Estas são as palavras da aliança que *Yahweh* ordenou a Moisés selar com os israelitas, em Moabe, em adição à aliança que selou com eles em Horebe. [2]Moisés convocou todo o Israel e lhes disse: "Vocês viram tudo o que *Yahweh* fez diante dos seus olhos, no Egito, ao faraó, a todos os seus servos e a toda a sua terra, [3]os grandes testes que os seus olhos viram, aqueles grandes sinais e prodígios. [4]Mas *Yahweh* não lhes deu uma mente para reconhecer ou olhos para ver ou ouvidos para ouvir, até este dia."

[Os versículos 5-28 relembram a liderança e a proteção de Deus durante a jornada desde o Sinai, desafiam o povo a entrar em sua aliança de compromisso com Deus e advertem os israelitas, uma vez mais, sobre as consequências da infidelidade.]

[29]"As coisas que estão escondidas pertencem a *Yahweh*, o nosso Deus, mas as coisas que são reveladas pertencem a nós e aos nossos filhos para sempre, para observar todas as palavras deste ensino. [30:1]Mas, quando todas estas coisas sobrevierem a vocês (a bênção e a maldição que eu estabeleci perante vocês) e vocês as chamarem à mente entre todas as nações às quais *Yahweh*, o seu Deus, os conduzir, [2]e se voltarem para *Yahweh*, o seu Deus, e ouvirem a sua voz de acordo com tudo o que lhes estou ordenando hoje, vocês e os seus filhos, com toda a sua mente e todo o seu coração, [3]*Yahweh*, o seu Deus, restaurará a sua sorte e terá compaixão de vocês e os reunirá novamente de todas as nações para as quais *Yahweh*, o seu Deus, os espalhar. [4]Se o seu povo estiver espalhado no fim do mundo, de lá *Yahweh*, o seu Deus, os reunirá, de lá ele os pegará. [5]*Yahweh*, o seu Deus, os trará à terra que seus ancestrais tomaram posse e vocês tomarão posse dela. Ele os capacitará a fazerem melhor e ser mais numerosos do que os seus ancestrais. [6]E *Yahweh*, o seu Deus, circuncidará a sua mente e a mente da sua descendência para se entregarem a *Yahweh*, o seu Deus, com toda a sua mente e todo o seu coração, para que possam viver. [7]*Yahweh*, o seu Deus, colocará todas essas maldições sobre os seus inimigos, sobre os seus opositores, que os perseguirem. [8]Vocês mesmos ouvirão novamente a voz de *Yahweh* e observarão todos os seus mandamentos que estou exigindo de vocês hoje. [9]*Yahweh*, o seu Deus, os fará exceder em todo o trabalho de sua mão, na fecundidade de seu ventre, de seu gado e de seu solo, para vocês irem bem, porque *Yahweh* se regozijará novamente por vocês, para irem bem, assim como ele se regozijou por seus ancestrais, [10]quando vocês ouvirem a voz de *Yahweh*, o seu Deus, de modo que guardem os seus mandamentos e regras, escritos neste livro de ensino, quando se voltarem para *Yahweh*, o seu Deus, com toda a sua mente

e todo o seu coração. [11]Porque este mandamento que estou exigindo de vocês hoje não é muito opressor, nem está fora de alcance. [12]Não está nos céus, para fazê-los dizer: 'Quem subirá aos céus por nós e pegará isso por nós e nos capacitará a ouvir de modo a observá-lo?' [13]Não está além do mar, para fazê-los dizer: 'Quem atravessará o mar por nós e pegará isso por nós e nos capacitará a ouvir de modo que o observemos?' [14]Porque a coisa está muito próxima de vocês, em sua boca e em sua mente, para observá-la. [15]Vejam, hoje coloco diante de vocês vida e bem-estar, morte e dificuldade."

[Então, escolham a vida, os versículos 16-20 encorajam, fazendo o que Yahweh *diz.]*

Minha esposa e eu costumávamos almoçar nos fins de semana em um restaurante, construído à beira-mar, do qual é possível acompanhar os surfistas (tenho gostos simples), porém saíamos no começo da tarde, antes de o local se transformar em uma "fábrica de doidos" (como, certa feita, uma atendente descreveu). Certa segunda-feira, li sobre um famoso diretor de cinema ter causado problemas naquele restaurante, logo depois de termos deixado o local. Ele, então, dirigiu em disparada pela rodovia costeira, foi parado pela polícia e se meteu em uma grande encrenca com a mídia por, aparentemente, ter feito declarações antissemitas. Como esperado, os meios de comunicação exploraram a notícia ao máximo porque o diretor em questão é um reconhecido cristão, apesar de ter problemas com a bebida. Uma das notas tristes do infeliz evento é que ele deveria estar em total abstinência. Quão estupidamente uma pessoa pode agir? A resposta é que todos nós estamos sujeitos a isso. Podemos saber, de cor e salteado, o nosso compromisso, a coisa certa a fazer, porém cedemos e fazemos exatamente o oposto.

Deuteronômio sabe que a vida de Israel é caracterizada por essa tensão. Ousadamente, o livro, aqui, principia-se com o fato de que "*Yahweh* não lhes deu uma mente para reconhecer ou olhos para ver ou ouvidos para ouvir". Sabemos que isso é verdade pelo relato, até aqui, na **Torá**. Com base na perspectiva dos leitores de Deuteronômio sete séculos depois de Moisés, isso é ainda mais evidente. O capítulo 30 pressupõe um tempo no qual tanto as bênçãos quanto as maldições se tornaram realidade na experiência de Israel. Os israelitas tomaram posse de **Canaã**, mas, então, comportaram-se como os cananeus e foram expulsos da terra, a exemplo do que ocorreu aos cananeus. *Agora*, eles darão ouvidos a Moisés? Porque o **exílio** não precisa ser o fim. Deus está preparado para trazê-los de volta de sua dispersão da **Babilônia**, de Moabe, do **Egito** e de todos os lugares. Todavia, primeiro, os israelitas devem prestar atenção ao ensino.

Então, Deuteronômio se torna um pouco paradoxal, porque promete que, para esse fim, Deus circuncidará a mente e o coração deles para que possam cumprir o ensino. A circuncisão literal envolve corte físico e sugere certa disciplina da atividade sexual. Essa circuncisão metafórica possui implicações paralelas numa frente mais ampla. A circuncisão literal é efetuada por seres humanos, enquanto Deus é quem circuncida a mente e o coração. Deus, por fim, dará às pessoas uma mente capaz de conhecer, olhos para ver e ouvidos para ouvir. Assim Deus faz após restaurar o povo à sua terra? A ordem dos eventos no capítulo parece implicar isso. Como, então, pode-se esperar que deem ouvidos ao ensino de Moisés, que é, aparentemente, a condição para Deus restaurá-los?

De qualquer modo, a obediência é tão difícil assim? Há, de fato, muitas coisas ocultas a nós. (Qual *é* a solução para o problema do mal? Como a economia funciona? Em quais circunstâncias o aborto é justificável?). Todavia, muitas coisas nos *são* reveladas, e, quase sempre, o nosso problema não é se sabemos o suficiente para ir e fazer o que devemos, mas se estamos preparados para fazer isso. As expectativas de Deus não são elevadas ou obscuras; a compreensão delas não exige um doutorado. Elas estão em sua boca e em sua mente. Pode-se refletir e falar sobre elas, e se faz isso apenas seguindo o que Deuteronômio instrui.

Bem, na realidade, obedecer é difícil. Israel e a igreja sabem o que devem fazer, mas não são muito bons em colocar isso em prática. Existe um mistério com relação à obediência e à desobediência, um aspecto do mistério de qualquer relacionamento à medida que ele se desenvolve. Uma pessoa pode fazer um pequeno movimento e, consciente ou inconscientemente, esperar para ver que tipo de reação isso provoca. Uma resposta positiva encoraja outro movimento e, assim, o compromisso mútuo, gradualmente, desenvolve-se. Pode ser difícil analisar, subsequentemente, estágio por estágio, como isso ocorreu. A confiança e a obediência entre Israel e Deus se desenvolvem assim.

No evento, Deus não esperou até que Israel se tornasse mais obediente antes de levar o povo disperso de volta à terra. Até onde se pode afirmar, eles não ganharam qualquer discernimento com a permanência no exílio. Independentemente disso, Deus os trouxe de volta. Não haveria benefício algum caso Deus, antes de agir, esperasse primeiro que aprendêssemos a obedecer; ele ficaria esperando sentado. Há, de novo, um paralelo com outros relacionamentos. É possível que alguém, agindo em amor e generosidade, não consiga convencer você a um compromisso mútuo, porém essa atitude possui maior probabilidade de êxito do que não fazer nada e esperar que você tome a iniciativa. De algum modo, após o exílio, Israel se tornou um povo cuja mente e coração estavam muito mais circuncidados do que antes do exílio. Os israelitas começaram a viver mais o tipo de vida encorajado por Deuteronômio. Eles, realmente, desistiram de servir a outros deuses, de fazer imagens, de usar o nome de Deus em vão e de desrespeitar o sábado. Como isso ocorreu constitui um verdadeiro mistério. De algum modo, porém, isso envolveu certa interação entre a generosidade extraordinária da parte de Deus e uma eventual responsividade. Como a nossa parte e a parte divina se entrelaçam, permanece um mistério. Deuteronômio nos deixa com dois fatos: Deus é compassivo e gracioso. Somos desafiados a responder; por tudo o que Deus faz por nós, somos obrigados a isso.

DEUTERONÔMIO 31:1—32:47
O ÚLTIMO CÂNTICO DE MOISÉS

[Na passagem de 31:1-8, Moisés lembra a Israel e a Josué que Josué é aquele que liderará Israel até a terra prometida.]

[9]Moisés escreveu este ensino e o deu aos sacerdotes, aos descendentes de Levi, que carregavam o baú da aliança de *Yahweh*, e a todos os anciãos israelitas. [10]Moisés lhes ordenou: "Após o fim de [cada] sete anos, no tempo estabelecido para o ano da libertação, na Festa das Cabanas, [11]quando todo o Israel vier a aparecer diante de *Yahweh*, o seu Deus, no lugar que ele escolher, vocês devem ler este ensino diante de todo o Israel, aos ouvidos deles. [12]Reúnam o povo — os homens e as mulheres, os jovens e os estrangeiros em seus assentamentos — para que possam ouvir, aprender a reverenciar *Yahweh*, o seu Deus, e cuidar de observar todas as palavras neste ensino, [13]com os seus filhos que não o conhecem: eles devem ouvir e aprender a reverenciar *Yahweh*, o seu Deus, todos os dias que viverem no solo ao qual estão atravessando o Jordão para tomar posse."

[Na passagem de 31:14-30, Moisés fala sobre como eles realmente quebrarão a aliança, seguirão outros deuses e pagarão o preço por agirem assim, de modo que o ensino depositado no baú da aliança servirá como testemunha contra eles. Ele, então, introduz o seu "cântico".]

CAPÍTULO 32

[1]"Deem ouvidos, céus, e eu falarei;
a terra deve ouvir as palavras da minha boca.
[2]Que a minha instrução caia como chuva,
e o meu discurso desça como orvalho,
como chuviscos sobre a relva,
como um aguaceiro sobre os brotos,
[3]porque eu proclamo o nome de *Yahweh*:
imputo grandeza ao nosso Deus!
[4]O rochedo: sua ação é perfeita,
porque todos os seus caminhos são decisivos.
Um Deus verdadeiro em quem não há transgressão;
ele é fiel e reto.
[5]Em vergonha eles agem corruptamente para com ele,
não [como] seus filhos, uma geração perversa e tortuosa.
[6]É dessa maneira que retribuem a *Yahweh*,
um povo que é estúpido, não sábio?
Não é ele o Pai que os trouxe à existência? –
ele é aquele que os fez e os estabeleceu.
[7]Estejam atentos aos dias de outrora,
considerem os anos das gerações passadas.
Perguntem ao seu pai, e ele lhes explicará;
aos seus anciãos, e eles lhes contarão.
[8]Quando o Altíssimo alocou as nações,
dividiu a humanidade,
ele estabeleceu os limites dos povos,
de acordo com o número dos seres divinos.
[9]Porque o seu povo é a partilha de *Yahweh*,
a sua alocação designada é Jacó."

[Os versículos 10-47 expandem aquele sumário da história de Israel, descrevendo a provisão de Deus a Israel, a infidelidade dos israelitas e a punição de Deus ao povo.]

No comentário sobre Deuteronômio 1, mencionei um culto de contrição em nossa diocese episcopal por nosso tratamento aos afro-americanos. Nas décadas iniciais do século XX, em diferentes regiões da Grande Los Angeles, havia três igrejas episcopais que expressavam claramente a preferência para que os afro-americanos formassem novas congregações não muito distantes das congregações brancas já existentes (embora em uma dessas igrejas de brancos os afro-americanos tivessem permissão para se sentarem nas galerias superiores). Observei como isso faz parte da "nossa" história e que "nós" devemos assumir isso ("nós" significa pessoas brancas, como também clérigos brancos, como eu). O final de Deuteronômio nos lembra de um fato surpreendente. De forma solene, Deus permanece atento aos eventos do passado (e se regozija em nosso ato de contrição, embora eu suspeite de que também se pergunte o que iremos fazer a respeito disso). Na realidade, Deus tinha ciência da nossa transgressão mesmo antes de a praticarmos. Deus e Moisés conheciam, de antemão, como seria o futuro inconstante de Israel; pode-se inferir que Deus também conhecia como seria o futuro volúvel da igreja. No entanto, com Israel e conosco, Deus não abandonou o projeto, mas permaneceu comprometido a levá-lo a um cumprimento bem-sucedido, que o glorifique.

Reconhecidamente, há algum paradoxo quanto ao relato de Deuteronômio. Notamos pontos nos quais o livro não está abordando questões dos dias de Moisés, mas que irão surgir nos futuros séculos, relativas à nomeação de reis ou ao discernimento entre profetas verdadeiros e falsos. Em outros pontos, Deuteronômio está tomando outra direção em assuntos já abordados por Êxodo e/ou Levítico, tais como a celebração dos três festivais anuais ou a prática da servidão contratada. Estes são, novamente, temas que não surgiriam nem uma vez no caminho para a terra prometida, muito menos três vezes. Embora desconheçamos como a **Torá** foi formada, em princípio está claro que isso envolveu a mescla de inúmeras versões da orientação de Deus à comunidade ao longo dos séculos, durante o enfrentamento de questões oriundas de contextos sociais distintos.

Quando Deuteronômio retrata Moisés escrevendo o ensino nesse livro, ele o faz de forma metafórica. Está afirmando que, na realidade, expressa um estilo de vida que trabalha as implicações da liderança de Moisés para um século posterior. Ainda, ao retratar Moisés falando sobre a forma pela qual o futuro irá funcionar, Deuteronômio faz isso metaforicamente. Trata-se de um modo de afirmar que a inconstância do povo de Israel não apanha Deus desprevenido. As falhas da igreja podem nos embaraçar, mas Deus está preparado para elas. Ele pode ser desapontado e frustrado, porém jamais derrotado, esmagado ou convencido a desistir de nós.

Não apenas isso. No contexto de relembrar Israel de sua própria inconstância, o cântico de Moisés lembra o povo da natureza do seu Deus, como o Pai decisivo, verdadeiro, **fiel** e reto, como alguém com a confiabilidade de um rochedo ou penhasco, no qual pode-se subir e encontrar segurança. À luz do que Deus é, a nossa inconstância se torna ainda mais horrível e espantosa, mas os fatos sobre Deus também constituem o nosso encorajamento quando reconhecemos a nossa própria volubilidade. Deus continua sendo o mesmo.

Deuteronômio enfatiza o ponto de outra forma, ao mostrar como Israel é. Deus foi aquele que dispersou todas as nações ao redor do mundo e lhes deu os seus territórios. A relação especial com Israel não significa que Deus abre mão do envolvimento com os demais povos. Não ser o povo escolhido não significa ser negligenciado ou condenado. E quanto aos "deuses" cultuados por essas nações? O Antigo Testamento não nega que eles existam, mas os vê como subordinados ao verdadeiro Deus, exercendo responsabilidade por essas nações em nome de Deus. Em contrapartida, o próprio Deus cuida de Israel. O contexto mais amplo da Torá explicita que isso é decorrente de Israel ser o meio de Deus levar bênção ao mundo como um todo. O próprio livro de Deuteronômio, entretanto, foca o compromisso de Deus com Israel a fim de encorajar o próprio povo. Como o cântico segue observando, quão espantoso e horrível é, então, que Israel comece a servir a esses outros assim chamados deuses! No entanto, como é tranquilizador saber que Deus permanece firme em sua determinação de ser o Deus de Israel. É realmente muito difícil fazer Deus desistir, pois ele é sobremodo teimoso.

DEUTERONÔMIO **32:48—34:12**
SOBRE MORRER FORA DA TERRA PROMETIDA

[Deuteronômio 32:48—33:29 repete a ordem de Yahweh*, expressa em Números 27:12-13, e, então, introduz a bênção final de Moisés sobre cada um dos clãs.]*

CAPÍTULO 34

[1]Então, Moisés subiu das campinas de Moabe ao monte Nebo, ao topo do Pisga, que está em frente a Jericó, e *Yahweh* lhe mostrou toda a terra, de Gileade a Dã, [2]todo o Naftali, a terra de Efraim e Manassés, toda a terra de Judá até o mar ocidental, [3]o Neguebe e a campina (o vale de Jericó, a cidade das palmeiras) até Zoar. [4]*Yahweh* lhe disse: "Esta é a terra que prometi a Abraão, Isaque e Jacó: 'À sua descendência eu a intenciono dar.' Permiti que você a visse com os seus próprios olhos, mas você não atravessará para lá." [5]Assim, Moisés, servo de *Yahweh*, morreu ali, em Moabe, de acordo com a palavra de *Yahweh*, [6]e ele o sepultou num vale, em Moabe, próximo a

Bete-Peor, mas ninguém conhece o seu túmulo até este dia. [7]Moisés tinha 120 anos de idade quando morreu. O seu olho não estava fraco, e a sua força não tinha ido. [8]Os israelitas choraram por Moisés nas campinas de Moabe durante trinta dias; então, os dias de pranto e de luto por Moisés chegaram ao fim.

[9]Ora, Josué, filho de Num, estava cheio de um espírito de sabedoria, porque Moisés tinha colocado as suas mãos sobre ele, de modo que os israelitas o ouviram e fizeram conforme *Yahweh* ordenara a Moisés. [10]Não voltou a surgir novamente, em Israel, um profeta como Moisés, a quem *Yahweh* conheceu face a face, [11]por todos os sinais e prodígios que *Yahweh* o enviou a fazer no Egito, ao faraó e a todos os seus servos e toda a sua terra, [12]e por todo o grandioso poder e assombrosos feitos que Moisés mostrou diante dos olhos de todo o Israel.

Acabei de ler o obituário de Stacy Rowles, uma excelente trompetista e cantora, além de tocar fliscorne como ninguém, que morreu após sofrer um acidente de carro. Guardo na memória o modo atencioso com que ela, certa ocasião, deu um CD a Ann, minha esposa, em sua cadeira de rodas. Depois disso, ela fazia questão de abraçar Ann, regularmente, sempre que íamos assistir à sua apresentação. O obituário descreveu Stacy como "eternamente subdescoberta", mais conhecida na Europa do que nos Estados Unidos e mais famosa na costa ocidental do que em Nova York. E, agora, é tarde demais para ela ser adequadamente descoberta. A sua morte prematura traz à tona algo que pode ser dito em relação a muitas mortes: morremos antes de o nosso trabalho estar concluído, ou antes de alcançarmos tudo o que gostaríamos ou poderíamos alcançar. Às vezes, diz-se que, na verdade, morremos apenas quando o nosso trabalho está concluído, mas não estou bem certo sobre qual fundamento podemos crer nisso. Há essa coisa de morte prematura e, embora Deus tenha conhecimento disso, não significa que fizemos tudo o que Deus poderia desejar que fizéssemos.

Uma vez mais, Deus diz a Moisés que ele irá morrer no alto das montanhas, a leste do Jordão; ele não irá liderar Israel na entrada à terra prometida. No entanto, há uma percepção de que o trabalho dele está concluído. O ponto está implícito na abertura de sua derradeira bênção aos doze clãs, traçando um paralelo com a bênção de Jacó (Gênesis 49). Primeiramente, ele descreve a assombrosa aparição de Deus ao povo, trazendo "o ensino que Moisés nos ordenou, a posse da congregação de Jacó" (33:4). Usualmente, a posse distinta e valiosa de Deus é Israel; aqui a posse distinta e valiosa de Israel é o ensino. Ele expressa como Deus "se tornou rei sobre Jesurum quando os cabeças do povo se reuniam, os clãs de Israel juntos" (33:5). O estabelecimento do ensino caracteriza Deus como o rei de Israel, e este como o povo de Deus (Jesurum é outro termo para Israel). O fato realmente importante sobre Moisés é a sua mediação do ensino de Deus. Ainda que Moisés acompanhasse Israel na entrada em Canaã, ele eventualmente morreria. O que importa é que o seu ensino perdurará.

Com a presciência e a autoridade de um profeta, Moisés prossegue dizendo algo sobre o destino de cada clã. A exemplo de Jacó, ele observa o modo enigmático com que os descendentes do filho mais velho de Jacó, Rúben, terminam como um dos menores clãs. Ele faz referência às reviravoltas de **Judá**, talvez sugerindo o tempo em que a maioria dos clãs se separa e forma **Efraim**, uma nação muito maior. Moisés enfatiza o papel de Levi como o clã do ensino; pressupõe a condição de Benjamim como o amado filho mais novo de Jacó. Junto com Levi, ele dedica mais espaço aos clãs de José, Efraim e Manassés, maravilhando-se pela excelente terra que esses clãs ocuparão. Fala de Zebulom e Issacar, no extremo noroeste, com acesso às riquezas do mar; de Gade, com suas terras férteis a leste do Jordão; de Dã, em relação à sua mudança para o extremo nordeste; de Naftali, com sua expansão em torno do mar da Galileia; e de Aser, com seu território que, ao mesmo tempo, é rico, porém vulnerável ao ataque. Em diferentes momentos, ao longo dos séculos vindouros, quando os clãs lerem a bênção de Moisés, eles podem ver como as suas vantagens e vulnerabilidades, as suas bênçãos e dificuldades, têm estado sob o controle de Deus.

O projeto de Moisés está concluído. O líder de Israel morre após ter vivido uma vida plena, durante três gerações. Meu reitor costumava dizer: "Moisés passou quarenta anos aprendendo a ser alguém, quarenta anos aprendendo a ser ninguém e quarenta anos mostrando o que Deus podia fazer com alguém que aprendera a ser ninguém." Caso esteja certo, isso sugere outro sentido no qual Deus terminou com Moisés. Apesar de ter morrido de causas antinaturais, sem ter pisado na terra prometida, Deuteronômio não parece se preocupar com isso em favor de Moisés. Deus convida Moisés a saborear a vista da extensão da terra, do local no qual ele está, em seu lado leste, subindo do vale do Jordão até a sua extremidade ao norte, por meio do coração da terra de Efraim, Manassés e Judá, até o Mediterrâneo no lado oeste, descendo ao Neguebe e de volta ao vale do Rifte, no qual Moisés agora está. Antes, Deuteronômio implica que ser capaz de olhar toda a terra prometida é suficiente.

Deus tem um motivo para não permitir que Moisés entre em Canaã, porém o instinto divino de misericórdia, certamente, poderia ter levado Deus a ignorar a rebelião que selou o destino de Moisés e Arão. Ironicamente, o destino de Moisés traça um paralelo com o destino dos próprios **cananeus**.

Apesar de constituírem uma sociedade imoral e de não poderem reclamar de terem recebido um julgamento imerecido, os cananeus não eram mais imorais do que, digamos, o povo da Califórnia do presente século. Contudo, os cananeus estavam no lado errado e no tempo errado. Moisés foi um servo fiel que cometeu um único erro, e, assim, Deus poderia ter relevado esse erro, porém não relevou.

Talvez algo mais esteja acontecendo. Moisés pertence a uma era que caminha para o fim; há certa adequação quanto a ter um novo líder para levar Israel a entrar na terra. De todo modo, Deus está preparado para ser firme. Quando Deus comissionou Moisés, não foi para beneficiá-lo e, quando o descomissiona, não faz isso, essencialmente, por causa de Moisés, mas por seu propósito e pelo destino de Israel. O ponto é resumido no título dado por Deuteronômio a Moisés. Ele não é um líder, mas um servo — não um servo do povo, mas um servo de Deus.

É fácil dar excessiva importância a um líder como Moisés, e Deus deseja que Israel lhe dê a devida importância. Por outro lado, o mistério sobre a morte de Moisés é que ele simplesmente desaparece. Ele sobe ao topo da montanha e jamais retorna. O seu desaparecimento é similar ao de Enoque, que, certo dia, simplesmente desapareceu, e de Elias, a quem Deus visivelmente arrebatou. No entanto, Moisés morreu, e o seu corpo nunca foi encontrado. Aparentemente, Deus o enterrou. Isso significa que o seu túmulo jamais pode ser transformado em local de peregrinação. A localização de seu corpo não era relevante. A maneira de demonstrar honra à sua lembrança não deveria ser a colocação de flores em sua sepultura, mas a obediência ao seu ensino.

GLOSSÁRIO

Ajudante. Um agente sobrenatural por meio do qual Deus pode aparecer e operar no mundo. As traduções, em geral, referem-se a eles como "anjos", mas essa designação tende a sugerir figuras etéreas dotadas de asas, ostentando vestes brancas e translúcidas. Os ajudantes são figuras semelhantes aos humanos; por essa razão, é possível agir com hospitalidade sem perceber quem são (Hebreus 13:2). Ainda, eles não possuem asas; por isso, necessitam de uma rampa ou escadaria entre o céu e a terra (Gênesis 28). Eles surgem com a intenção de agir ou falar em nome de Deus e, assim, representá-lo plenamente, falando como se fossem Deus (Êxodo 3). Eles, portanto, trazem a realidade da presença, da ação e da voz de Deus, sem trazer aquela presença real que aniquilaria os meros mortais ou danificaria a sua audição. Isso pode ser uma garantia quando Israel é rebelde e a presença de Deus pode representar, de fato, uma ameaça (Êxodo 32—33), mas eles mesmos podem ser meios de implementar o castigo, assim como a bênção de Deus (Êxodo 12).

Aliança. Contratos e tratados presumem um sistema jurídico de resolver disputas e ministrar justiça, que pode ser usado no caso da quebra de compromisso por uma das partes envolvidas. Em contraste, num relacionamento que não funciona em uma estrutura legal, a pessoa que falha em manter o compromisso assumido não pode ser levada a uma corte por essa falha. Assim, uma aliança envolve algum procedimento formal que confirme a seriedade do compromisso solene que as partes assumem uma com a outra. Quanto às alianças estabelecidas entre Deus e a humanidade, em Gênesis a ênfase reside no compromisso de Deus com os seres humanos, em particular com Abraão. Com base no fato de Deus ter começado a cumprir aquele compromisso da aliança, o restante da **Torá** também coloca alguma ênfase no compromisso responsivo de Israel, no Sinai e em Moabe, na fronteira da terra prometida.

Altar. Uma estrutura para oferta de sacrifício (o termo vem da palavra para sacrifício), feita de terra ou pedra. Um altar pode ser relativamente pequeno, como uma mesa, e o ofertante deve ficar diante dele. Ou pode ser mais alto e maior, como uma plataforma, e o ofertante tem de subir nele.

Amorreus. O termo é usado de inúmeras maneiras. Pode denotar um dos grupos étnicos originais em **Canaã**, especialmente a leste do Jordão. Também pode ser usado como referência ao povo daquele território como um todo. Fora do Antigo Testamento, a palavra se refere a um povo que vive em uma área muito mais extensa da Mesopotâmia. Portanto, "amorreus" é uma palavra semelhante a "América", uma referência comum aos Estados Unidos, mas que pode denotar uma área muito mais ampla do continente do qual os Estados Unidos fazem parte.

Apócrifo. O conteúdo do principal Antigo Testamento cristão é o mesmo das Escrituras judaicas, embora sejam dispostos em uma ordem diferente, como a Torá, os Profetas e os Escritos. Seus limites precisos, como Escritura, vieram a ser aceitos em algum período nos anos anteriores ou posteriores a Cristo. Por séculos, as igrejas cristãs, em sua maioria, utilizaram uma coleção mais ampla de textos judaicos, incluindo livros como Macabeus e Eclesiástico, que, para os judeus, não faziam parte da Bíblia. Esses outros livros passaram a ser chamados "apócrifos", os livros que estavam "ocultos" – o que veio a implicar "espúrio." Agora, com frequência, são conhecidos como "livros deuterocanônicos", um termo mais complexo, porém menos pejorativo. Isso simplesmente indica que esses livros detêm menos autoridade que a Torá, os Profetas e os Escritos. A lista exata deles varia entre as diferentes igrejas.

Assíria, assírios. A primeira grande superpotência do Oriente Médio, os assírios expandiram o seu império rumo ao Ocidente, até a Síria-Palestina, no século VIII a.C., no tempo de Amós e Isaías. Primeiro, eles anexaram **Efraim** ao seu império; então, quando Efraim persistiu tentando retomar a sua independência, os assírios invadiram Efraim e, em 722 a.C., destruíram a sua capital, Samaria, levando cativo grande parte de seu povo e substituindo-os por pessoas de outras partes do seu império. Invadiram também **Judá** e devastaram uma extensa área do país, mas não tomaram Jerusalém. Profetas como Amós e Isaías descrevem como Deus estava, portanto, usando a Assíria como um meio de disciplinar Israel.

Babilônia, babilônios. Um poder menor no contexto da história primitiva de Israel, no tempo de Jeremias, os babilônios assumiram a posição de superpotência da Assíria, mantendo-a por quase um século, até ser conquistada pela **Pérsia**. Profetas como Jeremias descrevem como Deus estava usando os babilônios como um meio de disciplinar **Judá**. Eles tomaram Jerusalém em 587 a.C. e transportaram muitos dentre o povo. Suas histórias sobre a criação, os códigos legais e os textos mais filosóficos nos ajudam a compreender aspectos de escritos equivalentes presentes no Antigo Testamento, embora sua religião astrológica também constitua o cenário para polêmicos aspectos nos Profetas.

Canaã, cananeus. Como designação bíblica da terra de Israel, como um todo, e referência a todos os povos autóctones daquele território, "cananeus" não constitui, portanto, o nome de um grupo étnico em particular, mas um termo genérico para todos os povos nativos da região. Veja também **amorreus**.

Efraim, efraimitas. Após os reinados de Davi e Salomão, a nação de Israel foi dividida. A maioria dos doze clãs israelitas estabeleceu um Estado independente no norte, separado de **Judá** e Jerusalém, bem como da linhagem de Davi. Por ser o maior dos dois Estados, politicamente manteve o nome de **Israel**, o que é confuso porque Israel ainda é o nome do povo que pertence a Deus. Portanto, o nome "Israel" pode ser usado em ambas as conexões. O Estado do norte, contudo, é referido pelo nome de Efraim, por ser este o seu clã dominante. Assim, uso esse termo como referência ao Estado independente do norte, na tentativa de minimizar a confusão.

Egito, egípcios. O principal poder regional ao sul de Canaã e a terra na qual a família de Jacó encontrou refúgio, acabando como servos, e do qual os israelitas, então, precisaram fugir. No tempo de Moisés, o Egito controlava Canaã; nos séculos subsequentes, o Egito oscilou entre ser uma ameaça a Israel ou um aliado em potencial.

espírito. A palavra hebraica para espírito é a mesma para fôlego e vento, e o Antigo Testamento, às vezes, sugere uma ligação entre eles. Espírito sugere um poder dinâmico; o espírito de Deus sugere o poder dinâmico de Deus. O vento, em sua força e capacidade para derrubar árvores poderosas, constitui uma incorporação do poderoso espírito de Deus. O fôlego é essencial à vida; quando não há fôlego, inexiste vida. E a vida provém de Deus. Portanto, o fôlego de um ser humano, e mesmo o de um animal, é extensão do fôlego divino.

Exílio. No final do século VII a.C., a **Babilônia** se tornou o maior poder no mundo de **Judá**, mas Judá estava determinado a se rebelar contra a sua autoridade. Como parte de uma campanha vitoriosa para obter a submissão de Judá à sua autoridade, em 597 a.C. e 587 a.C. os babilônios transportaram muitos israelitas de Jerusalém para a Babilônia, particularmente pessoas em posições de liderança, como membros da família real e da corte, sacerdotes e profetas. Essas pessoas foram, portanto, compelidas a viver na Babilônia durante os cinquenta anos seguintes ou mais. Pelo mesmo período, as pessoas deixadas em Judá também viviam sob a autoridade dos babilônios. Assim, não estavam fisicamente no exílio, mas também viveram em exílio por um período de tempo.

Expiação. Uma preocupação-chave na **Torá** é manter o santuário puro. Embora Deus seja capaz de tolerar uma pequena quantidade de impureza ali (assim como podemos tolerar um pouco de sujeira), se o lugar que o povo construiu para ser habitação de Deus for muito afetado por coisas impuras, então Deus dificilmente continuará vivendo ali. Assim, é importante lidar com a impureza que entra no santuário por meio da violação de **tabus**. Uma das formas de conceber isso é falar em termos de expiação, o que sugere a cura ou restauração de um relacionamento. Outra maneira é falar em termos de propiciação, que sugere a pacificação de alguém que estava irado. Em contraste, a expiação relaciona-se ao que causou o problema em vez de à pessoa. Isso sugere a remoção ou eliminação de uma mancha. Claro que a remoção da mancha significa que a ameaça ao relacionamento foi eliminada e que, agora, é possível a Deus manter uma relação pacífica com a pessoa; nesse sentido, a expiação e a reconciliação estão intimamente relacionadas. Por outro lado, a "propiciação" é uma ideia mais questionável em conexão com a Torá; embora implique que Deus está ofendido pelo povo e indisposto a associar-se com eles, a Torá não fala de Deus estar irado com eles por causa de suas ofensas.

Fidelidade, fiel. Nas Bíblias do idioma inglês, as palavras hebraicas *sedaqah* ou *sedeq* são, usualmente, traduzidas por *righteousness*, e nas Bíblias em português, normalmente por "justiça" ou "retidão", mas isso denota uma tendência particular quanto ao que podemos exprimir com esse termo. Elas sugerem fazer a coisa certa em relação à pessoa com quem alguém está se relacionando, aos membros de uma comunidade e a Deus. Portanto, a palavra "fidelidade", ou mesmo "salvação", está mais próxima do sentido original do que "justiça" ou "retidão". No hebraico mais contemporâneo, *sedaqah* pode referir-se a dar esmolas. Isso sugere algo próximo a generosidade ou graça.

Grécia. Em 336 a.C., forças gregas, sob o comando de Alexandre, o Grande, assumiram o controle do Império **Persa**, porém após a morte de Alexandre, em 333 a.C., o seu império foi dividido. A maior extensão, ao norte e a leste da Palestina, foi governada por Seleuco, um de seus generais, e seus sucessores. Judá ficou sob o controle grego por grande parte dos dois séculos seguintes, embora estivesse situada na fronteira sudoeste desse império e, às vezes, caísse sob o controle do Império Ptolomaico, no Egito, governado por sucessores de outro dos generais de Alexandre.

Israel. Originariamente, Israel era o novo nome dado por Deus a Jacó, neto de Abraão. Seus doze filhos foram, então, os patriarcas dos doze clãs que formam o povo de Israel. No tempo de Saul, Davi e Salomão, esses doze clãs passaram a ser uma entidade política. Assim, Israel significava tanto o povo de Deus quanto uma nação ou Estado, como as demais nações e Estados. Após Salomão, esse Estado foi dividido em dois Estados distintos, **Efraim** e **Judá**. Pelo fato de Efraim ser maior, manteve como referência o nome de Israel. Desse modo, se alguém estiver pensando em Israel como povo de Deus, Judá está incluído. Caso pense em Israel politicamente, Judá não faz parte. Uma vez que Efraim não existe mais, então, para todos os efeitos, Judá *é* Israel como o povo de Deus.

Judá, judaítas. Um dos doze filhos de Jacó, então o clã que traça a sua ancestralidade até ele e que se tornou dominante no sul do território, após o reinado de Salomão. Mais tarde, como província ou colônia **persa**, Judá ficou conhecido como Jeúde.

Mar de Juncos. Significa, literalmente, "mar de juncos"; o nome que aparece em Êxodo 2, quando Miriã deixa Moisés entre os juncos, à margem do Nilo. Pode ser um dos braços ao norte do que denominamos mar Vermelho, em ambos os lados do Sinai, ou pode ser uma área de lagos pantanosos dentro do Sinai.

Mestre, mestres. *Baal* é um termo hebraico comum para designar um mestre, senhor ou proprietário, mas também é utilizado para descrever um deus cananeu. É, portanto, similar ao termo para *Senhor*, como usado para descrever *Yahweh*. Na verdade, "Mestre" pode ser um nome adequado, como "Senhor". Para deixar essa distinção clara, em geral, o Antigo Testamento usa *Mestre* para um deus estrangeiro e *Senhor* para o verdadeiro Deus, *Yahweh*. A exemplo de outros povos antigos, os cananeus cultuavam inúmeros deuses e, nesse sentido, o Mestre era apenas um deles, embora fosse um dos mais proeminentes. Além disso, um título como "o Mestre de Peor" sugere que o Mestre era crido como manifesto e conhecido de diferentes maneiras em lugares distintos. O Antigo Testamento também usa o plural, *Mestres*, como referência aos deuses cananeus, em geral.

Paz. A palavra *shalom* pode sugerir paz após um conflito, mas, com frequência, indica uma ideia mais rica, ou seja, da plenitude de vida. Algumas versões mais antigas, por vezes, a traduzem por "bem-estar", e as traduções modernas usam palavras como "segurança" e "prosperidade". De qualquer modo, a palavra sugere que tudo está indo bem para você.

Pérsia, persas. A terceira superpotência do Oriente Médio. Sob a liderança de Ciro, o Grande, eles assumiram o controle do Império Babilônico em 539 a.C. Isaías 40–55 vê a mão de Deus levantando Ciro como um instrumento para restaurar **Judá** após o **exílio**. Judá e os povos vizinhos, como Samaria, Amom e Asdode, eram províncias ou colônias persas. Os persas permaneceram por dois séculos no poder, até serem derrotados pela **Grécia**.

Purificação, **purificar**, **oferta de purificação.** Uma preocupação relevante da **Torá** é lidar com o **tabu** que pode vir sobre pessoas e lugares pela ação de algo que seja estranho ao que Deus é, tal como o contato com a morte. Não há nada errado em estar envolvido no sepultamento de alguém, mas a pessoa envolvida deve dar tempo para que a mancha da morte se dissipe ou pode removê-la antes de ir à presença de Deus. Um ritual de purificação pode ser realizado para esse fim.

Restaurar, restaurador. Um restaurador é uma pessoa que está em posição de agir em nome de alguém dentro de sua família estendida, que está em necessidade, a fim de restaurar a situação à qual esse familiar deveria estar. A palavra é sobreposta com expressões como parente próximo, guardião e redentor. "Parente próximo" indica o contexto familiar que o "restaurador" pressupõe. "Guardião" indica que o restaurador está na posição de responsável pela proteção e defesa da pessoa. "Redentor" indica a posse de recursos que o restaurador está preparado a despender em prol da pessoa a ser redimida. O Antigo Testamento usa o termo como referência ao relacionamento de Deus com Israel, bem como à ação de um ser humano em relação a outro, para implicar que Israel pertence à família de Deus e que Deus age em seu benefício da mesma maneira que um restaurador faz.

Tabu. Utilizo a palavra "tabu" para expressar uma palavra hebraica, em geral traduzida por "impuro", porque no original o termo sugere uma qualidade positiva em vez de a ausência de pureza. Há certas coisas que são misteriosas, extraordinárias, impactantes e um pouco preocupantes. Entre elas estão a menstruação e o parto, porque ambas sugerem tanto morte quanto vida. São opostos entre si, e Deus é o Deus da vida, não da morte, ainda que na menstruação (com sua associação de sangue e de vida) e no parto (que significa dar vida, mas é deveras perigoso), a morte e a vida estejam em íntima conexão. Desse modo, o contato com eles torna as pessoas tabu, isto é, elas não podem ir à presença de Deus até estarem **purificadas**.

Torá. A palavra hebraica para os cinco primeiros livros da Bíblia. Eles, em geral, são referidos como a "Lei", mas esse termo propicia uma impressão equivocada. No próprio livro de Gênesis, não há nada como "lei", bem como Êxodo e Deuteronômio não são livros "jurídicos". A palavra *torah*, em si, significa "ensino", o que fornece uma impressão mais correta da natureza da Torá. Com frequência, a Torá nos fornece mais de uma versão da mesma regra (como a instituição dos festivais) ou mais de um relato do mesmo evento (como a comissão de Deus a Moisés), de modo que, quando a igreja primitiva preservou o ensinamento de Jesus e contou a sua história de diferentes maneiras, em diferentes contextos e de acordo com o discernimento dos diferentes escritores do Evangelho, ela estava seguindo o precedente pelo qual Israel contava as suas histórias mais de uma vez, em diferentes contextos. Embora Reis e Crônicas mantenham versões separadas, como ocorre com os Evangelhos, na Torá as versões foram combinadas.

Yahweh. Na maioria das traduções bíblicas, a palavra "Senhor" aparece em letras maiúsculas ou em versalete, como ocorre, às vezes, com a palavra "Deus". Na realidade, ambas representam o nome de Deus, *Yahweh*. Nos tempos do Antigo Testamento, os israelitas deixaram de usar o nome *Yahweh* e começaram a usar "o Senhor". Há duas razões possíveis. Os israelitas queriam que outros povos reconhecessem que *Yahweh* era o único e verdadeiro Deus, mas esse nome de pronúncia estranha poderia dar a impressão de que *Yahweh* fosse apenas o deus tribal de Israel. Um termo como "o Senhor" era mais facilmente reconhecível. Além disso, eles não queriam incorrer na quebra da advertência presente nos Dez Mandamentos sobre usar o nome de *Yahweh* em vão. Traduções em outros idiomas, então, seguiram o exemplo e substituíram o nome de *Yahweh* por "o Senhor". O lado negativo é que isso obscurece o fato de Deus querer ser conhecido por esse nome. Por essa razão, o texto utiliza *Yahweh*, com frequência, não algum outro nome (assim chamado) deus ou senhor. Essa prática dá a impressão de que Deus é muito mais "senhoril" e patriarcal do que ele o é na realidade. (A forma "Jeová" não é uma palavra real, mas uma mescla das consoantes de *Yahweh* e das vogais da palavra *Adonai* [Senhor, em hebraico], com o intuito de lembrar às pessoas que na leitura da Escritura elas deveriam dizer "o Senhor", não o nome real.)

SOBRE O AUTOR

John Goldingay é pastor, erudito e tradutor do Antigo Testamento. Ele é professor emérito David Allan Hubbard de Antigo Testamento no prestigiado Seminário Teológico Fuller em Pasadena, Califórnia. É um dos acadêmicos de Antigo Testamento mais respeitados do mundo com diversos livros e comentários bíblicos publicados. O autor possui o livro *Teologia bíblica* publicado pela Thomas Nelson Brasil.

Livros da série de comentários

O ANTIGO TESTAMENTO PARA TODOS

JÁ DISPONÍVEIS pela **Thomas Nelson Brasil**

Pentateuco para todos: Gênesis 1—16 • Parte 1

Pentateuco para todos: Gênesis 17—50 • Parte 2

Pentateuco para todos: Êxodo e Levítico

Pentateuco para todos: Números e Deuteronômio

Livros da série de comentários

O NOVO TESTAMENTO PARA TODOS

JÁ DISPONÍVEIS pela **Thomas Nelson Brasil**

Mateus para todos: Mateus 1—15 • *Parte 1*

Mateus para todos: Mateus 16—28 • *Parte 2*

Marcos para todos

Lucas para todos

João para todos: João 1—10 • *Parte 1*

João para todos: João 11—21 • *Parte 2*

Atos para todos: Atos 1—12 • *Parte 1*

Atos para todos: Atos 13—28 • *Parte 2*

Paulo para todos: Romanos 1—8 • *Parte 1*

Paulo para todos: Romanos 9—16 • *Parte 2*

Paulo para todos: 1Coríntios

Paulo para todos: 2Coríntios

Paulo para todos: Gálatas e Tessalonicenses

Paulo para todos: Cartas da prisão

Paulo para todos: Cartas pastorais

Hebreus para todos

Cartas para todos: Cartas cristãs primitivas

Apocalipse para todos